Vivian de Medeiros Lago
Beatriz Cancela Cattani
Helena Berton Eidt
Denise Ruschel Bandeira

PRÁTICAS INTERDISCIPLINARES

nas varas de família

Artesã

Práticas Interdisciplinares nas Varas de Família

1ª Edição - 1ª Reimpressão 2021

DIRETOR
Alcebino Santana

COORDENAÇÃO EDITORIAL
Karol Oliveira

DIREÇÃO DE ARTE
Tiago Rabello

REVISÃO
Diego Franco Gonçalves

CAPA
Ana Stancioli Castriota

IMAGEM DE CAPA
@/Freepick/ 8photo

DIAGRAMAÇÃO
Luís Otávio Ferreira

P912 Práticas interdisciplinares nas varas de família / orgs.
Vivian de Medeiros Lago … [*et al.*]. – Belo Horizonte :
Artesã, 2021.
266 p. ; 23 cm.
ISBN: 978-65-86140-46-0

1. Psicologia forense. 2. Tribunais e varas de família. 3. Psicodiagnóstico. I. Lago, Vivian de Medeiros.
CDU 159.9:34

Catalogação: Aline M. Sima CRB-6/2645

IMPRESSO NO BRASIL
Printed in Brazil

(31)2511-2040 (31)99403-2227
www.artesaeditora.com.br
Rua Rio Pomba 455, Carlos Prates - Cep: 30720-290 | Belo Horizonte - MG
/artesaeditora

7 **PREFÁCIO – DEMANDAS FREQUENTES DE PERÍCIA NA ÁREA DO DIREITO DE FAMÍLIA: O QUE ESPERAM OS MAGISTRADOS?**
Luciana Beledeli

Parte 1 Avaliações psicológicas nas Varas de Família 9

10 **1. O PSICANALISTA NA PERÍCIA EM VARA DE FAMÍLIA: UM DIÁLOGO ENTRE O PERITO E OS ASSISTENTES TÉCNICOS**
Martha Fernandes
Sidney Shine

31 **2. IMPLICAÇÕES JURÍDICAS E PSICOLÓGICAS DO DIVÓRCIO E DA DISSOLUÇÃO DA UNIÃO ESTÁVEL**
Victoria Muccillo Baisch
Beatriz Cancela Cattani

60 **3. ALIENAÇÃO PARENTAL E FALSAS MEMÓRIAS**
Victoria Muccillo Baisch
Lilian Milnitsky Stein

77 **4. ESPECIFICIDADES DOS DOCUMENTOS PSICOLÓGICOS NO CONTEXTO DE VARAS DE FAMÍLIA**
Helena Berton Eidt

Parte 2 O Uso do Sistema de Avaliação do Relacionamento Parental (SARP) nas perícias de Varas de Família 103

104 **5. SISTEMA DE AVALIAÇÃO DO RELACIONAMENTO PARENTAL (SARP): UMA ALTERNATIVA PARA AS AVALIAÇÕES NAS VARAS DE FAMÍLIA**
Vivian de Medeiros Lago
Helena Berton Eidt
Denise Ruschel Bandeira

123 **6. AVALIAÇÃO DE CRIANÇAS NO CONTEXTO JUDICIAL LITIGIOSO**
Beatriz Cancela Cattani

141 **7. GUARDA COMPARTILHADA: É POSSÍVEL?**
Vivian de Medeiros Lago
Ana Patrícia Heidrich dos Santos
Aline Magnus

160 **8. CONTRIBUIÇÕES DO SARP PARA AVALIAÇÃO DA ALIENAÇÃO PARENTAL**
Tiziane Alessandra Dobrovolski
Vivian de Medeiros Lago

Parte 3 Práticas nas Varas de Família 175

176 **9. CONSIDERAÇÕES SOBRE O TRABALHO INTERDISCIPLINAR NAS VARAS DA FAMÍLIA DO JUDICIÁRIO CATARINENSE: OS ESTUDOS PSICOSSOCIAIS**

Carmem Lúcia da Silva

Leda Pibernat Pereira da Silva

198 **10. VISITAS ASSISTIDAS: UMA RECOMENDAÇÃO VIÁVEL?**

Fabiana da Motta Damiani

Roberta Stefanini Machemer

224 **11. DESATANDO NÓS E CRIANDO LAÇOS: A PRÁTICA DA MEDIAÇÃO INTERDISCIPLINAR NOS CONFLITOS FAMILIARES**

Conrado Paulino da Rosa

239 **12. QUANDO OS LAÇOS AFETIVOS ULTRAPASSAM OS CONSANGUÍNEOS: A FILIAÇÃO SOCIOAFETIVA E O PAPEL DAS PERÍCIAS PSICOLÓGICA E SOCIAL EM SEU RECONHECIMENTO JURÍDICO**

Cátula Pelisoli

Gabriela Peixoto

262 **SOBRE AS ORGANIZADORAS/AUTORAS**

PREFÁCIO – DEMANDAS FREQUENTES DE PERÍCIA NA ÁREA DO DIREITO DE FAMÍLIA: O QUE ESPERAM OS MAGISTRADOS?

Luciana Beledeli

No Direito de Família, as questões trazidas para apreciação judicial são permeadas de aspectos emocionais e, muitas vezes, revelam-se tão complexas que as normas jurídicas acabam sendo insuficientes para a resolução das demandas, havendo necessidade de se buscar o auxílio de outras áreas do conhecimento, com especial ênfase no Serviço Social e na Psicologia.

Embora a melhor forma de resolução dos conflitos que são trazidos para as Varas de Famílias seja através de métodos autocompositivos, especialmente a conciliação e mediação, buscando-se que os próprios envolvidos construam caminhos para uma solução de entendimento, o que colabora não somente para o fim do processo como para o término do litígio, nem sempre é possível uma composição entre as partes, seja pela falta de adesão dos envolvidos, seja porque, naquele caso concreto, ou naquele momento específico, há necessidade de se investigar alegações graves e relacionadas, sobretudo, na maioria das vezes, com a integridade física e psíquica de crianças e adolescentes.

As demandas mais frequentes que ensejam a realização de perícias sociais ou psicológicas nas Varas de Família são disputas de guarda, pedidos de guarda compartilhada e desacordo quanto à forma de regulamentação da convivência de algum genitor ou de membros da família extensa, sendo que frequentemente são feitas no processo alegações de maus tratos, negligência em cuidados com incapazes, alienação parental, abuso sexual, ingestão de álcool ou uso de substâncias entorpecentes por alguém do núcleo familiar. Em menor número, porém não menos relevantes, os juízes também se socorrem de peritos em casos de alegação de paternidade socioafetiva, multiparentalidade e em ações que versam sobre capacidade de idosos para tomada de decisões e nomeação de curadores.

E o primeiro aspecto que os peritos precisam observar é que a intervenção estatal sempre busca atender à doutrina da proteção integral das crianças e adolescentes, a qual é princípio constitucional inserto no art. 227 da Constituição Federal. Logo, uma decisão judicial sempre deve considerar o melhor interesse das crianças e adolescentes envolvidos. Então, numa avaliação social ou psicológica, o profissional nomeado deve sempre auxiliar o juiz a buscar respostas de como garantir, naquele caso concreto, a efetividade desses direitos.

É importante, ainda, que os peritos nomeados para auxiliar o juiz na difícil tarefa de decidir as demandas que tramitam nas Varas de Família adotem um olhar investigativo e crítico e, com uma linguagem clara, descrevam nos laudos os fatos, suas observações, conclusões e sugestões de encaminhamentos para aquele núcleo familiar, sempre lembrando que, embora a decisão final será do juiz, as perícias possuem grande força probatória e, na grande maioria das vezes, servem como fundamento para as decisões dos magistrados e, por isso, podem ter efeitos jurídicos e causar impactos significativos na vida dos periciados.

Além disso, as perícias, ao apurarem questões comportamentais, também servem como instrumento de autorreflexão pelas partes e, por isso, com frequência, auxiliam na solução consensual do litígio, que muitas vezes é obtida em audiências de conciliação, ou sessões de mediação, após a vinda dos laudos periciais aos autos. Ainda, um laudo bem elaborado colabora para que os periciados se comprometam com recomendações técnicas do perito, como, por exemplo, a frequência a acompanhamento terapêutico.

Portanto, a especialização e a capacitação dos profissionais que atuam como peritos na área do Direito de Família é imprescindível para que sejam atingidos os fins buscados com as perícias. E, por isso, parabenizo as organizadoras deste livro sobre prática interdisciplinares nas Varas de Família, Vivian de Medeiros Lago, Helena Berton Eidt, Beatriz Cancela Cattani e Denise Ruschel Bandeira, pela iniciativa, dedicação e interesse por essa temática, sendo certo que a obra trará muitas contribuições a todos que se empenham nessa desafiadora tarefa de colaborar de forma eficaz para a solução dos conflitos surgidos no âmbito das relações familiares.

Parte 1
Avaliações psicológicas nas Varas de Família

1. O PSICANALISTA NA PERÍCIA EM VARA DE FAMÍLIA: UM DIÁLOGO ENTRE O PERITO E OS ASSISTENTES TÉCNICOS

Martha Fernandes
Sidney Shine

Psicólogos de formação e psicanalistas por opção, encontramo-nos na prática profissional enquanto Perito e Assistente Técnico, segundo o Código de Processo Civil, em processos judiciais da Vara da Família. A incursão do psicanalista na seara jurídica demandada pela autoridade judiciária, a atuar como Perito Psicólogo, tem produzido muitos trabalhos na realidade brasileira (Brandão, 2016; Caffé, 2010; Lima, 2008; Miranda Jr., 2010; Suannes, 2011). Esse campo de atuação *psi*, antes estranho à formação e à preocupação profissional, tem se tornado tema comum em congressos, encontros e eventos dos mais variados. Este trabalho também veio à luz no XV Encontro Paranaense de Psicologia, realizado na cidade de Londrina (PR) em 24 de outubro de 2015.

Não vamos partir da premissa de que o leitor conheça a inserção do profissional *psi* na atuação em processos judiciais em Vara de Família e Sucessões (Brito, 1993; Pereira, 2013; Ramos & Shine, 1994; Reis, 2009; Rovinski, 2004; Shine, 2010). Por isso, introduziremos um conhecimento básico quanto ao contexto em que o profissional *psi* é chamado a atuar nessa seara. Contudo, é necessário enfatizar que o faremos da forma como nos apropriamos do trabalho: pelo viés da Psicanálise, a partir da ética do cuidado com o outro.

A instrumentalização nesse novo enquadre institucional criou a necessidade de buscar ferramentas teóricas e técnicas para enfrentar a demanda de ser portador não só de uma verdade psicológica, mas também sobre a veracidade/fidedignidade de algo (de um fato ou fenômeno psicológico).

Portanto, dentro do universo jurídico não é possível ignorar o peso daquilo que é apresentado como "verdades factuais".

Em nosso percurso, destacamos o papel importante que ocupou a reflexão sobre o discurso à luz da Psicanálise e do Direito (Caffé, 2010) e o manejo dos elementos do enquadre no atendimento (Shine, 2010). Destarte, ocupamos o lugar do Perito[1] a partir do lugar do Analista, discriminando-o também do lugar do Assistente Técnico.[2] Talvez seja interessante assinalar que não encontramos literatura disponível na realidade brasileira sobre a atuação do profissional *psi* ocupando o lugar de Assistente Técnico. Neste trabalho, procuramos não só caracterizar tal atuação como também a contrapor à do Perito. Isso foi possível porque ambos os autores já ocuparam estes dois lugares em suas trajetórias profissionais.

No quadro abaixo opomos as características de um lugar em relação ao outro.

Quadro1 – Analista X Perito

Analista	Perito
Lugar do suposto saber – tela branca	Lugar do saber – *expert*
Intrapsíquico e realidade psíquica	Interpsíquico e dados objetivos
Enquadre clínico	Enquadre institucional
Acolher e reconhecer	Investigar e descobrir

Se a função do Psicanalista é sustentar o lugar de um suposto saber do sujeito, espera-se do Perito a sustentação de um saber cientificamente respaldado a dizer o que é e o que não é. O conceito de sujeito suposto saber é condição basilar para o trabalho psicanalítico. Quanto a isso, vejamos a posição de Caffé (2003):

> Seria essa uma circunstância na qual se configuraria a transferência analítica, ou seja, ao analista seria outorgada a posse de um saber a sanar a ignorância daquele que o procura. Não qualquer ignorância, senão a ignorância de si

1 Art. 465. O juiz nomeará perito especializado no objeto da perícia e fixará de imediato o prazo para a entrega do laudo.

2 Art. 465.§ 10 Incumbe às partes, dentro de 15 (quinze) dias contados da intimação do despacho de nomeação do perito: I - arguir o impedimento ou a suspeição do perito, se for o caso; II - indicar assistente técnico; III - apresentar quesitos.

> mesmo. Diz-se, então, que o analista nessa condição de sábio do outro, sem, entretanto, sê-lo (embora possua uma teoria e metodologia específicas que haverão de determinar fortemente o que será sabido por ele e pelo analisando), constitui um dos fatores para o estabelecimento da relação transferencial analítica, enfim, do próprio processo de análise. Lacan, por exemplo, desenvolveu estas ideias, observando que a posição do analista se faz, entre outras coisas, na sua colocação como "sujeito suposto saber", colocação que lhe conferiria o analisando e que participaria, entre outras coisas, da construção transferencial típica da situação de análise. (p. 88)

Em contraposição ao saber do Psicanalista, o saber do Perito se respaldaria na condição de expert em um determinado campo do saber. Recorremos a um grupo de "especialistas" para ilustrarmos a definição de perícia e Perito.

> A Perícia situa-se entre a Prova e a Sentença. Segundo Hélio Tornagui, se os Peritos se limitassem a transmitir ao Juiz apenas o que apurassem com seus conhecimentos técnicos, artísticos ou científicos, então a perícia seria realmente um meio de prova. Todavia, como os Peritos emitem juízos valorativos dos fatos, deduzindo impressões sobre a viabilidade de terem sido causados por outros eventos e de virem a produzir outros efeitos. Os Peritos não analisam apenas a realidade, inferindo também com probabilidades, empregando princípios da experiência. Deste modo, o diagnóstico e o prognóstico dos Peritos não podem ser considerados como meros meios de prova. (Zarzuela; Matunaga; Thomaz. 2000, p. 337)

O Psicanalista vai privilegiar o mundo interno (intrapsíquico) do seu analisando. Como diz Laplanche (1988, p. 65): "O psicanalista só trabalha na realidade psíquica. Postula, portanto, a igualdade da fantasia e da realidade, no que se encontra, evidentemente, desqualificado para legislar fora, para dar conselhos fora do seu consultório".

O Perito não pode se ater apenas a analisar as fantasias de seu(s) periciando(s), sem levar em conta a existência de sustentação real daquilo que diz(em) ter feito ou não; daquilo que diz(em) pretender fazer ou não. O trabalho psicanalítico acontece dentro de um enquadre rígido a fim de manter constantes suas variáveis para que se facilite o seu processo. O enquadre seria o "não processo", que, exatamente por fixar as constantes de um fenômeno, de um método ou de uma técnica, permite uma melhor investigação do processo em si que estaria ligado ao conjunto das variáveis das personalidades do analista e do(s) paciente(s) (Bleger, 1977). O Perito, por outro lado, atua com a atribuição de uma autoridade instituída pela disciplina do Direito (o juiz), com sua lógica, sua dinâmica e um mandato específico.

Se ao Psicanalista cabe *acolher* e *reconhecer* a verdade do outro em sua singularidade, não lhe cabe decidir o que é importante ou não, mas adentrar o âmago do sofrimento alheio para ajudar a construir um sentido e uma significação peculiar. Ao Perito, cabe manejar a angústia na forma de uma persecutoriedade em relação à sua atuação: ele [o Perito] está a favor ou contra mim? Porque os periciandos sabem que o mandato do Perito, dado pela figura de autoridade do Juiz, é para que ele investigue e descubra algo que influenciará na sentença final do processo.

Uma outra forma de dizer a mesma coisa encontramos em Miranda Jr. (2010):

> Pode-se entender que a posição do perito judicial é exatamente esta: informar ao julgador aquilo que pode ser captado pelo saber científico e seus instrumentos, a fim de auxiliar na articulação sobre uma proposição verdadeira. A máxima pericial seria *visum et repertum*, que poderia ser grosseiramente traduzida por "ver e repetir". De acordo com Maria Helena Diniz, em seu Dicionário Jurídico, tal expressão significa a "descrição completa do objeto da prova pericial, após inspeção ocular" (1988, p. 749). Assim, o perito é aquele designado para, a partir de um saber reconhecido, encontrar o fato e descrevê-lo ao juiz. Porém, é preciso considerar que tal descrição, se pautada pelo discurso científico, é fruto da apreensão do objeto ou do fato, e sua inserção articulada em um sistema teórico (conceitual) o mais livre possível das contradições e que permita a emissão de um juízo. (p. 147)

Em contraposição à posição do Perito, o Psicanalista não precisa se ater aos dados externos à realidade psíquica de seu analisando. Como faz questão de dizer Laplanche (1988):

> Um homem mata outro, de automóvel, na estrada. Para o psicanalista, quaisquer que sejam as circunstâncias, a questão do assassinato está aberta e assim deve continuar; nossa função é mesmo abri-la imediatamente. Tanto assim que, no momento em que se passa à realidade efetiva, o psicanalista só pode emitir opiniões parciais, opiniões completamente conjecturais sobre as articulações do seu domínio e o da justiça. (p. 65)

Portanto, a utilização do referencial psicanalítico no desempenho da função pericial implica num rigoroso trabalho de articular os conceitos e conteúdos de análise àquilo que os limites do papel e do contexto institucional permitem. No primeiro encontro com cada parte (Requerente ou Requerido[3]),

3 Em processos de Vara de Família, convenciona-se denominar aquele que entra com a demanda jurídica de "Requerente" e aquele que se opõe a ela de "Requerido". Interessante observar que os filhos não têm denominação explicitada nos dados de identificação dos autos do processo judicial.

essa situação é explicitada da seguinte maneira: "Sr. Fulano, o que sei até agora é por meio da leitura dos autos do processo. Minha função é entender o caso do ponto de vista psicológico/psicanalítico, e encaminhar o meu entendimento por escrito (laudo psicológico) ao Juiz da causa. O Sr. poderia me dizer o que acha importante eu saber para fazer o meu trabalho?". Se a abertura da entrevista pode ser sempre esta, a sua continuação dependerá das condições de personalidade do entrevistando.

Alguém que sinta necessidade de uma aproximação mais defendida poderá dizer: "Eu não sei bem como começar. Eu prefiro que você me pergunte e eu vou respondendo". Outro, tentando controlar aquilo que o Perito sabe sobre si poderá iniciar, devolvendo outra pergunta: "O Sr. já falou com minha ex?". O manejo do diálogo fornecerá não só conteúdos pelos quais é possível entender o ponto de vista do sujeito, bem como qual é sua forma de atuação, que é reproduzida no aqui e agora do contato interpessoal.

Aqui relembramos ao leitor que estamos enfatizando o lugar e a perspectiva do Perito Psicanalista (seja ele, psicólogo judiciário, ou psicólogo *ad hoc*[4]). Mas se voltarmos nossa atenção aos dois lugares dos quais nos compete falar, poder-se-á perguntar: se ao Perito Psicanalista há determinadas injunções institucionais e técnicas que fazem com que seu trabalho difira do Psicanalista *stricto sensu*, esta mesma diferenciação se dará com o Psicanalista contratado para atuar como Assistente Técnico? Como o Assistente Técnico trabalha de um lugar diferente do Perito, tal diferença ou diferenças se manifestariam de que forma? Podemos trabalhar como Assistente Técnico da maneira como trabalhamos enquanto Perito?

Rovinski (2004, p. 32) elabora um quadro sinóptico opondo as funções do Perito e do Assistente Técnico, de forma didática, a partir do ordenamento legal do Código de Processo Civil. Baseando-nos nele e ampliando tal quadro, temos o quadro abaixo para apontar as diferenças entre estas duas atuações.

4 Os termos "psicólogo judiciário" ou "psicólogo judicial" (Miranda Jr., 2010) se referem ao psicólogo enquanto *funcionário da instituição*, ou seja, concursado e/ou contratado pela instituição Poder Judiciário. O juiz da causa tem a prerrogativa de nomear um auxiliar psicólogo de sua confiança para atuar em casos específicos. Por isso, sua nomeação se dará *ad hoc* – ou seja, "para isto" ou "para esta finalidade". O Perito *ad hoc* tem a possibilidade de atuar tanto como Perito do juízo quanto como Assistente Técnico, uma vez que não existe um vínculo institucional que o torne suspeito ou impedido de atuar também em casos particulares.

Quadro 2 - Perito X Assistente técnico

Perito	Assistente Técnico
De confiança do juiz (servidor público ou profissional *ad hoc*)	De confiança da parte e/ou do advogado
Auxilia o juiz em suas decisões; auxilia a família	Auxilia o advogado; auxilia a parte
Entrevista, testa, observa o(s) periciando(s) e faz diligências com pessoas próximas e profissionais envolvidos	Acolhe, informa e orienta a parte; estabelece contato com o perito; analisa os procedimentos e os achados do perito
Elabora um laudo e responde aos quesitos	Elabora os quesitos e redige um parecer crítico

Quem não tem familiaridade com o campo da Psicologia Jurídica ligado à Vara da Família poderá perguntar: por que é necessário o Assistente Técnico se o Juiz já tem o Perito a auxiliá-lo? Aliás, por que seriam necessários dois Assistentes Técnicos e um Perito se todos atendem a mesma família?

Ora, fazer tal pergunta seria equivalente a perguntar porque são necessários dois advogados para fazer uma separação. É a defesa dos interesses individuais de cada parte (Requerente e Requerido) que está em jogo. Bastaria somente um Advogado se houvesse um *consenso* entre as partes.[5] Mas quando há dissenso, há uma disputa entre teses defendidas de cada lado, teses estas que, para a formação do convencimento do Juiz, necessitam de um conhecimento especializado em função da natureza da matéria: a mãe requer ao Juiz a guarda do filho alegando que ela cuida melhor que o pai. O pai contrata seu Advogado para se defender, pois quer manter a guarda do filho. O Juiz determina a perícia psicológica para dirimir as dúvidas quanto aos pontos controversos:

1. Quem cuida melhor do filho?
2. Levando em conta o melhor interesse do menor, qual seria a melhor opção de guarda?

Se ao Perito cabe o encargo de *avaliar* a família enquanto um sistema composto de pelo menos três pessoas (pai, mãe e filho) para contribuir com o julgamento do Juiz, aos Assistentes Técnicos cabe auxiliar seus respectivos Advogados na tradução da matéria psicológica para a defesa dos interes-

5 Cabe esclarecer que utilizamos *partes* e *clientes* como sinônimos de "usuários" do sistema judiciário.

ses dos seus clientes. Este auxílio se concretiza na elaboração dos *quesitos*[6] que são perguntas dirigidas ao Perito, cujas respostas levarão ao deslinde da questão controversa. Por exemplo, citamos dois quesitos em um caso de litígio entre pais de um filho adolescente:

1. A Sra. MÃE oferece uma maternagem que atende as necessidades do FILHO, como por exemplo, estipula limites e o insere nas atividades familiares?
2. Como consta dos autos, o PAI faz com que o FILHO ande de trem e ônibus por grandes distâncias. Isso é saudável? Faz parte da realidade e do nível socioeconômico do FILHO?

Sempre é bom esclarecer que os quesitos são respondidos diretamente ao Juiz da causa, mesmo que apresentados por uma ou outra parte. E, nesse sentido, todo cuidado na redação e na resposta é de suma importância para não cair em contradição, minando as conclusões do estudo psicológico.

Nos exemplos citados, as nossas respostas foram:

1. A Sra. MÃE oferece uma maternagem que atende as necessidades do FILHO, como por exemplo, estipula limites e o insere nas atividades familiares?
   R.: Sim.
2. Como consta dos autos, o PAI faz com que o FILHO ande de trem e ônibus por grandes distâncias. Isso é saudável? Faz parte da realidade e do nível socioeconômico do FILHO?
   R.: A princípio, andar de trem e ônibus diz respeito a recurso de mobilidade urbana, não se constituindo em problema médico-psicológico. Ressalva seja feita à condição de trânsito em uma cidade como São Paulo, cujo cidadão submetido a ela terá impactos sobre a saúde como um todo (poluição, estresse etc.).
   Como se diria na linguagem popular: "Este trânsito é de enlouquecer". Mas, com o devido respeito, o quesito se refere às decorrências de tais escolhas para o menor em questão – o que a segunda parte do quesito retrata bem.

6 Os quesitos são perguntas relativas aos fatos que constituem o objeto da perícia. Respondendo-as, como lhes cumpre, após a devida observação dos fatos, das investigações, experiências ou estudos a que procederem, os Peritos desempenham a missão que lhes foi cometida (Zarzuela; Matunaga; & Thomaz, 2000, p. 303).

> Ora, andar de transporte público e se acostumar com o tempo e o ônus de tal recurso faz parte da realidade do PAI – ele próprio usuário do sistema de transporte. Portanto, seria para este PAI algo "normal".
>
> Contudo, FILHO também se acostumou a cuidados e privilégios que estão ao alcance da família materna. Por isso pediu à avó uma "carona".
>
> O que FILHO utiliza não é muito diferente do que a sua própria MÃE faz ao utilizar do recurso material de sua família de origem para aumentar o conforto e o bem-estar próprio e de sua família reconstituída (mesada do avô materno).

A categoria dos Psicólogos tem um parâmetro legal para diferenciar as atuações do Perito e do Assistente Técnico, com a promulgação da Resolução CFP n. 08/2010 – "Dispõe sobre a atuação do psicólogo como perito e assistente técnico no Poder Judiciário" (CFP, 2010). Em relação ao Assistente Técnico, o documento assim caracteriza a sua atuação:

> Art. 8º - O assistente técnico, profissional capacitado para questionar tecnicamente a análise e as conclusões realizadas pelo psicólogo perito, restringirá sua análise ao estudo psicológico resultante da perícia, elaborando quesitos que venham a esclarecer pontos não contemplados ou contraditórios, identificados a partir de criteriosa análise.
>
> Parágrafo Único – Para desenvolver sua função, o assistente técnico poderá ouvir pessoas envolvidas, solicitar documentos em poder das partes, entre outros meios (Art. 429, Código de Processo Civil).

Portanto, não se espera que o Assistente Técnico reproduza o processo avaliativo do Perito. Mesmo porque, sendo contratado e pago por um dos lados, não possui a condição de *imparcialidade* que o Perito e o Juiz da causa devem, necessariamente, possuir. O produto da avaliação psicológica pericial se consubstanciará em um *laudo psicológico*. Em contrapartida, a avaliação do Assistente Técnico se dará sobre o laudo psicológico, gerando um *parecer*.[7]

É nesse sentido que não se espera que o Assistente Técnico avalie (entreviste, teste e observe) a parte-cliente, uma vez que, dada as circunstâncias do contexto jurídico, qualquer avaliação desse profissional sofreria o viés

7 Apontamos que o "parecer", embora figure na Resolução do CFP n. 07/2003 – "Manual de elaboração de documentos decorrentes de avaliações psicológicas", não é resultante de avaliação psicológica. Ele é resultante de um trabalho crítico dos aspectos estruturais, dos conteúdos técnicos e da isenção ética na elaboração do laudo psicológico.

da parcialidade. Ora, por esse mesmo raciocínio, qualquer avaliação que o Assistente Técnico queira fazer sobre o antagonista de seu cliente sofreria do mesmo viés, só que com o sinal trocado.

A literatura científica chama atenção para uma possível deturpação do papel do Assistente Técnico, que seria de se confundir com o seu colega Advogado, transformando-se em defensor da "verdade" do seu cliente (Berry, 1989; Byrne, 1991; Hess, 1998). Singer e Nievod (1987) fazem uma afirmação mais contundente quanto ao desvio ético de certos profissionais que se prestam a funcionar, em seus termos, como *hired guns*[8], ou seja, quem paga determina o que se escreve.

Se compararmos o Assistente Técnico com a posição do Psicanalista, temos o quadro abaixo:

Quadro 3 – Comparação entre a atuação do Assistente Técnico e o do Psicanalista

Assistente Técnico	Psicanalista
Escuta, acolhe, compreende, orienta	Escuta, acolhe, compreende, interpreta
Faz parte de um "time"	Não faz parte de nenhum "time"
Enquadre institucional	Enquadre clínico
Assistir é também atuar	Analisar é conter atuação

Muito embora possuam o mesmo instrumental teórico-técnico, o Assistente Técnico está atrelado ao trabalho do profissional Advogado, em que a pressão para "tomar partido" existe. Isso o coloca em posição de atuar, ou seja, a responder por meio de condutas e atitudes às demandas que surjam tanto da parte do cliente quanto do Advogado. Na análise, o Psicanalista controlaria o impulso de responder à provocação do analisando, criando condições para se pensar sobre o que o processo trouxe à tona.

Uma das diferenças fundamentais no enquadre jurídico comparado ao clínico é a questão da *abstinência*. Por esse termo, entende-se que o Psicanalista deva funcionar de forma a "se recusar em satisfazer os pedidos do paciente e a desempenhar efetivamente os papéis que este tende a impor-lhe" (Laplanche & Pontalis, 1983, p. 23).

8 Na obra de um dos autores, o termo traduzido foi utilizado para qualificar o profissional como "pistoleiro" (Shine, 2010, p. 220).

Parte-se da premissa que, na interação analisando-psicanalista, aquele tende a repetir padrões de comportamento com este, em vez de pensar e refletir sobre tais padrões. Há uma pressão para vivê-los, em vez de analisá-los (Freud, 1914/1996). É exatamente a contenção do Psicanalista que abre espaço mental para que se possa interpretar em vez de atuar: ajudar, sugerir, aconselhar, orientar etc. Por outro lado, o Assistente Técnico é solicitado a fazer parte do "time": ajudar, sugerir, aconselhar, orientar etc., sendo mais difícil, desse lugar, discriminar o que seria uma atuação (*acting out*[9]) de uma atuação pertinente.

Comparamos, no quadro abaixo, as características do Juiz e do Perito.

Quadro 4 - Comparação entre a posição do Juiz e o do Perito.

Juiz	Perito
Imparcial	Imparcial
Julga as partes	Avalia a família
Começa imparcial, mas é obrigado a discriminar o certo do errado	Busca características, influências e valores que subsidiam a escolha do certo/errado
Sua palavra termina o conflito	Sua escuta qualifica o conflito

A imparcialidade em relação às demandas das partes é condição *sine qua non* para atuar no processo judicial. O Direito discrimina e normatiza as situações em que ambos [Juiz, Perito] estariam *impedidos* ou *suspeitos* para atuarem em casos em que possa haver um interesse particular pelo resultado da causa. Prado (2003) faz uma clara distinção entre os conceitos de neutralidade e imparcialidade, atestando que:

> A imparcialidade, bem como a suspeição do juiz, está regulada pela lei processual civil, tendo, assim, contornos bem traçados pelo direito. Dessa forma, constituem figuras cuja existência é desejável no universo jurídico, por possibilitar a igualdade das partes durante a resolução judicial dos conflitos, o que,

9 Termo usado em psicanálise para designar as ações que apresentam, a maior parte das vezes, um caráter impulsivo, rompendo relativamente com os sistemas de motivação habituais do indivíduo, relativamente isolável no decurso das suas atividades, e que toma muitas vezes uma forma auto- ou hetero-agressiva. No aparecimento do *acting out*, vê o psicanalista a marca da emergência do recalcado. Quando aparece no decorrer de uma análise (quer seja na sessão, quer fora dela), o *acting out* tem de ser compreendido na sua conexão com a transferência, e frequentemente como uma tentativa para a desconhecer radicalmente" (Laplanche & Pontalis, 1983, p. 27).

> aliás, é previsto pela Constituição Federal no artigo 5º, caput. Já o dogma da neutralidade, herança do Iluminismo, relaciona-se com a ideia do magistrado formalista, exageradamente preso às leis e afastado dos desejos da comunidade e das características de seu próprio psiquismo. Assim, a adoção desse dogma constitui um desserviço ao principal objetivo da sentença, a realização da justiça. (pp. 308-309)

Se é um equívoco o Psicanalista Assistente Técnico se transmutar, em sua atuação profissional, em Advogado da parte, equivalente engano seria o Perito adentrar a matéria do julgamento. Existe uma simetria oculta entre as atuações Juiz-Perito e Advogado-Assistente Técnico. É claro que a manifestação pericial tem a função de influenciar a sentença judicial, portanto é justificável pensar que exista uma corresponsabilidade na atuação dos profissionais *psi* e do direito no resultado final para a família. Mas é importante resguardar os limites de atuação de cada profissional.

A Resolução CFP n. 08/2010 explicita essa situação da seguinte forma:

> Art. 7º - Em seu relatório, o psicólogo perito apresentará indicativos pertinentes à sua investigação que possam diretamente subsidiar o Juiz na solicitação realizada, reconhecendo os limites legais de sua atuação profissional, sem adentrar nas decisões, que são exclusivas às atribuições dos magistrados.

Voltando nossa atenção ao Assistente Técnico, comparamos no quadro abaixo algumas características de sua atuação com a do Advogado.

Quadro 5 – Comparação entre a posição do Assistente Técnico a do Advogado

Assistente Técnico	Advogado
Parcial	Parcial
Auxilia a parte	Defende a parte
Entrevista, contém, orienta	Presta serviço, informa, orienta, atua em nome de
Seu parecer é arma de defesa ou ataque	Sua petição é de defesa de direitos e ataque ao adversário
Pago pela parte	Pago pela parte

Vamos por partes: ao utilizarmos acima o termo *parcial*, estamos não só nos referindo ao conceito de imparcialidade exposto anteriormente, mas também no sentido de designar o contrário de "total". Pode-se dizer que o Assistente Técnico é parcial porque somente tem contato com "parte da família", mesmo que, por conta de sua ética própria, seja instado a pensar sobre a dinâmica familiar total (CFP, 2010[10]).

Vimos que o Assistente Técnico compõe uma equipe com o Advogado e a parte, em disputa com a equipe oposta, para trazer o Juiz para a sua verdade. O Psicanalista, sem familiaridade com a área forense, não costuma considerar que, atuando por um dos lados, no sistema adversarial do direito, necessariamente, colocar-se-á *contra* alguém (a parte, seu Advogado, seu Assistente Técnico). Encontramos um exemplo ilustrativo dessa situação em Shine (2010):

> Um psicólogo foi contratado por um advogado para estudar os autos e dar sua opinião em um caso de guarda. Algum tempo depois, um de seus clientes em psicoterapia começou a mencionar um processo judicial. Com o tempo, o psicólogo percebeu que o advogado que o contratara para ser seu assistente técnico era justamente o representante legal da parte contrária ao seu cliente. Evidentemente, ele não poderia continuar em ambos os papéis. (p. 103)

O laudo psicológico e o parecer são documentos técnicos com valor probatório na justiça. Eles produzem efeitos jurídicos que se traduzem em perdas e/ou restrições de direitos (por exemplo: suspensão de visitas, perda de guarda, perda de poder familiar). Portanto, dentro dessa lógica, aquele que se sente cerceado de um direito legítimo atacará a prova técnica que lhe prejudica; consequentemente, estará atacando seu autor. Isso dá origem à máxima: "Quem com laudo fere, com laudo será conferido".

Para os profissionais *psis*, aqui não restritos ao Psicanalista, a recomendação é o cuidado com a redação de tais documentos. Aquilo que se escreve permanece de forma perene. Constitui-se em prova de que alguém disse alguma coisa sobre alguém.

---

10 Perante a indagação sobre quem seria o usuário do trabalho desenvolvido por psicólogos que atuam em Varas de Família, aponta-se que, como o trabalho é encaminhado ou desenvolvido no Poder Judiciário, o usuário é o jurisdicionado, ou seja, aquele que está sendo atendido pelo Poder Judiciário. No caso das Varas de Família, dentro desta forma de compreender o termo, usuários dos serviços dos psicólogos seriam as famílias e seus membros, portanto, são esses os clientes que devem ter o sigilo resguardado. Entende-se que apenas no caso de o psicólogo estar atuando como assistente técnico é que seu cliente seria uma das partes envolvidas no processo, e não a família toda. Mesmo assim, o profissional não deve desprezar o dado de que está lidando com questão inscrita em uma dinâmica familiar". (CFP, 2010, p. 23)

Do nosso ponto de vista, as recomendações do Conselho Federal de Psicologia, em sua Resolução n. 07/2003, são insuficientes para prevenir que o resultado do trabalho, seja ele o laudo ou o parecer, apresentem equívocos. Queremos dizer que o Advogado irá utilizar o documento psicológico para defender seu cliente e, consequentemente, atacar o antagonista. Portanto, todo cuidado deve ser tomado para avaliar e escrever somente aquilo que o profissional foi capaz de entrar em contato por meio dos recursos técnicos reconhecidos. Pois aquele que se sentir prejudicado por meio do nosso trabalho poderá promover representações no órgão de classe. E a presença do Advogado favorece essa ampliação do litígio, permitindo que a parte se utilize dele para formalizar tal representação.

Como se vê no quadro abaixo, a demanda ao Perito emana do Juiz, tanto quanto a do Assistente Técnico advém do Advogado. Sem querermos ser exaustivos, listamos uma série de adjetivos que podem ser aplicados aos profissionais e às suas produções a partir da nossa prática.

Quadro 6 – Comparação entre as características da atuação do Juiz e do Advogado

Do Juiz	Do Advogado
Ser conclusivo	Ser convincente
Ser rápido	Ter prontidão
Ser objetivo	Ser assertivo
Apresentar laudo curto e claro	Elaborar bons quesitos e parecer contundente
Imparcialidade	Parcialidade

Saber o que se pede é o primeiro passo para não responder à demanda de uma forma acrítica e impulsiva. É necessária uma apropriação de tal demanda a partir de referenciais do próprio campo de saber. Suannes (2011) resgata o alerta de Brito (2005, p. 13[11]), falando da importância de uma "distância ótima" da questão para que a escuta não esteja focada na necessidade de responder à demanda em sentido restrito, qual seja, o da disputa entre cônjuges.

11 Brito, L. M. T. (2005). Reflexões em torno da Psicologia Jurídica. In R. M. Cruz; S. K. Maciel; & D. C. Ramirez (Orgs.), *O trabalho do psicólogo no campo jurídico*. São Paulo: Casa do Psicólogo.

Neste momento do texto, podemos fazer uma comparação descritiva entre dois operadores do direito e o profissional *psi*, como demonstrado no quadro abaixo.

Quadro 7 – Comparação entre as posições do Juiz, do Psicanalista e do Advogado

Do Juiz	Psicanalista	Do Advogado
Ser conclusivo	Ser continente	Ser convincente
Ser rápido	Ser rápido sem ser impulsivo Ter prontidão sem atuar a contratransferência	Ter prontidão
Ser objetivo	Ser profundo/complexo	Ser assertivo
Laudo curto e claro	Ser claro, conciso e eficiente	Bons quesitos e parecer contundente
Imparcial	Favorecer o resgate da responsabilidade da família sobre si mesma	Parcial

É preciso esclarecer os termos acima. O Juiz, quando espera um *laudo conclusivo*, não quer dizer, assim entendemos, um laudo que apresente a conclusão/julgamento da matéria; afinal, o julgador é ele. Mas espera que o profissional se posicione de maneira inequívoca em relação aos pontos controversos que levaram à instauração da perícia. Isso faz sentido. Se a prova não dirimir as dúvidas que geraram a necessidade de sua produção, qual seria o sentido de solicitá-la? Portanto, a frustração do operador do direito responsável por solucionar o impasse jurídico se justifica quando o laudo psicológico não consegue apontar uma resposta clara quanto à dúvida colocada.

O Advogado demanda do Assistente Técnico um parecer que seja *convincente*, no sentido de contundente, lembrando que ele quer fazer pender a balança da justiça para o lado de seu cliente. Entendemos que, enquanto Psicanalistas, não podemos deixar de ser continentes à dor das pessoas que atendemos. É a forma pela qual podemos manter as pessoas dentro de nosso campo mental e de pensarmos sobre e junto com elas. A demanda do Juiz pela rapidez e objetividade do trabalho se consubstancia na qualidade esperada do resultado final de seu trabalho: um laudo curto (porque o tempo para ler é exíguo) e objetivo (claro e inequívoco).

A exigência de prontidão do Advogado faz sentido dentro do "espírito de time" ao qual nos referimos anteriormente. Requer-se do profissional uma disponibilidade para produzir quesitos e pareceres frente aos prazos legais.

E não qualquer parecer, mas um que possa fazer a balança pender para um dos lados. Por isso, convincente e contundente.

Há uma outra simetria entre a atuação do Perito e a do Assistente Técnico em função do resultado da causa. O Juiz busca uma diretriz esclarecedora para suas dúvidas. Imparcial como ele, o Perito goza da posição de ser o profissional de confiança do magistrado. Sua argumentação é a que mais será considerada no sopesamento dos argumentos. Mas isso coloca o Perito muito próximo do lugar que lhe é vetado: ele não pode tomar a matéria legal em suas mãos e decidir aquilo que é de competência do Juiz. Portanto, como proceder?

Vejamos nosso próprio exemplo citado anteriormente: o leitor se lembra dos pontos controversos no litígio que opunha pai e mãe quanto à guarda do filho comum? Retomemos.

O juiz determina a perícia psicológica para dirimir as dúvidas quanto aos pontos controversos:

1. Quem cuida melhor do filho?
2. Levando em conta o melhor interesse do menor, qual seria a melhor opção de guarda?

Lembremos que "uma pergunta bem formulada é um pré-requisito para a obtenção de uma resposta útil" (Nordenstrom, 2008). E como quem elabora os pontos controversos é leigo na matéria, podemos esperar algumas perguntas irrespondíveis do ponto de vista psicológico, o que não é a mesma coisa que deixar a pergunta no vazio. Cabe também o alerta de não se confundir *pontos controversos*[12], foco da perícia, com *os quesitos* que, estes sim, demandam uma resposta direta e clara.

Quanto à resolução do problema, no que diz respeito ao drama familiar trazido à berlinda, somente poderíamos dizer que a sua solução não deveria, segundo a ética psicanalítica, ser depositada nas mãos de um terceiro estranho e externo (o Juiz). Isso corresponderia a uma desresponsabilização por algo que todos os seus membros são responsáveis. Portanto, em termos ideais, não é condição suficiente a imparcialidade (embora seja condição necessária para o Perito), ou colaborar com o Advogado para o ganho da causa (a busca da verdade parcial do Assistente Técnico). É preciso algo mais.

12 Para exemplificar, no caso específico, como enfrentar os pontos controversos, ao final do artigo colocamos um recorte do laudo psicológico elaborado (Conclusão).

Dentre as dificuldades que vislumbramos nessa tarefa, estão aquelas mesmas que os membros da família com quem se trabalha também sentem e sofrem. Poder-se-ia dizer que a vivência contratransferencial do Psicanalista, seja no lugar do Perito ou do Assistente Técnico, é uma forma da família comunicar o seu "problema" de uma maneira mais sutil.

Em primeiro lugar, a falta de comunicação (ou o ruído, quando um quer dizer uma coisa e o outro entende outra) é uma característica comum das partes que buscam no judiciário um "interlocutor neutro". Essa dificuldade é potencializada pelo clima paranoico que se instala quando o conflito familiar é levado aos bancos do tribunal. Uma vez que a lógica do sistema é a de produção de provas, há o receio de que qualquer coisa que se faça ou deixe de se fazer possa ser utilizada contra a própria pessoa. A atitude de desconfiança com o outro é maximizada dentro desse cenário. Não é sem razão que o Psicanalista nesse lugar se sinta por vezes "acuado", "vigiado" e "perseguido" – e, muitas vezes, justiça seja feita, não é somente uma vivência interna!

Se o Assistente Técnico não "filtrar" ao ouvir as queixas e reclamações da parte que o contrata, tenderá a assumir como verdades factuais aquilo que é atribuído ao outro - ao "ex". Ora, se não cabe ao Psicanalista julgar o seu paciente, também não cabe julgar a pessoa que recebe como parte (de um processo) e, muito menos, a outra parte que nem conhece. Esse equívoco muitas vezes se reapresenta nas interações entre Perito e Assistentes Técnicos.

Enquanto Psicanalistas envolvidos no litígio em Vara de Família, assumimos que existem algumas regras básicas, um protocolo de atendimento. São regras não escritas e extraoficiais, que estamos propondo como balizas que ajudariam neste trabalho:

1. "Não entrar em contato com a criança a não ser enquanto Perito".

   Os Psicanalistas não deveriam, em tese, tomar para si a função de atender o filho das partes quando atuam como Assistentes Técnicos:

   a) Porque esse atendimento não estará sendo autorizado por *ambos os pais*[13];

13 Estamos cientes da Resolução CFP n. 008/2010, que afirma: "Parágrafo único – Quando a pessoa atendida for criança, adolescente ou interdito, o consentimento formal referido no caput deve ser dado por pelo menos um dos responsáveis legais". Contudo, consideramos que nem todos os psicanalistas são psicólogos, além do mais, mesmo que alguns assistentes técnicos sejam psicólogos e psicanalistas, pensamos que,

b) Aquilo que o profissional obtiver de material clínico será transformado em "arma de ataque e defesa" na arena jurídica;

c) Ao intervir na criança, estará adentrando o campo do colega Perito, influenciando a forma como a criança reagirá a este contato;

d) Sacrifica a criança, que passaria no mínimo por três avaliações: pelo Perito, pelo Assistente Técnico do Requerente e pelo Assistente Técnico do Requerido.

2. "Dois corpos não ocupam o mesmo espaço".

O Código de Processo Civil, em sua versão atual, preconiza que o Assistente Técnico deva acompanhar todas as diligências do Perito[14]. Os Advogados tendem a interpretar esse inciso de uma forma concreta: muitos querem que o seu Assistente Técnico esteja presente na sala de atendimento quando o Perito estiver atendendo os membros da família. Ora, para um Psicanalista, é óbvio que estar na presença de outros colegas em entrevistas impõe restrições, afetando a própria qualidade da transferência que virá a se estabelecer. É por meio dela que é possível ao Psicanalista entender o outro em sua vivência e sua dor. O CFP (2010) dá respaldo legal nessa questão, na Resolução n. 08/2010:

Art. 1º - O Psicólogo Perito e o psicólogo assistente técnico devem evitar qualquer tipo de interferência durante a avaliação que possa prejudicar o princípio da autonomia teórico-técnica e ético-profissional, e que possa constranger o periciando durante o atendimento.

Art. 2º - O psicólogo assistente técnico não deve estar presente durante a realização dos procedimentos metodológicos que norteiam o atendimento do psicólogo perito e vice-versa, para que não haja interferência na dinâmica e qualidade do serviço realizado.

para a dinâmica da interação entre perito e assistentes técnicos e a família, melhor seria se os últimos não entrassem em contato direto com a(s) criança(s) do caso. Isso garantiria uma menor manipulação dos menores, respeitando o lema *primum non nocere*.

14 Art. 466. O perito cumprirá escrupulosamente o encargo que lhe foi cometido, independentemente de termo de compromisso.

§ 2º O perito deve assegurar aos assistentes das partes o acesso e o acompanhamento das diligências e dos exames que realizar, com prévia comunicação, comprovada nos autos, com antecedência mínima de 5 (cinco) dias".

Parágrafo Único - A relação entre os profissionais deve se pautar no respeito e colaboração, cada qual exercendo suas competências, podendo o assistente técnico formular quesitos ao psicólogo perito.

Perceba o leitor que o referido artigo diz que "o Assistente Técnico não deve estar presente durante a realização dos procedimentos metodológicos que norteiam o atendimento do psicólogo Perito e vice-versa". É diferente de dizer que ele "não pode", pois há casos em que tal manejo pode ser previamente combinado por se entender favorável ao próprio processo de avaliação. Em um caso em que uma menina de 9 anos não queria entrar sozinha com o Perito, a entrada dela com o Assistente Técnico foi negociada porque seria melhor que entrar com a mãe da criança.

3. "O Psicanalista não analisa *in absentia*".

Ao Advogado é lícito defender seu cliente atribuindo atos, atitudes e comportamentos a outrem isentando-o da responsabilidade. É a primeira forma de defesa de uma criança: "Não fui eu, foi ele!" Trazido ao campo da Psicologia Jurídica, não nos parece uma prática justificável para o Psicanalista se dispor a produzir diagnósticos e propor terapêuticas baseadas em conjecturas sobre pessoas que não conheceu, não avaliou e com quem não se relacionou profissionalmente. Poderia ser óbvia tal afirmação, mas há uma grande gama de representações éticas no CRP-06 que se baseiam exatamente nesta situação (Shine, 2009).

4. "Quando um não quer brigar, o terceiro não precisa ser juiz" ou "Cuidar do meu não é atacar o seu"

Na nossa experiência, uma reunião técnica (encontro entre o Perito e os Assistentes Técnicos) é mais produtiva depois que todos já tiverem tido um contato direto e presencial com as partes. Abre-se, assim, a possibilidade de se comparar as escutas e propor hipóteses e sugerir manejos – uma reunião clínica que preserve o lugar do cuidado[15] próprio ao Psicanalista.

Há que se considerar que a relação transferencial de cada membro da família é diferente para com seu Assistente Técnico, com o Assistente Técnico da parte contrária e com o Perito. O Assistente Técnico con-

15 Em cada caso, nas relações transferenciais, a fala do analista estaria revestida predominantemente ou potencialmente de uma função de cura, enquanto a fala do Perito, de uma função de julgamento" (Caffé, 2010, p. 97).

tratado é quem estaria em melhor posição para cuidar de quem o chama para trabalhar – a relação de confiança está construída de início. Em uma reunião com a Perita Psicóloga Judiciária e a outra colega Assistente Técnica para a discussão do caso, aconteceu a seguinte situação: todas as três já haviam atendido as partes. A colega Assistente Técnica inicia a apresentação do caso apontando as dificuldades e fragilidades do meu cliente: um pai de um menino com 2 anos de idade, pedindo pernoite e guarda compartilhada. À convocação da colega Assistente Técnica da mãe para que fizesse um contraponto, defendendo-o, deixei um vazio. Ou seja, não confirmei ou neguei as afirmações sobre a pessoa que ela não viu e nem conheceu, evitando assim, ocupar um lugar de "defensor" do meu cliente. A Perita se manifesta trazendo a Regra 3 acima descrita: "Você não atendeu este pai, e sim esta mãe. E eu já vi todo mundo". Esse manejo possibilitou um retorno ao entendimento da dinâmica familiar. A compreensão da fragilidade da família abriu a possibilidade de cuidado com as partes: coube à Assistente Técnica da mãe trabalhar a sua própria dificuldade em permitir o acesso do terceiro; coube a mim trabalhar a capacidade do pai empatizar com a dificuldade daquela mãe, cuja escolha foi de sua responsabilidade. Essa atuação não reproduziu a lógica adversarial do Direito e contribuiu para o resultado final alcançado de guarda compartilhada e ampla visitação.

5. "Um caso só termina quando não volta"

Estas são nossas considerações baseadas em nossa própria experiência profissional que submetemos à apreciação do leitor para o uso que achar mais adequado.

REFERÊNCIAS

Bleger, J. (1977). Psicanálise do enquadramento psicanalítico. In J. Bleger. *Simbiose e ambiguidade*. (pp. 311-328). Rio de Janeiro, RJ: Francisco Alves.Berry, K. K. (1989). The mental health specialist as child advocate in court. In M. R. Textor (Ed.), *The divorce and divorce therapy handbook*. (pp. 135-147). New Jersey: Jason Aronson Inc.

Brandão, E. P. (2016). Psicanálise e as questões da perícia em meio às disputas familiares. In E. P. Brandão (Org.), *Atualidades em psicologia jurídica*. (pp. 183-197). Rio de Janeiro, RJ: Nau.

Brito, L. M. T. *Separando: um estudo sobre a atuação do psicólogo nas Varas de Família*. Rio de Janeiro, RJ: Relume-Dumará/ UERJ.

Byrne, K. (1991). Mental heath professionals in child custody disputes: advocates or impartial examiners? *Australian Family Lawyer*, *6*(3).

Caffé, M. (2010). *Psicanálise e direito*: a escuta analítica e a função normativa jurídica. São Paulo, SP: Quartier Latin.

Conselho Federal de Psicologia. (2010). *Referências técnicas para atuação do psicólogo em Varas de Família*. Conselho Federal de Psicologia, Brasília: CFP.

Freud, S. (1914/1996). Recordar, repetir e elaborar: novas recomendações sobre a técnica da psicanálise II. In *Edição Standard Brasileira das Obras Psicológicas Completas de Sigmund Freud* [ESB]. Rio de Janeiro, RJ: Imago, vol. XII, p.163-171.

Hess, A. K. (1988). Accepting forensic case referrals: ethical and professional considerations. *Professional Psychology: Research and Practice*, 29(02), 109-114.

Laplanche, J.; Pontalis, J.-B. (1967/1983). *Vocabulário da Psicanálise*. 7ª ed. São Paulo, SP: Livraria Martins Fontes Editora.

Laplanche, J. (1988). Reparação e retribuição penais: Uma perspectiva psicanalítica. In J. Laplanche. *Teoria da sedução generalizada e outros ensaios*. (pp. 60-71). Porto Alegre, RS: Artes Médicas.

Lima, A. A. (2008). *Psicologia Jurídica*: lugar de palavras ausentes. Aracaju, SE: Evocati.

Miranda Jr., H.C. (2010). *Um psicólogo no tribunal de família*: a prática na interface Direito e psicanálise. Belo Horizonte, MG: Editora ArteSã.

Nordenstrom, J. (2008). *Medicina baseada em evidências*. Seguindo os passos de Sherlock Holmes. Trad. Rita Brossard. Porto Alegre, RS: Editora Artmed.

Pereira, C. V. (2013). *Psicologia jurídica e abordagem gestáltica*. Um encontro nas Varas de Família. Curitiba, PR: Editora Juruá.

Prado, L. R. A. (2003). Neutralidade e imparcialidade dos juízes? In G. C. Groeninga; R. C. Pereira (Orgs.), *Direito de família e psicanálise*. Rumo a uma nova epistemologia. (pp. 301-309). Rio de Janeiro, RJ: Imago.

Ramos, M.; Shine, S. K. (1994). A família em litígio. In M. Ramos (Org.), *Casal e família como paciente*. (pp. 95-121). São Paulo, SP: Escuta.

Reis, E. F. (2009). *Varas de Família*: um encontro entre psicologia e direito. Curitiba, PR: Editora Juruá.

Rovinski, S. M. L. (2004). *Fundamentos da Perícia Psicológica Forense*. São Paulo, SP: Vetor.

Shine, S. K. (2009). *Andando no fio da navalha*: riscos e armadilhas na confecção de laudos psicológicos para a justiça. Tese de Doutorado, Instituto de Psicologia, Universidade de São Paulo, São Paulo. doi:10.11606/T.47.2009.tde-25022010-100314. Recuperado em 2017-03-09, de www.teses.usp.br.

Shine, S. K. (2010). *A espada de Salomão*. A Psicologia e a disputa de guarda de filhos. 2ª ed. São Paulo, SP: Casa do Psicólogo.

Singer, J. L.; Nievod, A. (1987). Consulting and testifying in court. In I. B. Weiner; A. K. Hess (Eds.), *The handbook of forensic psychology*. (pp. 529-554). New York: Wiley.

Suannes, C. (2010). *A sombra da mãe*: Psicanálise e vara de família. São Paulo, SP: Casa do Psicólogo.

Zarzuela, J. L.; Matunaga, M.; Thomaz, P. L. (2010). *Laudo pericial*. Aspectos técnicos e jurídicos. São Paulo, SP: Editora Revista dos Tribunais: Sindicado dos Peritos Criminais do Estado de São Paulo.

ANEXO – CONCLUSÃO DO LAUDO PSICOLÓGICO PERICIAL

Trata-se de uma disputa de guarda de um adolescente de 14 anos que mora com a mãe e seu atual companheiro.

Os pais buscam fazer valer o que pensam, e o aspecto positivo desse processo é que protagonizam um litígio de forma a se apropriarem mais do filho que tiveram ainda muito jovens e imaturos.

A experiência do adolescente ter vivido na casa do pai com sua atual esposa permitiu vivências diferentes e aumentou seu campo de ação.

O rendimento escolar melhorou e a negociação de liberdade *versus* responsabilidade foi lidada de "homem para homem", com um viés mais racional e menos emocional na casa do pai.

Tanto mãe quanto filho também amadureceram no trato inter-relacional com a inclusão de uma terapeuta de família.

Ainda assim, a permanência do filho na casa materna foi imposta pela mãe, pautada em interesses (financeiros e narcísicos) pessoais em detrimento de uma melhor percepção das necessidades e desejos do filho.

Entre sacrificar a si ou ao filho, optou pelo último.

O pai busca ser uma alternativa constante, independentemente do resultado da contenda.

À consideração de V. EXA.

São Paulo, 26 de agosto de 2013.

NOME
Psicólogo Judiciário
CRP Número

2. IMPLICAÇÕES JURÍDICAS E PSICOLÓGICAS DO DIVÓRCIO E DA DISSOLUÇÃO DA UNIÃO ESTÁVEL

Victoria Muccillo Baisch
Beatriz Cancela Cattani

1. INTRODUÇÃO

O fenômeno do divórcio tem sido considerado como uma das possíveis crises vitais presentes no desenvolvimento dos sujeitos. Não está restrito a um grupo específico de características sociodemográficas, sendo encontrado em distintos arranjos familiares (Zordan, Wagner, & Mosmann, 2012). As autoras reconhecem que esse fenômeno, muito além da dissolução da união em si, apresenta uma complexidade maior, visto que envolve o conflito, a ruptura da relação e seus desdobramentos.

Féres-Carneiro (2003) aponta que, longe de desqualificar a instituição casamento, o alto índice de divórcios estaria relacionado à excessiva valorização da instituição casamento e ao fato dos cônjuges não aceitarem que a relação conjugal não corresponda às suas expectativas. Tal argumento é reforçado pela frequência de divorciados que acabam buscando o recasamento.

Nossa prática profissional evidencia que, da mesma forma como atualmente existem diversas concepções e realidades de casamento, também existem diversas configurações de divórcio. Este pode ser pacífico e consensual, sendo resolvido de forma mais rápida e objetiva, ou pode ser litigioso, estendendo-se por anos. O que temos encontrado em nosso fazer diário reforça que os processos litigiosos geram sofrimento não só ao casal, mas também à família extensa e aos filhos, sendo estes muitas vezes expostos a conflitos de uma relação que fracassou. Assim, os pequenos acabam dando mostras de seu sofrimento em casa, na escola e na relação com seus pares.

Isto posto, faz-se necessário refletir acerca da forma como as ciências jurídica e psicológica se entrelaçam nessa temática e, assim, melhor compreender a interlocução entre tais universos, tão presente na prática profissional de psicólogos e operadores do direito. Acreditamos que tal diálogo possibilitará uma melhor compreensão do fenômeno em questão e orientação do fazer de tais profissionais.

2. UM BREVE HISTÓRICO LEGAL DO DIVÓRCIO NO BRASIL: DA IMPOSSIBILIDADE À FACILIDADE; DA BUROCRACIA À PRATICIDADE

Dados do IBGE (2019) demonstram um expressivo aumento no número de divórcios no decorrer das últimas décadas. De 30,8 mil divórcios registrados no ano de 1984, atingimos o número de 307.519 divórcios concedidos em primeira instância ou por escrituras extrajudiciais no ano de 2019. Número tão elevado de rupturas conjugais nos leva à conclusão de que cada vez mais casais optam por não permanecerem juntos, o que ocorre pelos mais variados motivos (Zordan, Wagner, & Mosmann, 2012). De fato, o procedimento de divórcio tornou-se cada vez mais simples e facilitado com o passar do tempo. Mais do que isso, o divórcio tornou-se uma prática aceita e livre de preconceitos, o que se deve a uma grande mudança paradigmática vivenciada pela sociedade no decorrer do último século. Um pouco desse transcorrer histórico é apresentado a seguir.

Desde a promulgação da primeira Constituição brasileira, em 1891, até o ano de 1977, a possibilidade de divórcio era inexistente no Brasil. A única via cabível para aqueles que não mais desejassem viver como marido e mulher era o desquite, opção extremamente estigmatizada pela sociedade da época, cujos valores repousavam na religião e moralidade conservadora (Brasil, 1916; Gomes, 2003). O dogma da indissolubilidade do casamento tinha por base uma inspiração religiosa, sacramental, amparada na máxima católica: "O que Deus une, o homem não separa" (Pontes de Miranda, 1947).

O desquite por mútuo consentimento somente era viável quando os cônjuges fossem casados por tempo superior a dois anos (Brasil, 1916). O desquite unilateral (não consensual, pleiteado por apenas uma das partes) deveria estar amparado em uma das seguintes hipóteses: tentativa de morte; sevícia ou injúria grave; abandono do lar conjugal por dois anos contínuos; ou adultério.

Ou seja, para o desquite ser deferido, um dos cônjuges deveria atribuir uma conduta desonrosa ao outro, comprová-la em juízo e aguardar que o julgador a acolhesse. Decorria daí uma série de consequências ao "culpado", como a perda do direito à percepção de pensão alimentícia (Brasil, 1916). Com o desquite, ocorria o fim da sociedade conjugal e do regime de bens, mas continuava intacto o vínculo conjugal. Isto é, a vida em comum era desfeita e o casal se separava fisicamente, mas o liame jurídico decorrente do matrimônio permanecia existindo até a morte de um deles. Somente então o sobrevivente poderia casar-se novamente (Bevilácqua, 1938).

O dogma da indissolubilidade do casamento foi superado no ano de 1977, com a Emenda Constitucional n. 09/1977 e a Lei n. 6.515/1977 (Brasil, 1977), que instituíram o divórcio no Brasil. Todavia, por pressão religiosa, o desquite foi mantido sob a denominação de *separação judicial*, consistindo em uma etapa obrigatória anterior ao divórcio (Pereira, 2016).

A inserção do instituto do divórcio no ordenamento jurídico não significou, de imediato, facilidade de seu alcance, pois inúmeros requisitos precisavam ser cumpridos até sua efetiva decretação. Como referido, a separação judicial era a etapa prévia obrigatória, a qual mesmo por mútuo consentimento somente poderia ser postulada após dois anos de casamento. As partes, ainda que concordes em não mais dividir suas vidas como homem e mulher, eram obrigadas a aguardar o transcurso desse tempo para postular a separação judicial.

No caso de inexistir consenso entre o casal, o pedido de separação judicial de um deles deveria estar embasado na "conduta desonrosa" ou na "violação dos deveres matrimoniais" por parte do outro. Também poderia ser postulada unilateralmente quando comprovada a ruptura da vida em comum por mais de cinco anos consecutivos, ou no caso de o cônjuge estar acometido de grave doença mental de cura improvável pelo prazo mínimo de cinco anos (Brasil, 1977).

Assim como no desquite, esse tipo de previsão legal obrigava o julgador a identificar os motivos que haviam levado ao fim da união, procurando um culpado, que era penalizado. Também de forma análoga ao desquite, a separação judicial colocava fim ao regime de bens e aos deveres de coabitação e fidelidade, mas não possibilitava que os separados contraíssem novas núpcias, pois o vínculo matrimonial permanecia existindo. Somente decorridos três anos de separação judicial, fosse ela consensual ou não, o casal poderia enfim pleitear o divórcio, que também dependia de um processo judicial (Brasil, 1977).

As exigências legais para a separação judicial e divórcio foram aos poucos sendo flexibilizadas. Com o advento da Constituição Federal de 1988, o tempo mínimo exigido para conversão da separação judicial em divórcio foi reduzido de três anos para somente um. Também passou a ser possível o divórcio direto – sem necessidade de prévia separação judicial – desde que comprovada a quebra da vida em comum por ao menos dois anos (Brasil, 1988). O tempo necessário de ruptura da vida em comum para o requerimento unilateral da separação judicial foi consideravelmente reduzido no ano de 1992, passando de cinco anos consecutivos para um ano. O Código Civil de 2002 manteve a diferenciação entre separação judicial e divórcio, assim como a exigência de atribuição da culpa a um dos cônjuges pelo término do relacionamento (Brasil, 2002).

Com o passar do tempo, a jurisprudência passou a desconsiderar a discussão da culpa. O simples desejo de uma das partes em não mais permanecer casada passou a ser suficiente para se pleitear a separação judicial, sem a necessidade de atribuir qualquer tipo de conduta desonrosa ao outro. A mais recente inovação nessa matéria ocorreu com o a Emenda Constitucional n. 66, em 2011, a qual, segundo compreende grande parte da doutrina jurídica (Pereira, 2016; Dias, 2017), eliminou a separação judicial do ordenamento jurídico brasileiro.[16] Hoje é possível pleitear o divórcio diretamente (sem a prévia separação judicial), a qualquer tempo (sem necessidade de respeito a prazos) e sem apresentação de motivações (sem discussão de culpa).

A Constituição Federal de 1988 trouxe outra importante inovação para o Direito de Família: o reconhecimento da união estável como entidade familiar. Ao contrário do casamento, que é constituído por um procedimento

16 Em que pese o forte posicionamento doutrinário em sentido contrário, o Superior Tribunal de Justiça, no julgamento do Recurso Especial n. 1247098, compreendeu que a Emenda Constitucional n. 66 não eliminou do ordenamento jurídico a possibilidade de separação judicial.

solene, a união estável se consolida de maneira informal. Para sua configuração, basta que duas pessoas tenham uma união pública, contínua e duradoura, estabelecida com o objetivo de constituição de família. Se o casal desejar, a união estável pode ser formalizada por meio de escritura pública em Tabelionato de Notas ou até mesmo por instrumento particular.

Juridicamente, o término de uma união estável não é denominado de divórcio, e sim de dissolução. Assim como no divórcio, ela pode ocorrer tanto de forma consensual – quando ambos estão de acordo quanto aos termos da separação, quanto litigiosa. Desde o ano de 2007, casais sem filhos menores ou incapazes e em mútuo acordo podem se divorciar ou dissolver a união estável extrajudicialmente (em tabelionato) desde que assistidas por advogado (Brasil, 2007). Em separações[17] judiciais ou extrajudiciais consensuais é facultado às partes serem representadas pelo mesmo advogado, o que não é possível nas separações litigiosas.

3. REPERCUSSÕES JURÍDICAS DO DIVÓRCIO E DA DISSOLUÇÃO DA UNIÃO ESTÁVEL

As quatro principais repercussões jurídicas do término do casamento ou da união estável consistem na fixação de pensão alimentícia, regularização da guarda e convivência dos filhos, retomada do nome de solteiro e partilha dos bens. Um panorama geral de cada um desses pontos é apresentado a seguir, sem a menor pretensão de esgotamento da matéria.

3.1. PENSÃO ALIMENTÍCIA

O término da relação dos pais não encerra os direitos e deveres que esses possuem em relação aos seus filhos (Grisard Filho, 2010). O dever de sustento decorrente do poder familiar permanece intacto após a separação, gerando a obrigação de ambos os genitores continuarem a suprir as necessidades materiais e imateriais da prole, na medida de suas possibilidades financeiras.

17 As repercussões tanto do divórcio quanto da dissolução da união estável são bastante similares, tanto no âmbito jurídico quanto psicológico. Por essa razão, no presente capítulo utilizaremos o termo "separação" para nos referirmos ao término do relacionamento advindo das duas situações.

Também é possível que, por ocasião do fim do relacionamento, um dos membros do casal reste em situação de vulnerabilidade econômica, sem condições de prover o seu próprio sustendo de modo adequado. Por vezes, essa dificuldade financeira é transitória; por outras, em razão da idade e grau de instrução do indivíduo, a reinserção no mercado de trabalho se torna inviável. Nesses casos, também nasce a obrigação alimentar entre ambos.

O termo "alimentos" é empregado juridicamente em um sentido amplo, de modo a abarcar não apenas a alimentação propriamente dita, como também os meios materiais e imateriais indispensáveis para as necessidades cotidianas do ser, tais como vestuário, calçados, moradia, saúde, educação, lazer etc. (Cahali, 2013). A fixação dos alimentos é uma parte importante do período pós-separação, pois tem relação direta com a subsistência da prole e do ex-parceiro.

Por envolver discussões de cunho financeiro e consistir em uma prestação de médio ou longo prazo, esse tópico costuma gerar grandes desavenças entre as partes. A irresignação costuma estar presente de ambos os lados: quem postula os alimentos geralmente deseja valores maiores e quem os deve defende não ter condições de com eles arcar.

Para outras pessoas, a carga simbólica que acompanha a verba alimentar faz com que optem por não pleitear alimentos em seu favor, pois não desejam ser sustentadas ou vistas como dependentes do outro, ainda que isso seja um direito legítimo seu. Quando os destinatários da pensão alimentícia são os filhos, a dispensa aos alimentos não é possível. Ainda assim, afirmações como "não quero nada dele(a); só quero a guarda e que ele saia da minha vida" são ouvidas com recorrência tanto no âmbito jurídico quanto pericial. De outro lado, também é comum a sensação de que os alimentos pagos aos filhos serão usufruídos pelo ex-companheiro ou companheira, o que gera inconformidades.

O inadimplemento da pensão alimentar pode ter como consequência a prisão do devedor, pelo prazo de um a três meses, nos termos do artigo 528 e seguintes do Código de Processo Civil (Corso, 2017). Basta o vencimento de apenas uma parcela para viabilizar a propositura da execução de alimentos por este rito. Trata-se de uma medida drástica, porém compatível com a importância da verba, que é destinada à subsistência.

3.1.1. QUANTIFICAÇÃO

Quando os filhos forem maiores de idade e houver consenso quanto ao valor dos alimentos, a regularização da pensão pode ocorrer até mesmo em Tabelionato de Notas, conforme autoriza a Lei 11.441 (Brasil, 2007). O mesmo vale para pensão entre cônjuges ou companheiros.

Todavia, sempre que o casal tiver filhos menores de idade ou incapazes, a fixação da pensão alimentícia deve ser realizada judicialmente e com obrigatória intervenção do Ministério Público. Isso não significa que os processos dessa natureza sejam sempre litigiosos, pois a pensão alimentícia pode, a qualquer momento, ser objeto de acordo entre as partes, embora dependente de homologação judicial.

Em qualquer uma dessas situações (filhos menores, maiores, cônjuge ou companheiro), não havendo entendimento entre as partes, o valor dos alimentos será arbitrado pelo magistrado com base na ponderação do binômio *necessidade-possibilidade*, previsto no artigo 1.694, §1º do Código Civil (Brasil, 2002). Por *necessidade*, compreende-se a impossibilidade de o alimentado manter-se com o seu próprio patrimônio ou rendimentos. A *possibilidade*, a seu turno, diz respeito à verificação de que a pessoa solicitada a prestar os alimentos tenha condições de fazê-lo, sem prejuízo do seu próprio sustento (Madaleno, 2015).

Durante a menoridade, a necessidade dos filhos é presumida, sendo desnecessário comprová-la nos autos do processo. O dever alimentar entre ex-cônjuges ou companheiros, por outro lado, depende dessa prova. Nesse caso, é essencial que o alimentado – ex-cônjuge ou ex-companheiro(a) – demonstre que faz jus aos alimentos pleiteados, comprovando a sua própria impossibilidade de com eles arcar, bem como a possibilidade financeira do alimentando de prestá-los.

Portanto, é equivocada a crença de que o valor de pensão alimentícia corresponderá sempre ao equivalente a 30% dos rendimentos do alimentando. Embora esse seja um parâmetro comumente utilizado pelos Tribunais no caso de alimentos entre pais e filhos, está longe de ser uma fórmula aplicada sem critérios. O valor de alimentos depende da análise criteriosa das circunstâncias específicas de cada caso concreto, e é justamente por isso que processos dessa natureza costumam ter longa instrução processual, inclusive com produção de prova testemunhal, documental, quebra de sigilo fiscal e bancário etc.

Um grande desafio enfrentado por quem demanda alimentos é a comprovação das possibilidades financeiras do alimentante, principalmente quando esse não possui renda fixa. Ocultar patrimônio e mascarar a real condição financeira são comportamentos observados com recorrência, tornando complexa a tarefa de averiguar o valor de pensionamento mais justo no caso concreto. Esse tipo de atitude fomenta o litígio entre as partes e prolonga o desdobramento definitivo do caso.

A fixação do pensionamento em dinheiro (alimentos *in pecunia*) é a situação que mais comumente se apresenta. Geralmente o arbitramento ocorre em salários mínimos ou em um percentual dos rendimentos do devedor. Porém, não é incomum que alimentos correspondam a uma prestação específica (alimentos *in natura*). Arcar diretamente com o plano de saúde, ou escola do filho; ou permitir que o ex-companheiro ou ex-cônjuge habite por determinado tempo em imóvel que não é de sua propriedade são exemplos desse tipo de prestação (Madaleno, 2015).

Não é raro que o pensionamento aos filhos decorra de um acerto informal entre os pais, sem qualquer crivo judicial. Esse tipo de combinação pode perdurar por anos sem gerar qualquer tipo de conflito, em especial quando o casal possui bom relacionamento e boas condições econômicas. Mas essa forma de auxílio pode ser extremamente prejudicial ao alimentado, pois na ausência de um título executivo judicial (o acordo homologado ou a sentença), ele restará impossibilitado de executar os valores no caso de inadimplemento.

3.1.2. REVISÃO, EXTINÇÃO E EXONERAÇÃO DA PENSÃO ALIMENTÍCIA

Após a fixação da pensão alimentícia, o valor somente poderá ser revisto judicialmente (para mais ou para menos) quando sobrevier mudança nas necessidades do alimentado ou nas possibilidades do alimentante, mediante ação revisional de alimentos. Um exemplo de aumento das necessidades é o do filho que adentra em idade escolar, passando a frequentar instituição de ensino privada, utilizar uniforme, fazer uso de material didático, transporte escolar etc.

A redução da capacidade financeira do alimentante também autoriza o pedido judicial de minoração da pensão alimentícia, que será sopesada de acordo com as necessidades ainda vigentes do alimentado. Nem mesmo o desemprego – fenômeno social bastante frequente nos dias atuais – vem sendo compreendido como causa autorizadora de cessação ou exoneração da pensão. Nesses casos, os Tribunais costumam arbitrar um percentual sobre o salário mínimo – geralmente de 10% a 30% sobre o salário mínimo – que deverá continuar a ser prestado. No entanto, como já referido, tratando-se de alimentos, cada situação deve ser analisada individualmente, evitando-se a aplicação de fórmulas ou soluções padronizadas, sob pena de colocar em risco a subsistência tanto de quem os recebe quanto de quem os presta.

A maioridade do filho, ao contrário do que muitos pensam, não gera a exoneração automática dos alimentos.[18] Pedidos de exoneração de alimentos com base nesse fundamento costumam carregar uma carga emocional grande, e é comum que o jovem adulto se sinta desamparado e até mesmo rejeitado pelo alimentante. Os jovens demandam cada vez mais tempo até atingirem de fato a independência financeira, principalmente quando optam por ingressar em uma universidade. Durante esse período, permanecem devidos os alimentos.

Raciocínio similar deve ser feito no caso de alimentos entre cônjuges ou companheiros: o dever alimentar continuará existindo enquanto perdurar a necessidade do alimentado, sopesada a possibilidade financeira de que os fornece (Dias, 2017). Esse tipo de pensão ocorre com maior frequência em casais de mais idade, nos quais apenas um dos membros trabalhava, geralmente o homem, enquanto a esposa/companheira restava encarregada dos afazeres domésticos e cuidados aos filhos. Pereira (2016) observa que, com a inserção das mulheres no mercado de trabalho, são cada vez mais reduzidos esses casos de pensionamento. Em casais jovens, onde há possibilidade de reinserção profissional daquele que pleiteia os alimentos, costuma-se fixar uma pensão alimentícia transitória, isto é, com prazo determinado de término.

18 O tema é objeto da Súmula n. 358 do Superior Tribunal de Justiça, que refere que "O cancelamento de pensão alimentícia de filho que atingiu a maioridade está sujeito à decisão judicial, mediante contraditório, ainda que nos próprios autos".

A exoneração imediata da pensão alimentícia encontra previsão legal no artigo 1.708 do Código Civil brasileiro, quando o alimentado se casar novamente ou iniciar uma união estável (Brasil, 2002). Embora essa previsão seja válida sem maiores divergências para o encargo alimentar entre cônjuges ou companheiros, pois o dever de mútua assistência é transmitido para o novo parceiro, Dias (2013) sugere que seja apreciada com maior cautela no caso de filhos, uma vez que o casamento ou união estável muitas vezes somente é possível em razão do auxílio financeiro do restante da família. Nessa situação, segundo defende a autora, é imprescindível a avaliação da necessidade por parte do alimentado: seria descabida a exoneração caso ela ainda exista.

3.2. REGULARIZAÇÃO DA GUARDA E CONVIVÊNCIA FAMILIAR

O término da relação dos pais não extingue o poder familiar em relação aos filhos. No entanto, acarreta reflexos inevitáveis no exercício da guarda. Esse é, sem dúvidas, um dos pontos geradores de maior controvérsia entre os casais em separação.

A vivência profissional permite perceber que a disputa desenfreada pela guarda dos filhos é muitas vezes um reflexo das dificuldades emocionais do casal – ao menos de um dos membros – em lidar com o término do relacionamento ou com as questões que o envolveram. Muitas vezes o convívio é pacífico durante boa parte do período pós-separação, vindo a se tornar belicoso quando um dos membros do ex-casal inicia novo relacionamento. Não é à toa que é nos casais que passam por separações com altos níveis de conflito que normalmente se consolida a alienação parental, fenômeno abordado adiante neste capítulo.

3.2.1. GUARDA UNILATERAL

A guarda unilateral é a custódia conferida a apenas um dos genitores, que adquire a prerrogativa legal de decidir sobre os principais aspectos da vida do filho com exclusividade. O genitor não guardião tem garantida a visitação, isto é, um tempo de convivência periódico junto ao filho acordado consensualmente ou fixado pelo juiz.

Em que pese tenha o direito de conviver e participar da vida do filho, o genitor não guardião evidentemente ocupa uma posição de desvantagem, pois a ingerência jurídica sobre a criança ou adolescente é reduzida em comparação ao genitor guardião (Baisch & Lago, 2016). Essa foi uma das razões pelas quais a guarda unilateral passou a ser cada vez mais questionada ao longo dos anos. Os não guardiães (geralmente os homens) passaram a reclamar mais tempo de qualidade junto a seus filhos, buscando a substituição do "direito de visitas" pelo "direito à convivência" (Da Rosa, 2016).

As regras legais de atribuição da guarda sofreram mudanças significativas desde o primeiro Código Civil brasileiro (Baisch & Lago, 2016). A alteração mais recente ocorreu no ano de 2014, com a Lei n. 13.058, que modificou a redação dos artigos 1.583, 1.584, 1.585 e 1.634 do Código Civil e instituiu a guarda compartilhada como regra. Desde então, sempre que ambos os genitores estiverem em condições de exercer a guarda, esta deverá ser compartilhada. A unilateralidade passou a ser excepcional (Brasil, 2014).

3.2.2. GUARDA COMPARTILHADA

Uma dúvida recorrente nos escritórios de advocacia diz respeito ao modo com que a guarda compartilhada se perfectibiliza na prática. De modo geral, ainda prevalece a crença de que o compartilhamento da guarda implica na divisão exata do tempo do filho com cada um dos genitores, o que está equivocado.

Na realidade, o exercício efetivo desse tipo de custódia pouco está relacionado com o tempo que o filho passa com cada um dos genitores. Na guarda compartilhada, a residência de referência do filho é fixada com um dos genitores, havendo regulamentação do regime de convivência do outro. Privilegia-se, sim, um convívio amplo com ambos os genitores – com previsão de pernoites semanais e finais de semana – porém o enfoque não é quantitativo, e sim qualitativo.

A guarda compartilhada pressupõe a responsabilização conjunta dos pais em todos os aspectos da vida do filho (Da Rosa, 2015). Portanto, o sucesso dessa modalidade de custódia depende da existência de um mínimo diálogo entre o ex-casal, o que, a depender das circunstâncias em que ocorreu a separação, pode ser um grande desafio. Justamente por isso, a imposição da guarda compartilhada mesmo na ausência de consenso entre o casal, prevista na Lei 13.058/2014, foi recebida com desconfiança pelos profissionais da área.

O objetivo da legislação foi o de favorecer uma mudança cultural na forma com que o exercício da guarda ocorre no Brasil, privilegiando a igualdade e a corresponsabilidade parental na criação dos filhos (Baisch & Lago, 2016).

A jurisprudência vem compreendendo que a guarda compartilhada é a modalidade que, em regra, melhor preserva os interesses dos filhos, devendo ser imposta quando não houver evidências de que um dos genitores é inapto ao seu exercício. No entanto, quando o conflito entre o casal é tão exacerbado que coloca em risco o próprio interesse da criança ou adolescente, a tendência é de determinação da guarda unilateral.

As dificuldades de comunicação inerentes a um casal recém-separado muitas vezes dificultam e até mesmo inviabilizam por completo o exercício efetivo desse tipo de guarda (Baisch & Lago, 2016). O compartilhamento acaba existindo no papel, mas não no mundo dos fatos. A situação inversa também ocorre. Muitas vezes, mesmo com o estabelecimento da guarda exclusiva em favor de um dos genitores, ambos os pais, na prática, tomam todas as decisões relacionadas ao filho em conjunto, em verdadeiro compartilhamento.

Portanto, a guarda compartilhada não pode ser confundida com a guarda alternada, aquela em que há a alternância sucessiva da moradia do filho, com idêntica distribuição do tempo com cada um dos pais (Machado, 2011). Nesse tipo de guarda, o filho reside determinado período com um dos genitores, que resta encarregado exclusivamente de sua custódia. Findo o período, a residência do filho retorna à do outro genitor, que passa a ser o guardião por tempo idêntico, e assim sucessivamente. Tal modalidade de guarda não costuma ser adotada pelos Tribunais brasileiros, pois pode gerar insegurança e falta de referência na criança ou adolescente, não preservando o seu melhor interesse (Brito & Gonçalves, 2013).

Outra dúvida bastante frequente refere-se à possibilidade de prestação de alimentos ao filho na guarda compartilhada. Muitos pais – geralmente homens – chegam aos escritórios de advocacia certos de que o compartilhamento da guarda dos filhos os eximirá do pagamento de pensão alimentícia. De outro lado, muitas mães opõem-se veementemente ao compartilhamento, por acreditarem que assim o filho não será auxiliado financeiramente. Essa crença está equivocada. O compartilhamento da guarda não desobriga nenhum dos genitores à prestação alimentar, que será arbitrada de acordo com os parâmetros legais, isto é, em ponderação às necessidades do filho e possibilidades econômicas do prestador.

Os filhos podem ser uma arma poderosa. Quem os tem ao seu lado muitas vezes se sente em posição de vantagem, utilizando-os como ferramenta para fazer o outro sofrer ou adquirir alguma vantagem. A regularização do tempo de convivência com os filhos é muitas vezes utilizada como forma de barganha. Exemplo corriqueiro é o do sujeito que, ao negociar as cláusulas do divórcio, exige valores maiores de pensão alimentícia para, a seu turno, concordar com um regime mais amplo de convivência do filho com a outra parte, ou daquele que impede a visitação diante do não pagamento da pensão alimentícia pelo outro genitor. Nesse ponto, em especial, reside a importância da atuação ética e colaborativa dos advogados familistas, de modo a evitar ao máximo que a animosidade dos pais tenha efeitos prejudiciais nos filhos.

3.3. USO DO SOBRENOME

A incorporação do sobrenome do cônjuge passou de uma obrigação feminina a uma faculdade conferida a ambos os sexos (Brasil, 1916; Brasil, 2002). A possibilidade de o homem acrescer o sobrenome da esposa ao seu ainda costuma causar espanto nos casais que procuram orientação jurídica em momento prévio ao matrimônio, assim como nos casais homossexuais, que frequentemente desconhecem possuir esse direito.

Observamos em nossa prática profissional uma tendência crescente por parte das mulheres em não adotar o sobrenome masculino, o que de certa forma está relacionado ao contexto histórico de independência feminina, no qual se busca o rompimento com as condições de submissão ao marido que sempre vigoraram. De fato, a imposição de utilização do sobrenome masculino consistia na representação quase literal da transferência do poder sobre a mulher das mãos do pai para as do marido.

O divórcio abre a possibilidade de retomada do nome de solteira ou de solteiro. Para algumas pessoas, essa é uma decisão bastante fácil; para outras, gera um difícil dilema. De um lado, a retomada do nome anterior ao matrimônio tem um conteúdo simbólico de recomeço e retomada da individualidade, o que pode ser motivador para superar o término do relacionamento (Pereira, 2016). Por outro lado, o uso do patronímico do cônjuge muitas vezes torna-se parte da própria identidade de quem o adotou, principalmente no caso de casamentos longos, dificultando a decisão de voltar a utilizar o nome anterior.

Por ter íntima relação com os direitos da personalidade e com a individualidade do sujeito, a retomada ou não do nome de solteiro é hoje uma decisão exclusiva de quem o assumiu, tanto nos casos de divórcio judicial quanto extrajudicial. Esse posicionamento legal e jurisprudencial é decorrente de uma mudança paradigmática que vem ocorrendo desde a promulgação da Lei do Divórcio, em 1977. Na redação original da legislação, à mulher era conferida a possibilidade de continuar utilizando o nome de casada após o término do matrimônio, mas esse direito se perdia se o pedido de separação houvesse sido originado por ela, ou se fosse reconhecida a sua culpa pelo fim da relação (Dias, 2017). Tal penalidade, como pondera Madaleno (2015, p. 445), tinha o intuito de ser uma "castração social" da imagem feminina.

Em que pese o Código Civil preveja a possibilidade de modificação do nome apenas no caso de casamento, tal prática também é analogicamente ampliada para a união estável. A opção pelo uso do sobrenome do companheiro (ou da companheira) pode ser feita no momento da confecção da escritura pública de união estável, e a opção pela retomada ao nome anterior ocorrerá no momento da dissolução da união, tanto no caso de dissolução judicial quanto extrajudicial.

3.4. PARTILHA DOS BENS

A partilha consiste no momento de divisão dos bens móveis, imóveis e das dívidas do casal, de acordo com o regime de bens que regeu o casamento ou a união estável. Os quinhões devidos a cada um serão apurados com base no patrimônio e haveres presentes na data da separação de fato.

No casamento, a opção por qualquer regime diverso da comunhão parcial de bens deve ser obrigatoriamente formalizada por meio de pacto antenupcial, previsto no artigo 1.640, parágrafo único, do Código Civil. O regime escolhido passará a vigorar somente após a celebração do matrimônio. Na união estável, o regime de bens pode ser escolhido quando da confecção da escritura pública ou do contrato particular de união estável, e as partes são livres para estabeleceram a data de início de sua vigência. Em não havendo escolha expressa do casal por um dos regimes de bens, incidirá automaticamente a comunhão parcial. Sem intenção de adentrar profundamente no tema, podemos resumir as regras de partilha da forma que segue.

Na *comunhão parcial*, todos bens adquiridos onerosamente durante a união, denominados de bens comuns ou aquestos, serão divididos igualmente entre o casal, não importando se estão em nome de apenas um deles. Os bens particulares, como as doações e heranças recebidas em nome de apenas um dos membros do casal ou bens adquiridos previamente à união não entram nessa divisão, permanecendo com o seu titular. O mesmo ocorre com eventuais dívidas assumidas na constância da união, as quais serão divididas igualmente entre o casal, independentemente de quem as contraiu.

Na *comunhão universal*, todo o patrimônio é comum, independentemente de sua origem, e será dividido igualmente entre o casal. Sempre que um dos membros do casal quiser dispor dos bens, deverá ter o consentimento do outro. Isso também ocorre na comunhão parcial, em relação aos bens considerados comuns.

O regime da *separação total de bens* (ou separação convencional de bens) é o oposto à comunhão universal: inexistem bens comuns, apenas particulares. Consequentemente, no momento da partilha, cada um dos cônjuges ou companheiros ficará com os bens que já estavam em seu nome durante a união. A vantagem desse regime é que, em não havendo bens comuns, cada sujeito pode, via de regra, dispor livremente de seu patrimônio durante o relacionamento, sem necessidade de anuência do outro, o que não ocorre nos regimes da comunhão parcial e universal.

No regime da *separação final dos aquestos*, os bens adquiridos a título oneroso durante a união estável ou casamento serão partilhados igualmente entre o casal, de forma semelhante ao que ocorre na comunhão parcial. A diferença é que, durante a união, cada indivíduo pode dispor livremente do patrimônio em seu nome, sem necessidade de outorga do outro, a exemplo do que ocorre na separação total de bens.

Como regra geral, cada casal é livre para optar por qualquer um dos regimes de bens previstos na legislação, ou até mesmo adotar regime misto. Se não houver escolha expressa, incidirá automaticamente a comunhão parcial. Mas há algumas exceções. O Código Civil brasileiro impõe obrigatoriamente o regime da separação total de bens em três casos específicos: para as pessoas que contraírem casamento com inobservância das causas suspensivas previstas no artigo 1.523 do Código Civil, para a pessoa maior de 70 anos[19] e para todos os que dependerem de suprimento judicial para casar. Embora tais restrições ocorram apenas para o matrimônio, há posicionamento dou-

19 A imposição do regime da separação obrigatória de bens aos maiores de 70 anos é compreendida por parte da doutrina jurídica como inconstitucional, por consistir em uma violação à liberdade individual do sujeito.

trinário e jurisprudencial compreendendo ser devida sua aplicação também para a união estável.

Ainda que possuam algumas especificidades e exceções, as regras de partilha são bastante objetivas. Assim, sua efetivação poderia se tratar de uma questão bastante simples, puramente matemática. Bastaria ao casal contabilizar a totalidade do patrimônio e aplicar as regras de divisão. Na prática, há muitos outros fatores envolvidos. É comum que casais ainda impactados pelos ressentimentos e mágoas da separação acabem se envolvendo em longos embates judiciais, fomentando um litígio que poderia ser abordado inclusive sem necessidade de intervenção judicial. Nas palavras de Da Rosa (2016, p. 153), é nessa hora que a renúncia patrimonial característica do início do relacionamento se transforma em uma verdadeira "caça ao tesouro", onde o que importa é obter vantagem financeira.

Não raras vezes, o sujeito de maior poder econômico age no sentido de prejudicar o ex-parceiro na divisão dos bens. Aproveita-se do fato de o outro não ter fácil acesso ao patrimônio (como a contas bancárias e investimentos financeiros), para ocultar ou dissipar bens que deveriam ser partilhados entre ambos. Do mesmo modo, percebe-se com frequência a insistência das partes em litigar por bens que sabem não lhe serem devidos, ou em estabelecer uma "queda de braços" desproporcional, apenas com o objetivo de atingir o ex-parceiro. Nesses casos, há medidas jurídicas que podem ser utilizadas, a fim de proteger o patrimônio comum, tais como o arrolamento de bens e a quebra do sigilo bancário e fiscal.

4. ASPECTOS PSICOLÓGICOS ENVOLVIDOS

4.1. RESSIGNIFICAÇÃO DE PAPÉIS

Junto às questões legais, impõe-se aos sujeitos em processo de divórcio a necessidade de dar conta de demandas emocionais que podem surgir com o rompimento da relação. O processo como um todo é considerado permeado por sofrimento, havendo a necessidade de se elaborar o luto pelo fim (Féres-Carneiro, 2003). Para a autora, mesmo que existam aspectos semelhantes entre homens e mulheres ao longo do processo, no discurso masculino aparecem mais sentimentos de fracasso e frustração, ao passo que a fala feminina apresenta mais sentimentos de solidão e mágoa. Tais percepções estariam associadas à concepção de casamento: homens tendem a percebê-lo como um projeto de constituir família (o qual, quando há o divórcio, falhou) e mulheres como uma relação prioritariamente amorosa.

Quando acaba o vínculo conjugal, uma das etapas pós-rompimento é a ressignificação das identidades individuais dos parceiros (Féres-Carneiro, 2003). Esse é um processo comumente lento e vivenciado com dificuldade.

Além disso, quando existem filhos, o agora ex-casal deve redefinir a coparentalidade, visto que precisam seguir cuidando dos filhos, responsabilizando-se de forma conjunta pelas necessidades da criança. Coparentalidade, também conhecida como aliança parental, é definida como a interação pai-mãe na prestação de cuidados aos filhos (Lamela, Castro, & Figueiredo, 2013). Na separação, os genitores não formam mais um casal, mas precisam relacionar-se minimamente em função das necessidades dos filhos. A necessidade de cooperação na criação dos filhos é iminente, apesar do que possam sentir em relação ao outro (Stahl, 2011).

Para Juras e Costa (2016), separar a conjugalidade da parentalidade apresenta-se como um dos desafios mais significativos das famílias separadas. Em estudo com famílias separadas de baixa renda, as autoras puderam perceber algumas especificidades com esse público no que tange a dissolução da união envolvendo filhos menores de 12 anos. Entre elas, destaca-se a participação significativa de avós, situações de violência doméstica e a informalidade das uniões conjugais. Tais aspectos reforçam a complexidade da separação entre papéis conjugais e parentais.

De acordo com Grzybowski e Wagner (2010), são muitos os fatores que influenciarão o novo formato da coparentalidade: o vínculo (positivo ou negativo) que até então uniu o casal, os sentimentos antigos e atuais em relação ao antigo cônjuge, a maneira como a separação ocorreu e o quanto as problemáticas emocionais da dupla foram ou não superadas. Ainda, para as autoras, separar conjugalidade de parentalidade é percebido como uma das grandes dificuldades impostas aos genitores no divórcio. De fato, Schneebeli e Menandro (2014) reconhecem a mútua influência de tais conceitos:

> durante a relação amorosa entre pessoas com filhos em comum, a maneira como a conjugalidade é vivenciada, influencia a parentalidade. Tal influência persiste após a ruptura, pois o modo como se dá a separação conjugal igualmente influencia a parentalidade depois dessa separação. (p.178)

É recorrente em nossa prática depararmo-nos com casais em litígio que apresentam discurso permeado por mágoas e rancores acerca do ex-cônjuge. Em tais casos, os sujeitos não conseguem reconhecer no(a) até então companheiro(a) potencialidades na criação dos filhos em comum. Em um caso pericial que envolveu nossa atuação, a genitora não aceitava sequer que o pai visitasse o filho de um ano sem a sua supervisão constante, pois não confiava no ex-marido. A relação entre ela e o pai da criança, apesar de ter durado cinco anos, era marcada por desconfiança acerca de possíveis comportamentos agressivos e descontrolados que o genitor pudesse vir a ter ("A gente vê direto isso na TV, os pais jogando criança pela janela"). A separação de tal casal era bastante recente (menos de um ano). Nas entrevistas periciais, foi possível perceber a significativa quantidade de mágoa mútua pelo recente rompimento, principalmente acerca de questões relacionadas à relação conjugal inexitosa, e não necessariamente em relação à criação do filho.

Existem instrumentos internacionais voltados para a avaliação da coparentalidade, os quais objetivam auxiliar os profissionais a melhor orientar os genitores no seu papel como pais (Carvalho & Barham, 2016). Como exemplo, cita-se o *Coparenting Questionnaire* (Margolin, Gordis, & John, 2001), o qual possui estudos de validação para o português (Pedro & Ribeiro, 2015). O instrumento de heterorrelato objetiva, por meio de 14 itens respondidos em uma escala de tipo Likert de cinco pontos, investigar a percepção que cada genitor tem um do outro enquanto pai.

O *Parenting Alliance Measure* (Abidin & Konold, 1999) também possui estudos de validade para o português (Lamela, Castro, & Figueiredo, 2013). O instrumento busca medir a comunicação entre a díade coparental sobre as práticas educativas, o compromisso conjunto na educação da criança, bem como sobre a compreensão das dificuldades e potencialidades do outro pai. Possui 20 itens de autorrelato que devem ser respondidos por meio de uma escala de tipo Likert de cinco pontos (Lamela, Castro, & Figueiredo, 2013).

No contexto nacional, considerando a escassez de instrumentos de avaliação da coparentalidade, os profissionais tendem a lançar mão majoritariamente de estratégias clínicas, como entrevistas e observações, para poder compreender como o casal parental está vivenciado o processo. Instrumentos de avaliação de personalidade, como testes projetivos, escalas e inventários, também são indicados em tais contextos avaliativos. Em tais casos, objetiva-se compreender cada sujeito de forma individualizada, para então cruzar os dados com o propósito da investigação.

Para uso no contexto forense, indicamos algumas possibilidades de testes e técnicas psicológicas para avaliação da personalidade, do relacionamento parental e de estilos parentais: Rorschach – Sistema Compreensivo (Exner, 1999); R-PAS – Sistema de Avaliação por Performance no Rorschach (Meyer, Viglione, Mihura, Erard & Erdberg, 2017); Zulliger no Sistema Compreensivo (Villemor-Amaral & Primi, 2009); o Sistema de Avaliação do Relacionamento Parental - SARP (Lago & Bandeira, 2013); e o Inventário de Estilos Parentais – IEP (Gomide, 2006). A presente lista é apenas uma sugestão, não devendo o profissional prender-se somente aos instrumentos aqui apresentados.

Com o uso de instrumentos padronizados de medida, é fundamental atentar para a possibilidade de manipulação dos dados por parte dos respondentes, especialmente em escalas de autorrelato e heterorrelato e quando não há a concordância do sujeito acerca da sua participação na perícia (réus em processos litigiosos, por exemplo). Pode haver uma percepção enviesada (tanto consciente, quanto inconsciente) de aspectos referentes ao funcionamento do próprio sujeito que irão distorcer as informações fornecidas, além de aspectos referentes à desejabilidade social (Rovinski, 2004). Dessa forma, recomenda-se cautela quanto à utilização dos dados coletados por meio deles.

4.2. A REPERCUSSÃO DO TIPO DE GUARDA NO EMOCIONAL DOS GENITORES E DA CRIANÇA

De acordo com Schneebeli e Menando (2014), até 2008, a guarda unilateral com a mãe era a regra em casos de disputa de guarda. A literatura, as estatísticas oficiais e a realidade percebida no contexto jurídico apontam que a guarda dos filhos ainda é, em sua maioria, unilateral com as mães. Tal modalidade de guarda tem sido bastante questionada, visto a crescente demanda masculina em participar ativamente da criação dos filhos após o rompimento da união conjugal (Baisch & Lago, 2016).

O comum em tal tipo de guarda é que o genitor não guardião – pais, em sua enorme maioria – restrinja seu contato com o filho apenas a finais de semanas alternados. Em alguns casos, há um pernoite durante a semana (comumente na quarta-feira). Assim, com a separação do casal, o genitor que mantinha o contato diário com o filho sofre uma redução considerável no convívio. Em perícias psicológicas, não é raro depararmo-nos com crianças afirmando sentir saudades do genitor não guardião e pedidos de maior convívio com ele, mesmo com litígio significativo entre seus pais.

A Lei da Guarda Compartilhada (Lei 11.968/08) veio para modificar tais padrões jurídicos e fáticos. Para o regulamento, a não ser que um dos genitores se encontre inapto para exercer o poder familiar ou não o deseje, a guarda dos filhos sempre deverá ser compartilhada. É importante notar que a definição de aptidão para exercer tal função não é estabelecida pela lei, ficando a cargo do magistrado, com eventual auxílio dos técnicos da Psicologia, Psiquiatria e Assistência Social, a compreensão de quais fatores poderiam influenciar negativamente no compartilhamento da guarda. Baisch e Lago (2016) compreendem que "falar de guarda compartilhada é falar de corresponsabilidades e maturidade emocional na criação dos filhos" (p.85). Ou seja, aspectos relacionados à saúde mental dos genitores devem ser considerados, visto que repercutirão na viabilidade das decisões legais.

Mesmo com a lei determinando a ampla aplicação da guarda compartilhada, nossa prática aponta que nem sempre ela será a modalidade mais indicada para casos de disputa de guarda. Apresentamos alguns aspectos que devem ser considerados, na atuação do perito, ao investigar o contexto atual dos genitores a fim de sugerir ou não a guarda compartilhada (Lago & Bandeira, 2013):

- *Organização doméstica*: o quanto cada genitor está organizado em termos de rotina, horário, acomodação etc. para receber o filho nos dias estipulados pelo magistrado.
- *Baixos níveis de conflitos anteriores à separação:* de que forma o casal relacionava-se antes do final da união (presença de violência doméstica, infidelidade, mágoas antigas etc.).
- *Exercício da paternidade/maternidade centrado na criança*: o quanto os genitores conseguem diferenciar aspectos da parentalidade da conjugalidade na criação do filho.
- *Concordância em relação à decisão do término da relação conjugal*: de que modo o luto pela união foi/está sendo elaborado. Investigar se o fato do outro genitor estar em um relacionamento provoca atitudes negativas em relação ao compartilhamento de guarda.
- *Concordância em relação à decisão da guarda compartilhada*: o quanto os genitores estão de acordo com a modalidade de guarda compartilhada. Nota-se que a ausência de concordância não impede que o pe-

rito a sugira em seu lado, mas corre-se o risco de sabotagem por parte do genitor não de acordo.

- *Motivação de ambos os pais para aceitar e superar as exigências e complicações do dia a dia da guarda compartilhada*: existência de habilidades de *coping* e tolerância à frustração. Pais que não toleram atrasos de poucos minutos ao receber o filho em uma visita podem apresentar dificuldades nessa área.

4.3. ALIENAÇÃO PARENTAL

Em casos de divórcios litigiosos envolvendo crianças, tanto nossa prática profissional quanto a literatura apontam para a existência, cada vez mais presente, de um fenômeno complexo e de difícil detecção: a alienação parental. É um fenômeno que envolve tantos aspectos da Psicologia, quanto do Direito (Gomide & Matos, 2016; Soma, Castro, Willians, & Tannús, 2016). Os *termos alienação parental* e *Síndrome de Alienação Parental* (SAP) compreendem questões diferentes. A alienação parental tem relação com os comportamentos do genitor, enquanto a SAP está relacionada às reações dos filhos frente à alienação.

Descrita pela primeira vez em 1985 pelo psiquiatra norte-americano Richard Gardner, a SAP ainda é bastante questionada por apresentar o termo "síndrome". Isto se dá pelo não reconhecimento pela comunidade científica e assim, não consta nos manuais diagnósticos mais utilizados pelos profissionais da saúde, como DSM 5 e CID-10. Mesmo sem evidências empíricas de sua existência, o termo tem sido utilizado de forma ampla, porém acrítica, não havendo debate sobre de suas consequências, especialmente nos filhos (Soma et al., 2016).

Considerando tais imprecisões científicas, nosso objetivo no presente capítulo será aprofundar a temática da alienação parental. Presente na legislação brasileira desde 2010, por meio da Lei n. 12.318 (Brasil, 2010), a alienação parental é definida como:

> a interferência na formação psicológica da criança ou do adolescente promovida ou induzida por um dos genitores, pelos avós ou pelos que tenham a criança ou adolescente sob a sua autoridade, guarda ou vigilância, para que repudie genitor ou que cause prejuízo ao estabelecimento ou à manutenção de vínculos com este.

A alienação parental é praticada por qualquer um dos genitores ou responsável pela criança. Porém, é frequente que seja praticada pelo genitor guardião, visto seu maior convívio com a criança (Andrade & Nojiri, 2016). Como em sua maioria são as mães as detentoras da guarda, elas tendem a ser as principais praticantes de alienação parental. Oliveira e Brito (2013) compreendem que os atos de alienação parental são compreendidos como abuso moral, visto que ferem direitos fundamentais das crianças e adolescentes.

Além da definição da prática, a lei também apresenta formas de punir o alienador, indo desde advertência até a suspensão da autoridade parental. Dessa forma, percebe-se que há um movimento dos juristas para que a alienação não seja perpetuada, causando ainda mais prejuízos ao(s) filho(s).

Mesmo assim, a prática pode gerar danos por vezes irreversíveis. O documentário "A morte inventada", lançado em 2009 e dirigido por Caio Tozzi, deixa evidente que a alienação parental objetiva "matar a imagem do outro dentro de alguém" (Costa, 2011). Como uma morte, a alienação parental, quando concretizada, seria compreendida como um movimento sem volta. O documentário apresenta, por meio de sete casos, filhos adultos relembrando as práticas cometidas pelo alienador, fornecendo ao espectador alguma esperança ao mostrar casos nos quais os relacionamentos puderam ser retomados, não sem mágoas e cicatrizes.

A alienação parental tem relação direta com o funcionamento emocional dos envolvidos. Damiani e Ramires (2016), em pesquisa com pais e mães alienadores, identificaram que, para compreender o fenômeno da alienação, é necessário compreender as características individuais dos sujeitos. A forma como o rompimento da relação ocorreu e histórico de brigas e desentendimentos irão influenciar na possibilidade de surgimento de práticas alienadoras.

É importante atentar para o fato de que muitas vezes um dos genitores apresenta práticas alienadoras sutis, mas ao mesmo tempo não impede a criança de encontrar-se e manter um vínculo afetivo com o genitor. *Não proibir* o convívio gera consequências diferentes de *não incentivar/encorajar*. Uma genitora acusada pelo pai de alienação parental e que brigava na justiça desde quando a filha tinha 4 anos (na perícia, estava com 12) afirmou que a menina ia para a casa do genitor em todas as visitas, conversava por telefone e passava as férias com o pai ("tudo o que está previsto pelo juiz"). Mesmo assim, não incentivava a relação dela com o pai, nunca mencionando seu nome, não perguntando como tinha sido os dias na casa do pai e apenas se comunicando com o ex-marido por mensagens telefônicas ou e-mail ("sempre ter provas do que ele faz"). Em outro caso, a genitora não impedia o convívio, mas quando o filho perguntava se podia encontrar o pai, recebia como resposta "você que sabe, faça como você quiser". Percebe-se que as genitoras exemplificadas aqui não faziam qualquer tipo de movimento que impedisse os filhos de conviver com os pais, mas não promoviam a aproximação entre as partes. Stahl (2011) reconhece a importância do encorajamento do genitor para que a criança tenha um bom relacionamento com o ex-cônjuge e com os membros da família deste.

Em recente estudo de Fermann, Chambart, Foschiera, Bordini e Habigzang (2017), o qual enfocou a realização de perícias psicológicas em casos com suspeita de alienação parental, os autores evidenciaram algo já percebido em nossa atuação profissional: a ausência de um padrão avaliativo de alienação parental adotado pelos psicólogos. Anterior a isso, a identificada ausência de consenso acerca dos critérios e indicadores de alienação parental a serem investigados em uma perícia já é um aspecto prejudicial aos profissionais e operadores. A pesquisa trabalhou com oito laudos provenientes de perícias psicológicas realizadas em três Varas de Família e Sucessões, um Juizado da Infância e Juventude de Porto Alegre e duas Câmaras Cíveis do Tribunal de Justiça do Estado do Rio Grande do Sul.

Brandão e Baptista (2016) apontam que há uma escassez de estudos tanto acerca do fenômeno da alienação parental quanto de como avaliá-la. Pode-se creditar a tal realidade o fato de que a alienação parental enquanto lei é recente no Brasil. A literatura reforça que a lei antecedeu-se à consolidação do tema na esfera científica (Soma et al., 2016; Sousa & Brito, 2011), o que justificaria, de alguma maneira, a dificuldade de avaliar corretamente casos de alienação parental.[20] Tal contexto reforçaria a importância da produção de conhecimento científico na área. Assim, espera-se um aumento da produção nos anos futuros, já que se reconhece inclusive uma demanda crescente proveniente do sistema de justiça no que tange a criação de instrumentos para avaliação da existência de alienação parental. Para um aprofundamento maior na temática da alienação parental, sugerimos a leitura do capítulo 8 ("Contribuições do SARP para avaliação da alienação parental").

20 A Lei 12.318/2010 ainda salienta a necessidade de experiência do perito na temática ("§ 2º A perícia será realizada por profissional ou equipe multidisciplinar habilitados, exigido, em qualquer caso, aptidão comprovada por histórico profissional ou acadêmico para diagnosticar atos de alienação parental").

4.4. IMPORTÂNCIA DA MEDIAÇÃO

Como vimos ao longo desse capítulo, o término de um relacionamento muitas vezes gera a necessidade de regular questões que envolvem alto teor emocional, como a fixação da guarda dos filhos, o estabelecimento da pensão alimentícia e a partilha de bens, dentre outros. Frequentemente surgem conflitos que se prolongam em batalhas judiciais repletas de acusações de ambos os lados. Ao final do trâmite processual, cada uma das partes espera que o juiz profira a sentença, nomeando quem ganhou e quem foi derrotado. Não raro, a solução imposta pelo magistrado não favorece a nenhuma das partes. A mediação de conflitos – tema abordado de forma mais aprofundada no capítulo 14 da presente obra – pode ser compreendida como uma alternativa a essa lógica.

A mediação consiste em uma forma não hierarquizada de resolução de controvérsias em que as partes, com o auxílio de um mediador, "expõem o problema, são escutadas e questionadas, dialogam construtivamente e procuram identificar os interesses comuns, opções e, eventualmente, firmar um acordo" (Vasconcelos, 2008, p. 36). Trata-se de um procedimento não adversarial, em que as partes não são tratadas como oponentes e, por consequência, inexiste vencedor e vencido como em um processo judicial.

Segundo Guevara (2014), o mediador deve proporcionar as condições favoráveis para que os mediandos atuem de forma ativa e propositiva, vislumbrando por conta própria soluções mutuamente aceitáveis para a controvérsia. O mediador deve dirigir o procedimento de forma imparcial, abstendo-se de emitir sua opinião ou de realizar propostas.

Nesse ambiente colaborativo, há espaço para a discussão de tópicos juridicamente irrelevantes, bem como para a proposição de soluções criativas (Guevara, 2014). Por essa razão, a mediação de conflitos é especialmente proveitosa em demandas envolvendo a guarda de filhos, pois pode auxiliar os pais a visualizar com maior clareza os limites entre a parentalidade e a conjugalidade, favorecendo a qualidade da relação futura entre as partes (Baisch & Lago, 2016; Medina-Suárez, 2016). Parkinson (2005) acrescenta que a mediação possibilita a reflexão sobre as novas situações que irão surgir após a separação, as quais, se não regularizadas, podem se tornar fonte de mais conflitos e sofrimento para pais e filhos.

Ao final do procedimento de mediação, formaliza-se o acordo, o qual será levado a homologação judicial. Caso não haja consenso, nada do que foi discutido durante as sessões será registrado, pois o procedimento, além de voluntário, é totalmente confidencial.

Suares (2010) destaca que uma das importâncias da mediação reside no fato de considerar o ser humano capacitado a agir ativamente em suas tomadas de decisão, assumindo de forma voluntária as consequências que daí decorrem. Portanto, os acordos firmados em sede de mediação tendem a ser mais duráveis e mais cumpridos, uma vez que há um comprometimento pessoal dos envolvidos, sem imposição advinda de um terceiro (Guevara, 2014).

O artigo 694 do Código de Processo Civil (Brasil, 2015) refere que "todos os esforços serão empreendidos para a solução consensual da controvérsia, devendo o juiz dispor do auxílio de profissionais de outras áreas de conhecimento para a mediação e conciliação". A inserção da mediação de conflitos em capítulo específico da legislação processual vem como uma tentativa de superar a mentalidade do litígio, abrindo espaço a uma cultura de pacificação social e de prestígio à autonomia das próprias partes na condução e resolução de suas demandas. A previsão de realização de audiência de conciliação, como regra, na fase inicial do processo, antes mesmo da fluência do prazo de contestação, é outra medida adotada pelo Código Processual de 2015 com o intuito de favorecer a composição dos litígios.

Isso advém de uma compreensão gradual em se conferir olhar diferenciado às demandas familiares. Outro exemplo dessa mudança de paradigma é o art. 695, § 1º do atual Código de Processo Civil (Brasil, 2015), que prevê que o mandado de citação nas ações de família não será acompanhado da cópia da petição inicial, apenas da data da audiência de conciliação. Essa medida tem por objetivo evitar que réu tenha conhecimento, de plano, dos argumentos trazidos pela parte contrária, o que normalmente acirra a animosidade entre ambos e dificulta a formalização do acordo.

5. CONSIDERAÇÕES FINAIS

O presente capítulo buscou lançar luz sobre a interdisciplinaridade que envolve o processo de separação. Foram consideradas aqui principalmente as particularidades jurídicas e psicológicas do fenômeno, mas o mesmo também pode apresentar repercussões sociais, econômicas e religiosas, evidenciando sua amplitude.

A separação dos temas entre jurídicos e psicológicos deu-se apenas por motivos didáticos e de organização da leitura. Sabe-se que, na realidade, as questões vivenciadas pelo ex-casal tendem a se sobrepor, não sendo representativas de apenas uma esfera. Na partilha dos bens, por exemplo, decisões sensatas e lógicas acerca da divisão do patrimônio do ex-casal podem dar espaço à mágoas e sentimento de vingança (citando a frase do filme de 1996, "O Clube das Desquitadas", estrelado por Goldie Hawn, Bette Midler e Diane Keaton: "Não fique com raiva, fique com tudo").

A própria personalidade dos sujeitos influencia o modo como as questões serão abordadas. Enquanto alguns se mostram dispostos a dialogar e ceder em prol de um eventual acordo, outros já procuram orientação jurídica com a intenção definida de "ir à guerra".

Diante da complexidade do fenômeno, as práticas colaborativas vêm se difundindo e sendo incentivadas cada vez mais nos contextos de ruptura conjugal. Tal proposta é pautada no protagonismo dos sujeitos, que são incentivados a atuar ativa e conjuntamente nos processos decisórios relativos à sua própria separação (Denardi, Moura, & Fernandes, 2017).

As práticas colaborativas exigem a atuação de uma equipe multidisciplinar, especialmente de advogados e psicólogos, podendo também contar com outros profissionais, de acordo com as necessidades de cada família. O objetivo é auxiliar o casal a solucionar pacificamente todas as questões relativas à separação, favorecendo também a preservação de uma convivência satisfatória futura no caso de possuírem filhos comuns. A mediação de conflitos é hoje a ferramenta mais utilizada com esse propósito.

Assim, o divórcio exige dos profissionais um olhar multidisciplinar em relação aos sujeitos que ali estão, tanto genitores, quanto crianças. O psicólogo perito não deve deixar de lado aspectos legais e jurídicos ao fazer sua análise e possível recomendação ao magistrado. O profissional do direito, atento aos aspectos emocionais de seus clientes, deve compreender que estes influenciarão as posturas dos indivíduos ao longo de todo o processo.

REFERÊNCIAS

Abidin, R., & Konold, T. (1999). *Parenting Alliance Measure: Professional Manual*. Odessa, FL: Psychological Assessment Resources.

Andrade, M. C. & Nojiri, S. (2016). Alienação parental e o sistema de justiça brasileiro: uma abordagem empírica. *Revista de Estudos Empíricos em Direito, 3*(2), 183-201.

Baisch, V. M., & Lago, V. M. (2016). Considerações sobre a guarda compartilhada e sua efetivação. In P. I. C. Gomide, & S. S. Staut Júnior (Orgs.), *Introdução à Psicologia Forense*. Curitiba, PR: Jiruá.

Beviláqua, C. (1938). *Direito da família*. 6. ed. Rio de Janeiro: Freitas Bastos.

Brandão, E. M., & Baptista, M. N. (2016). Alienação Parental: revisão integrativa e construção de um instrumento de rastreamento. *Psicologia e Argumento, 34*(84), 65-75. doi: 10.7213/psicol.argum.34.084.AO06

Brasil (1977). Presidência da República. *Lei nº 6.515 de 26 de dezembro de 1977*. Brasília: Diário Oficial da União.

Brasil (1988). Presidência da República. *Constituição da República Federativa do Brasil de 1988*. Brasília: Diário Oficial da União.

Brasil (2002). Presidência da República. *Lei nº 10.406 de 10 de janeiro de 2002*. Brasília: Diário Oficial da União.

Brasil (2007). Presidência da República. *Lei nº 11.441 de 4 de janeiro de 2007*. Brasília: Diário Oficial da União.

Brasil (2010). Presidência da República. *Lei nº 12.318 de 26 de agosto de 2010*. Brasília: Diário Oficial da União.

Brasil (2014). Presidência da República. *Lei nº 13.058 de 22 de dezembro de 2014*. Brasília: Diário Oficial da União.

Brasil (2015). Presidência da República. *Lei nº 13.105 de 16 de março de 2015*. Brasília: Diário Oficial da União.

Brito, L. M. T., & Gonsalves, E. N. (2013). Guarda compartilhada: alguns argumentos e conteúdos da jurisprudência. *Revista Direito GV, 9*(1), 299-317. doi: 10.1590/S1808-24322013000100011.

Cahali, Y. S. (2013). *Dos alimentos*. 8. ed. rev. atual. e ampl. São Paulo: RT.

Carvalho, T. R., & Barham, E. J. (2016). Instrumentos para avaliar a coparentalidade: uma comparação de suas propriedades psicométricas. *Avaliação Psicológica, 15*(2), 207-215.

Corso, A. (2017). Comentários aos artigos 528 a 533. In E. H. Macedo, & C. Z. P. Ribeiro (Orgs.), *Comentários ao novo Código de Processo Civil, Curitiba*, PR: Prismas.

Costa, A. L. F. (2011). A morte inventada: depoimentos e análise sobre a alienação parental e sua síndrome. *Estudos de Psicologia, 28*(2), 279-281.

Da Rosa, C. P. (2015). *Nova lei da guarda compartilhada*. São Paulo: Saraiva.

Da Rosa, C. P. (2016). *Curso de direito de família contemporâneo*. Salvador: Juspodivm.

Damiani, F. M., & Ramires, V. R. R. (2016). Características de Estrutura de Personalidade de Pais e Mães Envolvidos no Fenômeno da Alienação Parental. *Interação em Psicologia, 20*(2), 206-218.

Dias, M. B. (2013). *Alimentos aos bocados*. São Paulo: Revista dos Tribunais.

Dias, M. B. (2017). *Manual de direito das famílias*. 12. ed. rev., ampl., e atual. São Paulo: RT.

Exner, J. E. Jr. (1999). *Manual de Classificação do Rorschach* – Sistema compreensivo. São Paulo: Casa do Psicólogo.

Féres-Carneiro, T. (2003). Separação: o doloroso processo de dissolução da conjugalidade. *Estudos de Psicologia (Natal), 8*(3), 367-374. doi: 10.1590/S1413-294X2003000300003

Fermann, I. L., Chambart, D. I., Foschiera, L. N., Bordini, T. C. P. M., & Habigzang, L. F. (2017). Perícias Psicológicas em Processos Judiciais Envolvendo Suspeita de Alienação Parental. *Psicologia: Ciência e Profissão, 37*(1), 35-47. doi: 10.1590/1982-3703001202016

Gomes, O. (2003). *Raízes históricas e sociológicas do código civil brasileiro*. São Paulo: Martins Fontes.

Gomide, P. I. C. (2006). Inventário de estilos parentais: Modelo teórico, manual de aplicação, apuração e interpretação. Petrópolis: Vozes.

Gomide, P. I. C., & Matos, A. C. H. (2016). Diálogos interdisciplinares acerca da alienação parental. In P. I. C. Gomide, & S. S. S. Júnior (Orgs.), *Introdução à Psicologia Forense*. Curitiba, PR: Jiruá.

Grisard Filho, W. (2010). *Guarda compartilhada*: um novo modelo de responsabilidade parental. (5. ed.) São Paulo: RT.Grzybowski, L. S., & Wagner, A. (2010). Casa do pai, casa da mãe: a coparentalidade após o divórcio. *Psicologia: Teoria e Pesquisa, 26*(1), 77-87. Guevara, K. L. E. (2014). La mediación familiar: acuerdos de los progenitores en relación a su responsabilidade. *Revista Direito e Desenvolvimento, 5*(10), 165-186.

IBGE (2019). Estatísticas do Registro Civil 2019. Retirado de https://www.ibge.gov.br/estatisticas/sociais/populacao/9110-estatisticas-do-registro-civil.html?=&t=resultados

Juras, M. M., & Costa, L. F. (2016). Não foi bom pai, nem bom marido: conjugalidade e parentalidade em famílias separadas de baixa renda. *Psicologia: Teoria e Pesquisa, 32*(esp.), 1-9. https://dx.doi.org/10.1590/0102-3772e32ne215

Lago, V. M., & Bandeira, D. R. (2013). *SARP* – Sistema de Avaliação do Relacionamento Parental. Manual técnico. São Paulo: Pearson.

Lamela, D., Castro, M., & Figueiredo, B. (2013). Medida da aliança parental: validação portuguesa e construção de uma versão reduzida. *Archives of Clinical Psychiatry (São Paulo), 40*(6), 215-219. https://dx.doi.org/10.1590/S0101-60832013000600002

Machado, R. M. S. M. (2011). A guarda compartilhada e os desafios de efetividade frente ao senso comum teórico dos juristas. In I. M. C. C. Souza (Coord), *Família Contemporânea: uma visão interdisciplinar*. Porto Alegre: IBDFAM.

Madaleno, R. (2015). *Curso de direito de família.* 6. ed. rev., atual. e ampl. Rio de Janeiro: Forense.

Margolin, G., Gordis, E. B., & John, R. S. (2001). Coparenting: A link between marital conflict and parenting in two-parent families. *Journal of Family Psychology, 15*, 3-21. doi:10.1037/0893-3200.15.1.3

Medina-Suárez, I. (2016). Mediación familiar, garantía para custodias compartidas satisfactorias. *Apuntes de Psicología, 34*(2-3), 277-280.

Meyer, G. J., Viglione, D. J., MIhura, J. L., Erard, R. E., & Erdberg, P. (2017). *R-PAS* - Sistema de Avaliação por Performance no Rorschach. São Paulo: Hogrefe.

Parkinson, L. (2009). *Mediación familiar teoría y práctica: princípios y estratégias operativas.* Edición española a cargo de Ana Mª Sánchez Durán. Barcelona: Gedisa.

Pedro, M. F., & Ribeiro, M. T. (2015). Adaptação portuguesa do questionário de coparentalidade: análise fatorial confirmatória e estudos de validade e fiabilidade. *Psicologia: Reflexão e Crítica, 28*(1), 116-125. doi: 10.1590/1678-7153.201528113

Pereira, R. D. C. (2016). *Divórcio: teoria e prática.* 5. ed. Rio de Janeiro: GZ Editora.

Pontes de Miranda (1947). *Tratado de direito de família: direito matrimonial.* 3. ed., v. 1. São Paulo: Max Limonad,

Rovinski, S. L. R. (2004). *Fundamentos da perícia psicológica forense.* São Paulo: Vetor.

Schneebeli, F. C. F., & Menandro, M. C. S. (2014). Com quem as crianças ficarão? Representações sociais da guarda dos filhos após a separação conjugal. *Psicologia & Sociedade, 26*(1), 175-184.

Soma, S. M. P., Castro, M. S. B. L., Williams, L. C. A., & Tannús, P. M. (2016). A alienação parental no Brasil: uma revisão das publicações científicas. *Psicologia em Estudo, 21*(3), 377-388.

Sousa, A. M. & Brito, L. M. T. (2011). Síndrome de Alienação Parental: da Teoria Norte-Americana à Nova Lei Brasileira. *Psicologia, Ciência e Profissão, 31*(2), 268-283.

Suares, M. (2010). *Mediación*: conducción de disputas, comunicación y técnicas. Buenos Aires: Paidós.

Stahl, P. M. (2011). *Conducting Child Custody Evaluations*: From Basic to Complex Issues. Thousand Oaks, CA: Sage.

Oliveira, C. F. B., & Brito, L. M. T. (2013). Judicialização da vida na contemporaneidade. *Psicologia: Ciência e Profissão, 33*(spe), 78-89.

Vasconcelos, C. E. D. (2008) *Mediação de conflitos e práticas restaurativas.* São Paulo: Método.

Villemor-Amaral, A. E., & Primi, R. (2009). *Teste de Zulliger no Sistema Compreensivo - ZSC- Forma individual.* São Paulo: Casa do Psicólogo.

Zordan, E. P., Wagner, A., & Mosmann, C. (2012) Perfil de casais que vivenciam divórcios. *Psico-USF, 17*(2), 185-194.

3. ALIENAÇÃO PARENTAL E FALSAS MEMÓRIAS

Victoria Muccillo Baisch
Lilian Milnitsky Stein

INTRODUÇÃO

Desde o ano de 2010, com a promulgação da Lei 12.318 (Brasil, 2010), o fenômeno da alienação parental está descrito no ordenamento jurídico como:

> a interferência na formação psicológica da criança ou do adolescente promovida ou induzida por um dos genitores, pelos avós ou pelos que tenham a criança ou adolescente sob a sua autoridade, guarda ou vigilância para que repudie genitor ou que cause prejuízo ao estabelecimento ou à manutenção de vínculos com este.

A alienação parental vem sendo objeto de estudos teóricos desde a década de 1980 (Gardner, 1985), e mais recentemente também vem sendo explorada por meio de pesquisas empíricas qualitativas e quantitativas da área do Direito e da Psicologia, sob diferentes enfoques. Alguns desses estudos buscam identificar características da personalidade do indivíduo alienador e do alienado (por exemplo, Balmer, Mattheuson, & Haines, 2018; Damiani & Ramires, 2016), bem como aperfeiçoar os instrumentos de avaliação psicológica de situações de alienação parental (Gomide, Camargo, & Fernandes, 2016). Outros estudos questionam o fato de se tratar ou não de uma "síndrome de alienação parental" (SAP), discutindo a necessidade ou não de sua inclusão nos manuais de transtornos mentais (por exemplo, Darnall, 2011; Houchin et al., 2012; Walker & Shapiro, 2010).

Outras pesquisas ainda têm se focado na investigação das consequências da alienação parental no desenvolvimento da criança vítima dessa situação, bem como nas possíveis repercussões do fenômeno a longo prazo (por exemplo, Aloia & Strutzenberg, 2018; Baker, 2005; Ben-Ami & Baker, 2012;

Verrocchio et al., 2019). É também crescente a produção empírica no sentido de averiguar outros fatores relacionados à prática da alienação parental, tais como as principais formas de condutas alienadoras e uma eventual predisposição de um dos genitores em incorrer em tais comportamentos (Bala, Hunt, & Mccartney, 2010; Harman, Kruk, & Hines, 2018; Lavadera et al., 2012; López, Iglesias, & García, 2014).

Não se pretende, no presente capítulo, aprofundar o tema da alienação parental (para uma revisão teórica acerca do tema, ver Baisch & Stein, 2016; Gomide & Matos, 2016), e sim abordar especificamente a possível relação entre os atos de alienação parental e o surgimento de falsas memórias na criança. Essa hipótese merece ser considerada, tendo em vista que em situações extremas o genitor alienador pode chegar ao ponto de acusar falsamente o outro de abuso sexual e/ou maus tratos contra o filho (Calçada, 2008). A falsa denúncia tem por objetivo fornecer à autoridade judiciária motivos para interromper imediatamente o convívio entre o suposto agressor e a criança ou, ainda, servir de subsídio para legitimar um pedido de guarda unilateral. Caso o relato da criança esteja contaminado por informações deturpadas decorrentes de falsas memórias, é possível que relate no decorrer do trâmite processual, como no depoimento especial ou nos procedimentos periciais, fatos que não ocorreram, acreditando serem reais.

As falsas denúncias de abuso físico e sexual são reportadas com certa frequência no contexto de disputas de guarda, ainda que seja bastante difícil precisar com maior exatidão o percentual de sua ocorrência. Em relação às falsas denúncias de abuso sexual infantil, O'Donohue, Cummigs e Willis (2018) atentam que a dificuldade de se chegar a estatísticas confiáveis a esse respeito ocorre em razão da variabilidade de definições do termo "falsas denúncias" na literatura científica. Uma absolvição por insuficiência de provas, por exemplo, deveria ou não ser considerada uma falsa denúncia? Como diferenciar uma denúncia intencionalmente falsa de uma denúncia falsa, mas não intencional? Ainda que a literatura aponte que a maioria das denúncias de abuso sexual de crianças sejam verdadeiras, as falsas denúncias também ocorrem em um número que não deve ser negligenciado em diversos contextos, sendo um deles as disputas de guarda (O'Donohue, Cummigs, & Willis, 2018).

A avaliação de uma suspeita de abuso sexual infantil é extremamente desafiadora para os profissionais envolvidos, pois exige a integração de diversos indícios e indicadores (Schafer, Rossetto, & Kristensen, 2012). A sintomatologia que é normalmente atribuída à criança abusada, como mudanças no padrão de sono, diminuição do rendimento escolar, problemas de comportamento etc., podem decorrer de inúmeros outros fatores, não podendo servir de base, por si só, para determinar ou excluir a ocorrência do abuso (Poole & Wolfe, 2009). É também preciso enfatizar que mesmo em situações de violência sexual comprovadas, são inexistentes os vestígios materiais na quase a totalidade dos casos (Heger et al., 2002), dificultando ainda mais a constatação da violência.

Ante tal complexidade, outros indícios devem ser buscados para a elucidação do caso, dentre eles o relato da criança sobre os fatos que supostamente lhe ocorreram. Portanto, é de interesse dos profissionais que atuam nas diferentes esferas da avaliação pericial de crianças com suspeita de abuso sexual no contexto de disputas de guarda compreender que fatores podem impactar a qualidade de seu relato. A esse respeito, vem sendo reportado pela literatura jurídica especializada uma possível relação entre os fenômenos da alienação parental e o surgimento de falsas memórias na criança, ao ponto de alguns autores utilizarem equivocadamente os termos "alienação parental" e "falsas memórias" como sinônimos (Dias, 2010; Pereira, 2011).

A memória humana, seja ela adulta ou infantil, está sujeita ao esquecimento e às distorções; estas, chamadas de falsas memórias. As falsas memórias consistem em lembranças acerca de fatos que não ocorreram. Quando surgem sem a influência de nenhuma fonte externa, são denominadas de falsas memórias espontâneas; e quando surgem em decorrência de uma influência externa ao sujeito, de falsas memórias sugeridas (Neufeld, Brust, & Stein, 2010). Os atos de alienação parental podem atuar como desencadeadores de falsas memórias na criança vítima, o que possui uma repercussão prática indiscutível no contexto forense. Uma vez maculado por falsas memórias, o relato da criança não traduzirá com fidedignidade a experiência que viveu ou testemunhou, podendo gerar erros de julgamento (Otgaar et al., 2017).

Diversos são os experimentos científicos que demonstram que crianças em idade pré-escolar são particularmente sugestionáveis, sendo de certo modo fácil incorporar falsas memórias aos seus relatos (por exemplo, Ceci, Ross, & Toglia, 1987; Leichtman & Ceci, 1995; Pezdek & Roe, 1997). Acredita-se que crianças nessa faixa etária tenham maiores dificuldade de evocar as suas lembranças, e por isso necessitem de uma maior ajuda externa, tecnicamente conhecida como "pista", para evocá-las (uma revisão teórica sobre o desenvolvimento da memória infantil pode ser encontrada em Carneiro, 2008). Pesquisas evidenciam que conversas e interações com outras crianças, rumores escutados indiretamente e até mesmo a imaginação podem provocar o aparecimento de falsas memórias em crianças (Ceci et al., 1994; Foley & Johnson, 1985; Principe, Haines, & Adkins, 2010; Principe & Schindewolf, 2012). No entanto, é um equívoco dizer que a memória infantil não é confiável, pois crianças pequenas são capazes de se recordar de eventos de modo acurado, desde que entrevistadas adequadamente (Otgaar et al., 2018).

Em um caso ocorrido no estado do Colorado, uma menina de três anos foi raptada, molestada e abandonada em um buraco durante três dias completos. Após ser resgatada e entrevistada por técnicas apropriadas a criança forneceu informações acuradas sobre a identidade do indivíduo que a havia levado. A menina até mesmo efetuou o reconhecimento do suspeito, por meio de vídeos e fotos. O suspeito foi detido e confessou o crime (Myers, 2009). Ademais, diferenças individuais exercem influência em quão sugestionável é a criança: enquanto algumas se deixarão influenciar com facilidade, outras permanecerão irredutíveis à sugestão (Bruck & Melnyk, 2004; Hritz et al., 2015).

Muito embora o presente capítulo trace hipóteses de alteração da memória da criança pela indução intencional de um dos genitores, é importante relembrar que as falsas memórias podem decorrer de atos não intencionais. O estudo de Warren e Peterson (2014) demonstrou que grande parte dos pais que suspeitam que seus filhos foram vítimas ou testemunhas de um crime costumam questioná-los a respeito, com o objetivo de confirmar ou excluir suas próprias hipóteses. Contudo, mesmo que a intenção fosse somente esclarecer o que teria ocorrido com seus filhos, restou demonstrado que os pais formulavam perguntas sugestivas, introduzindo informações novas e não acuradas. Posteriormente, cerca de 40% das informações falsas transmitidas involuntariamente pelos pais foram incorporadas aos relatos das crianças.

Visando compreender a razão pela qual comumente se associa o surgimento de falsas memórias à criança vítima de alienação parental, elaborou-se um levantamento teórico fundamentado nos conhecimentos da Psicologia do Testemunho, do funcionamento da memória e da sugestionabilidade infantil. Foram identificados quatro fatores que podem auxiliar a fornecer explicações teóricas sobre a relação da alienação parental e o surgimento de falsas memórias na criança que passa por esta situação.

1. INDUÇÃO DE ESTEREÓTIPO

No final da década de 1980, um julgamento ocorrido no Texas condenou à pena capital um cidadão chamado Frederico Macias. O testemunho de uma criança de 9 anos foi fundamental para o desfecho do caso. Segundo relatado, no dia do crime ela teria avistado o suspeito portando um rifle e com sangue em suas mãos. Passados alguns anos, a criança mudou drasticamente o seu depoimento, referindo que sua mãe havia lhe passado informações muito negativas sobre o suspeito em diversas ocasiões antes do julgamento, o que a levou a fazer as alegações. Em 1993, Macias foi inocentado por falta de provas (Ceci & Bruck, 1995).

Se uma criança escutar por repetidas vezes que alguém é ruim, faz coisas erradas e que só se pode esperar esse comportamento dessa pessoa, poderá integrar essa informação ao conhecimento geral que possui acerca dela, incorporando-a em sua memória. Quando o alienador transmite ao filho informações negativas sobre a personalidade e o comportamento do outro genitor, está potencializando a construção de um *estereótipo negativo* a respeito dele. Dizer que o pai (ou mãe) é alguém ruim e que faz coisas erradas transmite uma ideia sobre o modo como normalmente se comporta essa pessoa, bem como gera a expectativa de que ela continuará a se comportar desse jeito.

Os estereótipos auxiliam a fornecer informações e suprir lacunas da memória sobre determinado evento, mas também podem afetar a sua acurácia (Bodenhausen, 2005; Schechory, Nachson, & Glicksohn, 2010; Stangor & McMillan, 1992). Tratando-se de crianças pequenas, a influência dos estereótipos na acurácia da memória tende a ser ainda maior. Isso significa que os estereótipos podem criar condições propícias para a distorção das recordações (Cordón, Silberkeit, & Goodman, 2016). Uma possível explicação é de que crianças menores necessitam recorrer mais à memória semântica – aquela relativa à experiência e conhecimento geral sobre o mundo, onde se localizam os estereótipos – para preencher lacunas de sua memória. Ou seja, elas possuem maior chance de lembrar de eventos que não ocorreram, porém congruentes ao estereótipo que possuem acerca de determinado indivíduo.

Os efeitos dos estereótipos na memória infantil foram investigados em um estudo clássico de Leichtman e Ceci (1995). Um grupo de crianças escutou reiteradas vezes que um estranho chamado Sam Stone era uma pessoa muito atrapalhada e desajeitada, e que vivia estragando as coisas. Posteriormente, as crianças receberam a visita de Sam Stone em sua sala de aula, durante a qual nenhum incidente ocorreu. Várias semanas depois, 37% das crianças entre 3 e 4 anos relataram que Sam Stone era o responsável por ter rasgado um livro e sujado um ursinho de pelúcia. Dessas, 18% afirmaram terem visto Sam o fazendo. Mesmo depois de desafiadas com a pergunta "Você realmente viu isso acontecer?", 10% das crianças mantiveram suas falsas alegações. Os dados colhidos nessa e em outras pesquisas semelhantes conduzidas desde então (por exemplo, Cordón, Silberkleit, & Goodman, 2016; Menon, Holliday, & Hill, 2006) fornecem evidências robustas de que a memória e, por consequência, o testemunho das crianças pode ser distorcido pelos estereótipos.

Durante o processo de alienação parental, o alienador aproveita-se de diversas oportunidades para denegrir o outro genitor perante o filho. Baker (2006) entrevistou 40 adultos entre 19 e 67 anos que se identificaram como vítimas de alienação parental quando crianças. Os entrevistados relataram que cresceram escutando inúmeras informações depreciativas sobre a personalidade do pai alienado. Entre essas informações depreciativas (ou estereótipos negativos) constaram: ser violento, alcóolatra, bandido, traidor, não valer nada, não amar o filho, não querer passar tempo com a família e ter abandonado a família. Relatos semelhantes também são encontrados no documentário "A Morte Inventada", de Alan Minas (2009), que abordou a temática da alienação parental.

As informações pejorativas sobre o comportamento e a personalidade do alienado podem ser incorporadas à memória da criança. Desse modo, é possível que ela relate ou confirme um evento que jamais ocorreu, como um ato de violência sexual ou física, já que esse ato seria condizente com o estereótipo negativo que a criança possui do alienado.

2. EXPOSIÇÃO A SUGESTÕES

Em um famoso caso ocorrido no final dos anos 1970, alunos da pré-escola McMartin foram entrevistados por meio de técnicas altamente sugestivas e acabaram confirmando terem sido vítimas de abusos físicos e sexuais por parte dos funcionários que ali trabalhavam (Garven et al., 1998). Segundo elas, os abusos aconteciam em túneis secretos, em um açougue e até em um lava-carros. As crianças também relataram que eram obrigadas a beber sangue, presenciar sacrifícios de animais e participar de rituais satânicos. As alegações jamais foram comprovadas e todos os acusados foram absolvidos (Myers, 2009). Casos como o da Escola McMartin alavancaram as pesquisas sobre sugestionabilidade das crianças e Psicologia do Testemunho, permitindo um rápido crescimento teórico e prático sobre o tema.

Os alunos da McMartin receberam as falsas informações por intermédio de entrevistas malconduzidas, nas quais técnicas altamente sugestivas eram empregadas. Por exemplo, informações de teor negativo, sexual e violento que jamais haviam sido mencionadas pelas crianças eram acrescentadas no decorrer da entrevista (para exemplos dessa e de outras técnicas utilizadas no caso da Escola McMartin, ver Wood et al., 2009). Quanto maior a frequência da repetição da falsa informação, maior a chance de ela ser incorporada à memória e, por consequência, externada no relato da testemunha (Mitchell & Zaragoza, 1996; Verkoeijen, Rikers, & Schmidt, 2004; Zaragoza & Mitchell, 1996).

A possibilidade de a criança vítima de alienação parental ser exposta a sugestões maldosas pelo alienador deve ser levada em conta, principalmente nas situações em que há denúncias de abusos físico e/ou sexual contra o suposto agressor. Um grande número de estudos tem demonstrado que a sugestão, seja intencional ou não, consiste em uma forma fácil e eficaz de implantação de informações novas na memória ou de distorção, ao mesmo tempo que produz a supressão de informações verdadeiras (por exemplo, London, Bruck, & Melnyk, 2009; Hritz et al., 2015; Otgaar et al., 2010).

Até mesmo informações consideradas bastante improváveis e implausíveis podem ser incorporadas à memória das crianças. Em um experimento, Otgaar e colegas (2009) sugeriram a crianças de 7 a 8 anos e de 11 a 12 anos que elas haviam sido abduzidas por um óvni quando tinham 4 anos de idade. Era informado à criança que sua própria mãe havia presenciado a abdução e, para reforçar a sugestão, era apresentada uma reportagem de um jornal impresso relatando que a observação de óvnis e as queixas de abdução eram frequentes naquele ano. As crianças desenvolveram falsas memórias sobre o evento sugerido e relataram detalhes sobre a abdução. Mesmo após terem sido informadas pelo pesquisador que a abdução não havia realmente ocorrido, muitas crianças continuaram afirmando que se lembravam claramente do episódio, revelando a probabilidade de que os relatos fornecidos possuíam de fato um fundo mnêmico.

Uma criança pode ser induzida a acreditar que algo aconteceu com ela, como um episódio de violência por parte do genitor alienado. A falsa informação pode se incorporar à memória de maneira mais eficaz ainda se for constantemente repetida pelo alienador, o que é muito possível em um quadro de alienação parental em razão da aproximação entre alienador e criança. Se, em razão de um processo criminal baseado em uma falsa denúncia, a criança for chamada para prestar seu depoimento perante a autoridade policial ou judicial, é possível que relate ou confirme fatos que jamais ocorreram. Ainda, esse relato, mesmo que baseado em falsas memórias, é vivido como verdadeiro pela criança.

A combinação dos fatores sugestão e estereótipo mostra-se ainda mais problemática e representa um potencial ainda maior de interferência na memória da criança. No estudo clássico de Leichtmann e Ceci já referido (1995), uma parte das crianças, além de receber as informações negativas sobre Sam Stone, foi submetida a entrevistas durante as quais era sugerido que Sam havia rasgado o livro e sujado o ursinho de pelúcia. Ao final, 72% das crianças de 3 a 4 anos responderam que Sam havia estragado os objetos, sendo que, dessas, 44% afirmaram terem visto Sam o fazendo. Mesmo após o entrevistador desafiá-las ("Você de fato não o viu fazendo essas coisas, não foi?"), 21% mantiveram seu relato equivocado.

3. FIGURA DE AUTORIDADE

A alienação parental é geralmente praticada por uma pessoa por quem a criança nutre extrema confiança, como seus pais ou avós. Tratando-se de figuras de autoridade na vida da criança, se informações falsas forem transmitidas (estereótipos e sugestões), essas têm maior probabilidade de serem tomadas como verdadeiras pela criança. Isso ocorre porque as crianças, desde cedo, pressupõem que os adultos são os detentores do conhecimento e da verdade (Welter & Feix, 2010), mostrando-se mais suscetíveis às suas sugestões.

Achados científicos indicam que a opinião errônea do adulto tende a prevalecer, em detrimento do que foi vivenciado diretamente pela própria criança (por exemplo, Ceci et al., 1987; Ma & Ganea, 2010). No estudo realizado por Ma e Ganea, crianças de 3 a 5 anos observaram um adulto colocar um brinquedo em uma dentre três caixas de cores diferentes. As crianças souberam indicar corretamente em qual das caixas o brinquedo estava. Imediatamente depois, o adulto informava equivocadamente à criança que havia colocado o brinquedo em uma caixa diferente daquela em que realmente estava, autorizando-a a ir buscá-lo. Embora tenham visualizado toda a ação do adulto e apontado a caixa correta em um primeiro momento, 65% das crianças de três anos procuraram o brinquedo primeiro na caixa mencionada pelo adulto. Os participantes de 4 e 5 anos dirigiram-se à caixa errada em 25% e 20% das vezes, respectivamente, mesmo contrariando o que haviam diretamente observado apenas alguns minutos antes.

Outro conhecido estudo na área da memória infantil (Poole & Lindsay, 1995) apontou que informações falsas fornecidas pelos pais são capazes de contaminar a memória de crianças pequenas de um modo extremamente eficaz. Crianças de 3 a 4 anos realizaram brincadeiras de ciência com um adulto chamado *Mr. Science,* e foram posteriormente entrevistadas sobre o tempo que passaram com ele por meio de técnicas não sugestivas, apresentando bons índices de acurácia. Três meses após, os pais leram para seus filhos uma história relatando alguns truques científicos apresentados por *Mr. Science* a uma criança. Alguns truques presentes na história haviam sido praticados pela criança no encontro pessoal com *Mr. Science* e outros não. Entrevistados novamente sobre a visita ao cientista, os participantes relataram eventos não ocorridos e tiveram muitas dificuldades em identificar a fonte de suas lembranças: se o livro ou o evento real.

Parece haver indícios contundentes de que, quanto mais credibilidade junto à criança tiver aquele que fornece a falsa informação, maiores as chances de que essa seja efetivamente incorporada à memória, gerando uma falsa memória na criança (Corriveau & Harris, 2009; Lampinen & Smith, 1995). O estudo realizado por Lampinen e Smith (1995), por exemplo, indicou que adultos tidos como "desacreditados" não provocaram o mesmo nível de interferência na memória das crianças que aqueles adultos considerados fontes confiáveis, como pais e professores.

Os experimentos acima relatados dão indícios de que crianças pequenas, quando influenciadas por um adulto, são capazes de prestar informações que contradizem suas próprias experiências. Também demonstram que, quanto maior a credibilidade desse adulto junto à criança, maior a probabilidade de que a informação por ele sugerida seja incorporada à memória infantil. Esses achados nos permitem inferir que possíveis estereótipos e sugestões transmitidos pelo genitor alienador possam ser incorporados pela criança de modo extremamente eficaz, tendo em vista que são as figuras nas quais, via de regra, a criança confia e mantém laços afetivos estreitos.

4. AUSÊNCIA DE CONTRAEXEMPLO

Um último fator identificado na alienação parental que pode estar relacionado à consolidação das falsas memórias é a ausência de contraexemplo. Quanto menor o contato o com genitor alienado, maior a chance das informações tendenciosas (estereótipos negativos e sugestões de falsas informações) serem aceitas pela criança e incorporadas em sua memória.

Ainda que a memória humana seja muitas vezes distorcida com facilidade, o mesmo não parece ocorrer quando se busca reverter esse processo de distorção. O fenômeno denominado *continuous influence effect* (Johnson & Seifert, 1994), ou "efeito da influência continuada", diz respeito à tendência de uma falsa informação restar incorporada à memória e ser recuperada como verdadeira, mesmo após um explícito aviso de que era equivocada. Esse efeito pode ser potencializado nos casos em que a informação falsa é repetida diversas vezes, reforçando-a na memória (Eakin, Schreiber, & Sergent-Marshall, 2003). O "efeito da influência continuada", entretanto, parece ser atenuado quando a retratação – a informação correta – é repetida de forma sistemática.

Ecker e colegas (2011) realizaram o seguinte experimento: 161 pessoas leram um texto relatando um incêndio em um armazém. No texto, era informado que as chamas haviam iniciado em razão de materiais inflamáveis armazenados incorretamente em um armário. Logo depois, essa informação foi corrigida, sendo informado aos participantes que não havia nenhum material inflamável no armário – ele estaria vazio. Um grupo recebeu a correção somente uma vez, enquanto outro recebeu a informação correta em três oportunidades. Os participantes que escutaram a correção da informação por três vezes foram aqueles que, ao responderem perguntas sobre o incêndio, relataram menos a informação incorreta. No estudo realizado, o efeito da influência continuada não foi eliminado; isto é, mesmo o grupo que escutou a correção da informação por mais vezes acabou relatando que o incêndio havia começado no armário com materiais inflamáveis.

Traçando-se uma analogia do efeito da influência continuada com a alienação parental, pode-se dizer que uma falsa memória da criança relativa a determinado evento talvez não seja "esquecida" com facilidade, ainda que haja uma explícita menção de que aquele episódio jamais ocorreu. A incorporação das sugestões de falsas informações (por exemplo, o pai ter abusado sexualmente da criança) e dos estereótipos negativos (por exemplo, o pai não é uma pessoa confiável e faz coisas ruins) pode ser favorecida quando o convívio com o genitor alienado é pouco frequente ou inexistente. Com a falta de oportunidades de convívio com o genitor alienado, a criança não terá a possibilidade de contrapor com sua experiência as sugestões falsas e o estereótipo negativo transmitido repetidamente pelo alienador. Isso pode ocorrer nos casos severos de alienação parental, em que o contato entre pai e filho se tornou inviável, seja em razão da rejeição externada pela criança, seja pelos impedimentos provocados pelo alienador. Também pode ocorrer nos casos em que, por motivos mais graves – como uma denúncia de abuso –, há determinação judicial pela suspensão das visitas.

CONSIDERAÇÕES FINAIS

É no Poder Judiciário que se apresentam e se desenvolvem grande parte das demandas envolvendo a alienação parental, e é também nessa esfera que surgem as principais discussões envolvendo o tema. Existe uma preocupação dos operadores do Direito com possíveis falsas memórias decorrentes do processo de alienação parental. A criança pode passar a acreditar que um de seus cuidadores lhe provocou um mal grave, como um abuso sexual, e de fato relembrar o episódio, sem que isso jamais tenha de fato ocorrido.

Os estereótipos e as sugestões são fatores que podem ocorrer na alienação parental e impactar na memória da criança. Ademais, nos casos de alienação parental, como os estereótipos negativos e as falsas informações sugeridas são normalmente transmitidos de forma repetida e continuada por uma figura de autoridade, existem maiores chances de serem aceitos como verdadeiros e gerarem falsas memórias na criança acerca do alienado. O distanciamento do genitor alienado pode também prejudicar o restabelecimento da situação original, favorecendo a perpetuação dessas falsas informações na memória da criança. Por isso, a legislação brasileira acerta quando estabelece como prioridade a guarda compartilhada, privilegiando o amplo contato com ambos os genitores. Ademais, a ampliação do regime de convivência, assim como a reversão do regime de guarda a favor do genitor alienado, medidas previstas na Lei 12.318/2010, também parecem soluções adequadas, no sentido de diminuir os efeitos da ausência de contraexemplo.

O conhecimento das bases científicas desses quatro fatores (isto é, estereótipo, sugestão, figura de autoridade e ausência de contraexemplo) que podem estar presentes em casos de alienação parental pode ser útil para a prática profissional de psicólogos, assistentes sociais que atuam na avaliação e identificação de quadros de alienação parental, assim como para os operadores do Direito que lidam em tais casos. Em especial aqueles que atuam em processos em que há alegações de abusos físicos, sexuais ou maus tratos devem atentar para a possibilidade de que o relato da criança possa estar influenciado, em maior ou menor grau, por um ou mais desses quatros fatores.

Todavia, cabe salientar que nem todos os atos de alienação parental estão necessariamente relacionados ao surgimento de falsas memórias. Um genitor que não avisa a ex-parceira dos compromissos escolares e das consultas médicas dos filhos está, sem sombras de dúvida, alienando-a da vida dos filhos. Contudo, não se pode dizer que essas condutas, por si só, tenham o condão de provocar o surgimento de falsas memórias na criança. Diversa é a situação quando a atuação do alienador se dá diretamente junto à criança, com o objetivo de fazê-la acreditar que o outro genitor é alguém que deve ser temido e rejeitado. Nesse caso, os atos de alienação parental podem facilitar a distorção da memória da criança. Mas é preciso relembrar que existem diferenças individuais no que tange à sugestionabilidade infantil, de modo que nem todas as crianças reagirão da mesma maneira em relação a uma sugestão apresentada (Bruck & Melnyk, 2004). Algumas poderão incorporar essas falsas informações sugeridas mais facilmente à memória, ao passo que outras irão refutá-la de modo peremptório.

Por esses motivos, deve-se tomar a máxima precaução, de modo a não cair em redundâncias perigosas, como a de que o relato da criança não é confiável porque ela é vítima de alienação parental ou de que a denúncia de abuso não é verdadeira, pois está inserida em um contexto de alienação parental. A ocorrência de alienação parental, mesmo quando efetivada por meio de estereótipos negativos e sugestões falsas, não necessariamente resulta em interferências na memória. Do mesmo modo, frente a uma denúncia, a possibilidade de um abuso sexual real ter ocorrido jamais pode ser descartada de pronto, com a única alegação de que a criança é vítima de alienação parental. Trata-se de fenômenos totalmente independentes, e é perfeitamente possível que uma criança seja vítima, paralelamente, de alienação parental e de violência sexual.

Turkat (2005) atenta que falsas alegações de alienação parental podem também aparecer em casos de disputas judiciais pela guarda dos filhos. Segundo o autor, a falsa alegação de alienação parental pode ter por objetivo atingir o ex-cônjuge ou obter vantagens no processo judicial pela guarda do filho.

Avaliar e identificar corretamente a situação pela qual passa a família é um desafio necessário, pois somente assim as melhores medidas (jurídicas ou até mesmo relacionadas a um encaminhamento psicológico) poderão ser tomadas.

Alegações de alienação parental podem ser invocadas como argumento de defesa em processos criminais envolvendo suspeitas de abuso sexual. Isto é, o indivíduo que responde a um processo-crime pelo real abuso sexual do filho pode alegar em sua defesa que está sendo vítima de alienação parental, pois a mãe da criança impede o seu contato com o filho. Nesse caso, é possível que a criança manifeste rejeição ao pai e relate à polícia, ou a outro profissional, algum detalhe sobre o abuso ocorrido. Se a situação não for avaliada com base em critérios rigorosos e científicos, o testemunho da criança poderá ser desacreditado e ela ficará à mercê da violência mais uma vez. Por outro lado, a mãe que apenas buscava proteger seu filho poderá ser enquadrada nas medidas previstas na Lei n. 12.318/10.

Uma revisão realizada por Rand (2011) identificou que uma forte preocupação de grupos feministas e de defesa da criança é o fato de a alienação parental ser usada para favorecer a permanência da criança com o seu abusador. Alguns dos críticos mais radicais à alienação parental sustentam, inclusive, que o conceito de alienação parental foi criado com a finalidade de proteger os abusadores de seus filhos (Bruch, 2001). De fato, a alienação parental é por vezes usada de forma indiscriminada e pouco criteriosa pelos próprios profissionais do Direito, para desqualificar evidências obtidas no testemunho da criança. A possibilidade de uma violência real deve ser corretamente investigada e o relato da criança não pode ser imediatamente desacreditado com o fundamento de que está sendo vítima de alienação parental.

REFERÊNCIAS

Aloia, L. S. & Strutzenberg, C. (2018). Parent–Child Communication Apprehension: The Role of Parental Alienation and Self-Esteem. *Communication Reports*, 1-14.

Baisch, V. M., & Stein, L. M. (2016). Alienação parental: uma análise psicojurídica. In S. J. L. Vasconcellos, & V. M. Lago (Orgs.), *A psicologia jurídica e suas interfaces: um panorama atual.* Santa Maria, RS: Ed. da UFSM.

Baker, A. J. L. (2005). The long-term effects of parental alienation on adult children: a quantitative research study. *The American Journal of Family Therapy*, 33, 289-302.

Baker, A. J. L. (2006). Patterns of parental alienation syndrome: a qualitative study of adults who were alienated from a parent as a child. *The American Journal of Family Therapy*, 34, 63-78.

Bala, N., Hunt, S., & Mccartney, C. (2010). Parental alienation: canadian courtcases 1989-2008. *Family Court Review, 48*(1), 164-179.

Balmer, S., Matthewson, M., & Haines, J. (2018). Parental alienation: Targeted parent perspective. *Australian Journal of Psychology, 70*(1), 91-99.

Ben-Ami, N., & Baker, A. J. L. (2012). The long-term correlates of childhood exposure to parental alienation on adult self-sufficiency and well-being. *American Journal of Family Therapy, 40*(2), 169-183.

Bodenhausen, G. (2005). The Role of Stereotypes in Decision-Making Processes. *Medical Decision Making, 25*(1), 112-118.

Bruch, C. (2001). Parental Alienation syndrome and parental alienation: getting it wrong in child custody cases. *Family Law Quarterly, 35*(3), 527-552.

Bruck, M., & Melnyk, L. (2004). Individual differences in children's suggestibility: A review and synthesis. *Applied Cognitive Psychology, 18*(8), 947–996. Special issue: Individual and developmental differences in suggestibility.

Calçada, A. (2008). *Falsas acusações de abuso sexual e a implantação de falsas memórias.* São Paulo: Equilíbrio.

Carneiro, M. P. (2008). Desenvolvimento da memória na criança: o que muda com a idade? *Psicologia: reflexão e crítica, 21*(1), 51-59.

Ceci, S. J., & Bruck, M. (1995). *Jeopardy in the courtroom: a scientific analysis of children's testimony.* Washington, DC: American Psychological Association.

Ceci, S. J., Huffman, M. L. C., Smith, E., & Loftus, E. F. (1994). Repeatedly thinking about a non-event: source misattribution among preschoolers. *Consciousness and Cognition, 3*, 388-407.

Ceci, S. J., Ross, D. F., & Toglia, M. P. (1987). Suggestibility of children's memory: Psycholegal implications. *Journal of Experimental Psychology: General, 116*(1), 38–49.

Cordón, I. M., Silberkleit, G., & Goodman, G. S. (2016). Getting to Know You: Familiarity, Stereotypes, and Children's Eyewitness Memory. *Behavioral sciences & the law, 34*(1), 74-94.

Corriveau, K., & Harris, P. L. (2009). Choosing your informant: weighing familiarity and recent accuracy. *Developmental Science, 12*(3), 426–437.

Damiani, F. M., & Ramires, V. R. R. (2016). Características de Estrutura de Personalidade de Pais e Mães Envolvidos no Fenômeno da Alienação Parental. *Interação em Psicologia, 20*(2), 206-218.

Darnall, D. (2011). The psychosocial treatment of parental alienation. *Child and Adolescent Psychiatric Clinics, 20*(3), 479-494.

Dias, M. B. (2010). *Incesto e alienação parental: realidades que a justiça insiste em não ver – de acordo com a lei 12.318/2010.* (2a ed.). São Paulo: RT.

Eakin, D. K., Schreiber, T. A., & Sergent-Marshall, S. (2003). Misinformation effects in eyewitness memory: The presence and absence of memory impairment as a function of warning and misinformation accessibility. *Journal of Experimental Psychology: Learning, Memory, and Cognition, 29*, 813–825.

Ecker, U. K. H., Lewandowsky, S., Swire, B., & Chang, D. (2011). Correcting false information in memory: manipulating the strength of misinformation encoding and its retraction. *Psychonomic Bulletin & Review, 18*, 570–578.

Foley, M. A., & Johnson, M. K. (1985). Confusion between memories for performed and imagined actions: a developmental comparison. *Child Development, 56*, 1145-1155.

Gardner, R. A. (1985). Recent trends in divorce and custody litigation. *The Academy Forum, 29*(2), 3-7.

Garven, S., Wood, J. M., Malpass, R. S., & Shaw, J. S. (1998). More than suggestion: The effect of interviewing techniques from the McMartin Preschool case. *Journal of Applied Psychology, 83*(3), 347.

Gomide, P. I. C., & Matos, A. C. H. (2016). Diálogos interdisciplinares acerca da alienação parental. In P. I. C. Gomide, & S. S. S. Júnior (Orgs.), *Introdução à Psicologia Forense*. Curitiba, PR: Jiruá.

Gomide, P. I. C., Camargo, E. B., & Fernandes, M. G. (2016). Analysis of the psychometric properties of a parental alienation scale. *Paidéia (Ribeirão Preto), 26*(65), 291-298.

Harman, J. J., Kruk, E., & Hines, D. A. (2018). Parental alienating behaviors: An unacknowledged form of family violence. *Psychological bulletin, 144*(12), 1275.

Heger, A., Ticson, L., Velasquez, O., & Bernier, R. (2002). Children referred for possible sexual abuse: medical findings in children. *Child abuse and Neglect, 26*, 645-659.

Houchin, T., Ranseen, J., Hash, P.A.K., & Bartnicki, D.J. (2012). The parental alienation debate belongs in the courtroom, not is DSM-V. *Journal of the American Academy of Psychiatry and the Law, 40*, 127-131.

Hritz, A. C., Royer, C. E., Helm, R. K., Burd, K. A., Ojeda, K., & Ceci, S. J. (2015). Children's suggestibility research: Things to know before interviewing a child. *Anuario de Psicología Jurídica, 25*(1), 3-12.

Johnson, H. M., & Seifert, C. M. (1994). Sources of the continued influence effect: When misinformation in memory affects later inferences. Journal *of Experimental Psychology: Learning Memory, and Cognition, 20*, 1420–1436.

Lampinen, J. M., & Smith, V. L. (1995). The incredible (and sometimes incredulous) child witness: Child eyewitnesses' sensitivity to source credibility cues. *Journal of Applied Psychology, 80*(5), 621–627.

Lavadera, A. L., Ferracuti, S., & Togliatti, M. M. (2009). Parental alienation syndrome in italian legal judgments: na exploratory study. *International Journal of Law and Psychiatry, 35*, 334-342.

Leichtman, M. D., & Ceci, S. J. (1995). The effect of stereotypes and suggestions on preschoolers' reports. *Developmental Psychology, 31*(4), 568-578.

London, K., Bruck, M., & Melnyk, L. (2009). Post-event information affects children's autobiographical memory after one year. *Law and Human Behavior, 33*, 344-355.

López, J. T., Iglesias, V. E. N., & García, P. F. (2014). Parental alienation gradient: Strategies for a syndrome. *The American Journal of Family Therapy, 42*(3), 217-231.

Ma, L., & Ganea, P. A. (2010). Dealing with conflicting information: young children's reliance on what they see versus what they are told. *Development Science, 13*(1), 151-160.

Menon, A., Holliday, R., & Hill, C. (2006). Pre-event stereotypes and misinformation effects in young children. *Memory, 14*(1), 104-114.

Minas, A. (Diretor) (2009). *A morte inventada.* [Filme]. Rio de Janeiro, RJ: Caraminhola Produções.

Mitchell, K., & Zaragoza, M. S. (1996). Repeated exposure to suggestion and false memory: the role of contextual variability. *Journal of Memory and Language, 35*, 246-260.

Myers, J. E. B. (2009). Improved Forensic Interviewing: the legacy of the McMartin pre--school case. In K. Kuehnle, & M. Connell (Eds.), *The evaluation of child sexual abuse allegations: a comprehensive guide to assessment and testimony,* (*introduction* – pp. XIX-XXV). Hoboken, NJ: John Wiley & Sons.

Neufeld, C. B., Brust, P. G., & Stein, L. M. (2010). Compreendendo o fenômeno das falsas memórias. In L. M. Stein (Org.). *Falsas Memórias: Fundamentos Científicos e suas Aplicações Clínicas e Jurídicas.* (Cap. 1, pp. 21-41). Porto Alegre: Artmed.

O'Donohue, W., Cummings, C., & Willis, B. (2018) The Frequency of False Allegations of Child Sexual Abuse: A Critical Review. *Journal of Child Sexual Abuse, 27*(5), 459-475.

Otgaar, H., Candel, I., Merckelbach, H., & Wade, K. A. (2009). Abducted by a UFO: Prevalence Information Affects Young Children's False Memories for an Implausible Event. *Applied Cognitive Psychology, 23*, 115–125.

Otgaar, H., Candel, I., Smeets, T., & Merckelbach, H. (2010) "You didn't take Lucy's skirt off": the effect of misleading information on omissions and commissions in children's memory reports. *Legal and Criminological Psychology, 15*, 229-241.

Otgaar, H., de Ruiter, C., Howe, M. L., Hoetmer, L., & van Reekum, P. (2017). A case concerning children's false memories of abuse: Recommendations regarding expert witness work. *Psychiatry, Psychology and Law, 24*(3), 365-378.

Otgaar, H., Howe, M. L., Merckelbach, H., & Muris, P. (2018) Who is the better eyewitness? Sometimes adults but at other times children. *Current Directions in Psychological Science, 27*(5), pp. 378-385.

Pereira, R. C. (2011). *Divórcio: teoria e prática.* (3º ed.). Rio de Janeiro: GZ.

Pezdek, K., & Roe, C. (1997). The Suggestibility of Children's Memory for Being Touched: Planting, Erasing, and Changing Memories. *Law and Human Behavior, 21*(1), 95-106.

Poole, D. A., & Wolfe, M.A. (2009). The evaluation of child sexual abuse allegations: a comprehensive guide to assessment and testimony. In. K. Kuehnle, & M. Connell (Eds.), *The evaluation of child sexual abuse allegations: a comprehensive guide to assessment and testimony,* (pp. 101-128). Hoboken, NJ: John Wiley & Sons.

Poole, D. A., & Lindsay, S. D. (1995). Interviewing Preschoolers: effects of nonsuggestive techniques, parental coaching, and leading questions on reports of nonexperienced events. *Journal of Experimental Child Psychology, 60, 129-154.*

Principe, G. F., Haines, B., & Adkins, A. (2010). False rumors and true belief: memory processes underlying children's errant reports of rumored events. *Journal of Experimental Child Psychology, 107*(4), 407-422.

Principe, G. F., & Schindewolf, E. (2012). Natural conversation as a source of false memories in children: implications for the testimony of young witnesses. *Developmental Review, 32*, 205-223.

Rand, D. C. (2011). Parental Alienations Critics and the Politics of Science. *The American Journal of Family Therapy, 39*, 48-71.

Schechory, M., Nachson, I., & Glicksohn. J. (2010). Effect of stereotypes and suggestions on memory. *International Journal of Offender Therapy and Comparative Criminology, 54*(1), 113-130.

Stangor, C., & McMillan, D. (1992). Memory for Expectancy-Congruent and Expectancy-Incongruent Information: A Review of the Social and Social Developmental Literatures. *Psychological Bulletin, 111*(1), 42-61.

Schaefer, L. S., Rossetto, S., & Kristensen, C. H. (2012). Perícia psicológica no abuso sexual de crianças e adolescentes. *Psicologia: Teoria e Pesquisa, 28*(2), 227-234.

Turkat, I. D. (2005). False allegations of parental alienation. *American Journal of Family Law, 19*, 15-19.

Verkoeijen, P. P. J. L., Rikers, R. M. J. P., & Schmidt, H. G. (2004). Detrimental influence of contextual change on spacing effects in free recall. *Journal of Experimental Psychology: Learning, Memory, and Cognition, 30*, 796–800.

Verrocchio, M. C., Marchetti, D., Carrozzino, D., Compare, A., & Fulcheri, M. (2019). Depression and quality of life in adults perceiving exposure to parental alienation behaviors. *Health and Quality of Life Outcomes, 17*(1), 14.

Walker, L. E., & Shapiro, D. L. (2010). Parental Alienation Disorder: Why Label Children with a Mental Diagnosis? *Journal of Child Custody, 7*(4), *266-286.*

Warren, K. L., & Peterson, C. (2014). Exploring parent–child discussions of crime and their influence on children's memory. *Behavioral Sciences & the Law, 32*(6), 686-701.

Welter, C., & Feix., L. (2010). Falsas memórias, sugestionabilidade e testemunho infantil. In L. M. Stein (Org.), *Falsas memórias: fundamentos científicos e suas aplicações clínicas e jurídicas* (pp. 157-185). Porto Alegre, Artmed.

Wood, J. M., Nathan, D., Nezworski, M. T., & Uhl, E. (2009). Child sexual investigations: lessons learned from the McMartin and other daycare cases. In B. L. Bottoms, C. J. Najdowski, & G. S. Goodman (Eds.), *Children as victims, witnesses, and offenders* (pp. 81-101). New York: Guilford.

Zaragoza, M. S., & Mitchell, K. (1996). Repeated exposure to suggestions and the creation of false memories. *Psychological Science, 7*(5), 294-300.

4. ESPECIFICIDADES DOS DOCUMENTOS PSICOLÓGICOS NO CONTEXTO DE VARAS DE FAMÍLIA

Helena Berton Eidt

Ao falarmos sobre produção de documentos por parte do psicólogo no contexto forense – seja ele perito ou assistente técnico – estamos falando sobre uma das etapas mais importantes do trabalho desse profissional. Isso porque todo o trabalho realizado pelo psicólogo é oficializado por meio de um documento que é anexado aos autos processuais. É esse documento que vai comunicar aos demais envolvidos no processo – juízes, promotores, advogados e sujeitos interessados – aquilo que foi avaliado e concluído pelo profissional da Psicologia. Além disso, o documento permanecerá nos autos de forma definitiva, até que o processo seja concluído – o que, em alguns casos, pode demorar anos.

Tamanha importância fica ainda mais evidente quando o documento em questão é o laudo psicológico, documento oficial do perito (Brasil, 2015). O laudo possui valor de prova e tem a função de subsidiar a decisão judicial, juntamente com as demais provas existentes no processo. Especificamente nas Varas de Família, a decisão do juiz pode interferir de maneira substancial na vida das pessoas ao retirar, restringir ou fornecer direitos, tais quais a guarda de filhos, o poder familiar com relação a eles e a autorização ou não para visitá-los.

Assim, é necessário muito cuidado com o que se escreve, e o psicólogo precisa estar atento às especificidades do contexto forense ao realizar avaliação psicológica[21] e emitir documentos. Nesse cenário jurídico, o interlo-

21 É possível que o psicólogo que atua junto às Varas de Família realize avaliação psicológica sem os requisitos da perícia, conforme o que preconiza o Novo Código de Processo Civil, com apresentação de quesitos e nomeação de assistentes técnicos (Lei

cutor do documento não é outro psicólogo, e sim um profissional da área do Direito (Rovinski, 2016). Dessa forma, o cuidado e a adaptação da linguagem psicológica para o público leigo na matéria tornam-se essenciais. Apesar das publicações no campo da Psicologia sobre a qualidade do processo de avaliação psicológica e a reflexão crítica acerca da produção de documentos (Cruz, 2020), os psicólogos dificilmente são preparados para isso na graduação. Em estudo realizado por Noronha, Castro, Ottati, Barros e Santana (2013), os autores concluíram que a formação do psicólogo não enfatiza as questões éticas e as consequências da avaliação psicológica, nem a transmissão de seus resultados por meio da elaboração de documentos, fato também problematizado por Shine (2009).

O despreparo dos profissionais costuma acarretar a produção de documentos mal escritos, o que coloca o trabalho da Psicologia em descrédito frente aos operadores do Direito e expõe os psicólogos a representações éticas junto aos respectivos órgãos de classe (Conselhos Regionais de Psicologia). O maior número de denúncias incide sobre profissionais que não atuam no sistema de Justiça, mas em outros contextos, como a área clínica, e que encaminham documentos ao Poder Judiciário (CFP, 2010a; Frizzo, 2004; Shine, 2009). Assim, mesmo que o psicólogo não trabalhe diretamente no âmbito forense, é fundamental que conheça as resoluções referentes a esse contexto, visando a qualidade do seu trabalho e a sua própria proteção.

Da mesma forma que o laudo psicológico, o parecer psicológico, documento emitido pelo assistente técnico, possui papel relevante no andamento processual e exige do profissional o cumprimento de requisitos técnicos e éticos para a sua elaboração. Como psicólogo capacitado para questionar o trabalho do perito (Resolução CFP n. 08/2010), o assistente técnico pode, por meio do parecer, auxiliar os operadores do Direito e as pessoas envolvidas no processo judicial a assegurar a confiabilidade das conclusões e achados expostos no laudo psicológico.

Em função da seriedade e relevância do trabalho do psicólogo no contexto forense, bem como das dificuldades encontradas pelos profissionais para a elaboração de documentos, é que o presente capítulo foi pensado.

n. 13.105, de 16 de março de 2015). Como será explicado posteriormente, na perícia o documento a ser emitido é sempre o laudo psicológico, e na avaliação psicológica, o laudo ou o relatório.

Como psicóloga judiciária, ocupei durante uma década o lugar de perita do juízo, prática que me possibilita falar sobre o laudo psicológico com maior propriedade. Assim, será dado destaque a essa modalidade de documento, em detrimento ao parecer e aos demais documentos, como o relatório. No entanto, a elaboração de documentos será abordada de forma geral, desde as regulamentações existentes, às mudanças trazidas pela atual normativa do Conselho Federal de Psicologia (Resolução CFP n. 06/2019), passando pelas críticas e contribuições de especialistas na área, até as questões éticas envolvidas no trabalho realizado junto às Varas de Família.

NORMAS E REGULAMENTAÇÕES REFERENTES À ELABORAÇÃO DE DOCUMENTOS PSICOLÓGICOS

No Brasil, a produção de documentos por psicólogos é regulamentada e orientada por meio de resoluções emitidas pelo Conselho Federal de Psicologia (CFP). Diante das inúmeras representações éticas instauradas a partir de denúncias acerca dos documentos produzidos por psicólogos, especialmente no âmbito da justiça, o CFP publicou resoluções a respeito do tema. A Resolução CFP n. 07/2003 vigorou até o início de 2019 e instituía o Manual de Elaboração de Documentos Escritos produzidos pelo psicólogo, decorrentes de avaliação psicológica. De acordo com Preto e Fajardo (2015), a Resolução CFP n. 07/2003 é considerada um marco para a estruturação de documentos no Brasil. Foi, contudo, substituída pela recente Resolução CFP n. 06, de 29 de março de 2019, que estabelece regras para a elaboração de documentos escritos produzidos por psicólogos no exercício profissional e exige o cumprimento de suas diretrizes, sob pena de incorrer em falta ético-disciplinar.

Ao contrário da normativa anterior, a Resolução CFP n. 06/2019 não se restringe aos documentos resultantes de avaliação psicológica, mas a qualquer comunicação por escrito decorrente do trabalho do psicólogo nos mais variados contextos. Contudo, como a Resolução CFP n. 07/2003, é genérica, não se referindo de forma específica a uma ou outra área de atuação, como a forense, por exemplo (Rovinski, 2013). Visa, sobretudo, à orientação dos profissionais sobre aspectos comuns que os documentos escritos necessitam para obterem um padrão esperado de qualidade, independentemente das influências que cada campo de atuação possa trazer à escrita. Ainda, fornece subsídios éticos e técnicos para que os psicólogos possam confeccionar seus documentos e comunicar-se de forma qualificada por meio destes.

A partir da relevância da normativa, nesta seção serão apresentadas as regras da Resolução CFP n. 06/2019, destacando as inovações quando em comparação à antecessora. As orientações serão ilustradas por trechos de documentos advindos da minha prática forense e baseados nas contribuições de especialistas na matéria (Cruz, 2002; 2019; Lago, Yates, & Bandeira, 2016; Lourenço, Ortiz, & Shine, 2018; Preto, 2016; Rovinski, 2013; Rovinski & Lago, 2016, Rovinski & Pelisoli, 2019; Shine, 2009).

A Resolução CFP n. 06/2019 é composta pelas seguintes seções: I. Princípios fundamentais; II. Modalidades de documentos; III. Conceito, finalidade e estrutura; IV. Guarda dos documentos e condições de guarda; V. Destino e envio dos documentos (Novo); VI. Prazo de validade do conteúdo dos documentos; VII. Entrevista devolutiva (Novo). Cada uma delas será discutida, considerando a realidade do trabalho do psicólogo junto às Varas de Família.

I. PRINCÍPIOS FUNDAMENTAIS NA ELABORAÇÃO DE DOCUMENTOS PSICOLÓGICOS

Como princípios fundamentais, a Resolução CFP n. 06/2019 estipula três itens: princípios técnicos, da linguagem técnica e éticos. Sobre os princípios técnicos, alerta para a necessidade de o documento "considerar a natureza dinâmica, não definitiva e não cristalizada do fenômeno psicológico" (art. 5º, parágrafo 3º). Essa informação é bastante relevante para o trabalho no contexto forense, e a recomendação é de que o psicólogo deixe explícito que está emitindo conclusões sobre determinado momento de vida das pessoas avaliadas. Isso garante o entendimento de que as pessoas e famílias são passíveis de mudanças, e que avaliações posteriores poderão trazer aos autos informações distintas e conclusões que, de certa forma, destoam das anteriores. Por exemplo, as condições dos genitores para assumirem os cuidados com os filhos em processo de disputa de guarda podem sofrer alterações em função da etapa do divórcio, da inserção da família em tratamento psicológico e de melhorias na rede de apoio, entre outros, incluindo a passagem do tempo.

Acerca dos métodos, técnicas e instrumentos utilizados pelo psicólogo em suas avaliações, a normativa determina que estes sejam reconhecidos pela Psicologia enquanto fontes fundamentais, de acordo com a Resolução CFP n. 09/2018, permitindo ainda a utilização de fontes complementares. Sobre os testes a serem utilizados na área forense, além de figurarem como favoráveis para a sua utilização no Sistema de Avaliação de Testes Psicológicos desenvolvido pelo CFP (SATEPSI[22]), precisam ser pertinentes à demanda apresentada para avaliação. No contexto forense, a recomendação é que os testes sejam utilizados com muito cuidado, uma vez que a maioria não foi desenvolvida para essa população (Budd, 2001, 2005; Rovinski, 2013; Shine, 2009). É preciso ter claro o objetivo a ser atingido com a utilização desses instrumentos, bem como saber de que forma os resultados serão relacionados com a questão legal.

Ainda sobre os princípios técnicos, a resolução orienta que o psicólogo rubrique todas as páginas do documento, exceto a última. Esta contará com a assinatura, o nome e o número da inscrição do profissional junto ao Conselho Regional, o local e a data de emissão. Nos casos em que o psicólogo fizer referências a trabalhos científicos, teóricos ou técnicos, a resolução orienta que, preferencialmente, as coloque em nota de rodapé (CFP, 2019). Tal orientação, ao meu ver, auxilia a fluidez da leitura, sem interrupções no texto de citações ou explicações teóricas e técnicas.

Sobre a escrita, a Resolução CFP n. 06/2019 destaca a importância da linguagem precisa, coerente e articulada, permitindo a expressão daquilo que se pretende comunicar no documento. Também é relevante apontar sobre a utilização de linguagem que permita a compreensão por parte de quem demandou a avaliação. Na atuação junto às Varas de Família, o solicitante do trabalho do perito ou avaliador será sempre o juiz, o qual não está familiarizado com os termos, expressões e conceitos próprios da Psicologia. Assim, de acordo com Shine (2009), o grande desafio do psicólogo é se comunicar de forma precisa, mesmo quando se referir a questões subjetivas, traduzindo aspectos psicológicos para o discurso jurídico. A importância da linguagem científica e clara também é enfatizada por Cruz (2002), que orienta os psicólogos a evitarem a emissão de juízos de valor e o uso de termos impróprios, como no exemplo: "demonstra um comportamento problemático" (p. 273).

Acerca dos princípios éticos, a resolução aponta a necessária observância, por parte do psicólogo, dos princípios e dispositivos do Código de Ética Profissional (Resolução CFP n. 10/2005), inclusive no que diz respeito às relações com a justiça. Destaca o compromisso social da Psicologia e a neces-

22 Conselho Federal de Psicologia. Sistema de Avaliação de Testes Psicológicos (SATEPSI). Disponível em <http://satepsi.cfp.org.br/>.

sária reflexão sobre a complexidade da demanda apresentada para a avaliação, podendo inclusive intervir sobre esta (CFP, 2019). De fato, nas Varas de Família, os casos envolvem situações complexas, em que a decisão judicial poderá interferir de forma positiva ou negativa na vida das pessoas, "selando destinos" (Shine, 2009). É importante que o psicólogo esteja atento aos efeitos do seu trabalho e do documento produzido por ele na vida das pessoas. Diante da relevância dos princípios éticos, no presente capítulo, esses serão discutidos em seção própria.

II. MODALIDADES DE DOCUMENTOS E III. CONCEITO, FINALIDADE E ESTRUTURA

Em relação às modalidades de documentos, a Resolução CFP n. 06/2019 apresenta as seguintes: I. Declaração; II. Atestado Psicológico; III. Relatório Psicológico e Relatório Multiprofissional; IV. Laudo Psicológico; V. Parecer Psicológico. Nesse ponto, as principais mudanças trazidas pela nova normativa são a diferenciação entre laudo e relatório, e a divisão do relatório em duas categorias: psicológico e multiprofissional, podendo este último ser construído juntamente com profissionais de outras áreas. A regulamentação de um documento conjunto foi exaustivamente solicitada pelos psicólogos, a fim de atender às diversas possibilidades de atuação deste profissional, a exemplo dos serviços de saúde, assistência social e até mesmo do contexto forense. Sobre o laudo e o relatório, a mesma definição dada pela resolução anterior às duas modalidades de documento era, talvez, o ponto mais criticado pelos estudiosos da área de Psicologia Jurídica (Lago et al., 2016; Preto, 2016; Rovinski, 2013; Rovinski & Lago, 2016). Assim, a diferenciação pode ser considerada uma conquista da categoria profissional.

A primeira modalidade descrita na Resolução CFP n. 06/2019 – Declaração – destina-se a prestar informações sobre o serviço psicológico realizado ou em realização, tais como o comparecimento do sujeito e/ou do seu acompanhante, o seu acompanhamento psicológico, ou as condições de atendimento, como dias e horários (CFP, 2019, art. 9º). A Declaração não resulta de uma avaliação psicológica e não deve descrever sintomas, situações ou estados psicológicos. No contexto forense, é comum que as pessoas envolvidas nos processos judiciais necessitem justificar junto ao seu local de trabalho o motivo do afastamento. O documento apropriado para esse fim é a Declaração, apesar de muitas vezes haver confusão com a solicitação e até mesmo a emissão equivocada do Atestado Psicológico. Nesse sentido, de acordo com Preto (2016), cabe ao psicólogo fazer a distinção entre as modalidades de documento e esclarecer ao solicitante qual o documento a ser utilizado em cada situação.

O Atestado Psicológico, segunda modalidade descrita na resolução, é documento resultante de avaliação psicológica que apresenta as condições psicológicas do sujeito avaliado, com base em diagnóstico (CFP, 2019, art. 10). Assim, necessita de todo o rigor técnico-científico e ético de um processo de avaliação psicológica. O documento tem o objetivo de justificar faltas e/ou impedimentos do solicitante, justificar estar apto ou não para atividades específicas, ou solicitar afastamento/dispensa do solicitante. Em minha experiência, essa modalidade de documento não costuma ser emitida por psicólogos no contexto de Varas de Família, uma vez que fornece poucas informações ao solicitante.

A partir do Atestado, a normativa orienta em todas as outras modalidades de documento a possibilidade do psicólogo

> deixar destacado ao final do documento psicológico que este não pode ser utilizado para fins diferentes do apontado no item de identificação do documento, que o mesmo tem caráter sigiloso, que se trata de documento extrajudicial e que não se responsabiliza pelo seu uso após a entrega. (CFP, 2019)

Tal orientação reveste-se de importância, já que pode proteger o psicólogo de eventuais utilizações de documentos no contexto judicial, quando não foram produzidos com esse objetivo (por exemplo, no contexto clínico).

A terceira modalidade de documento, e grande novidade da Resolução CFP n. 06/2019, é o Relatório Psicológico (art. 11). A necessidade de um documento nesses moldes era solicitada há muito tempo pelos profissionais que atuam e estudam Psicologia Jurídica, e que já faziam a distinção entre laudo e relatório. Conforme Lago et al. (2016), o relatório deve ser usado em situações diversas da avaliação psicológica, nas quais se pretende relatar ou descrever a intervenção do psicólogo, sem a emissão de opiniões, julgamentos ou análises. Preto (2016) também define relatório como uma "descrição ou relato, que pode ser parcial" (p. 30). A autora cita Magalhães (2003), que apresenta o relatório para situações que fazem parte da rotina dos psicólogos forenses: quando é necessária a emissão de documento urgente ao juiz, a fim de apresentar a ele, por exemplo, uma situação de risco envolvendo criança ou adolescente, ou para relatar os resultados de intervenção profissional advinda de acompanhamento, e não de avaliação psicológica.

A nova normativa define o Relatório Psicológico como um documento que "visa a comunicar a atuação profissional da(o) psicóloga(o) [...], podendo gerar orientações, recomendações, encaminhamentos e intervenções pertinentes à situação descrita no documento" (CFP, 2019, art. 11). De acordo com a resolução, o Relatório Psicológico não tem a finalidade de produzir diagnóstico, o que o diferencia do laudo. Em minha prática, o relatório já era utilizado nos casos de realização de acompanhamento das famílias, em que a atuação profissional não era restrita à avaliação psicológica, como nas situações de visita assistida ou de acompanhamento do período pós-adotivo. Nesses casos, assim como em algumas situações de avaliação psicológica, o psicólogo forense pode optar pela emissão do Relatório, tendo como critério a impossibilidade de chegar a um posicionamento técnico conclusivo (Rovinski & Pelisoli, 2019).

O Relatório Psicológico é composto da seguinte estrutura, que pode ser apresentada em forma de texto corrido ou de itens: 1) Identificação; 2) Descrição da demanda; 3) Procedimento; 4) Análise; 5) Conclusão. Por se tratarem dos mesmos itens do laudo psicológico, que tem acrescido o item Referências, a estrutura será apresentada e discutida quando tratarmos dessa modalidade de documento.

A segunda possibilidade de elaboração do Relatório está descrita no art. 12 da Resolução CFP n. 06/2019, o Relatório Multiprofissional. No contexto forense, é bastante comum a atuação conjunta com outras categorias, especialmente o Serviço Social, quando há a determinação do juiz, no mesmo processo, pelo trabalho de ambos os profissionais. A estrutura do documento é a mesma do Relatório Psicológico, devendo ser apresentada em forma de texto corrido ou de itens, com o cuidado de descrever as técnicas privativas da Psicologia separadamente das descritas pelos profissionais de outras áreas. A grande diferença entre os documentos é que, no Relatório Multiprofissional, no item Análise, cada profissional deve fazer as suas inferências separadamente. O restante dos itens, inclusive a conclusão, pode ser realizado em conjunto.

O Laudo Psicológico, de acordo com Rovinski e Lago (2016), é o mais complexo dos documentos escritos por psicólogos. É o documento oficial que o perito deve emitir ao concluir o processo de avaliação psicológica determinado pelo juiz. Também é o documento resultante de avaliação psicológica, quando o profissional pode emitir posicionamento sobre o assunto (por exemplo, sobre as condições dos genitores para exercerem a parentalidade). Portanto, é o principal documento utilizado pelos psicólogos que trabalham no contexto forense e de Varas de Família, e merece destaque no presente capítulo. De acordo com Preto (2016), "laudo é um documento conclusivo, o qual envolve avaliação detalhada com apresentação da opinião técnica do profissional a partir do estudo realizado e com foco nos objetivos da avaliação" (p. 30).

A Resolução CFP n. 06/2019 define o laudo psicológico como

> o resultado de um processo de avaliação psicológica, com finalidade de subsidiar decisões relacionadas ao contexto em que surgiu a demanda. Apresenta informações técnicas e científicas dos fenômenos psicológicos, considerando os condicionantes históricos e sociais da pessoa, grupo ou instituição atendida. (CFP, 2009, art. 13)

Assim, a escrita do laudo exige do psicólogo a capacidade de explicar todo o processo de avaliação em seu documento, de analisar os seus achados com base na literatura e concluir acerca da questão psicológica apresentada, relacionada à questão legal. Shine e Lourenço (2018) fazem a interessante associação entre a escrita do laudo e a escrita de trabalhos acadêmicos, já que, no contexto forense, precisamos defender uma tese, uma explicação de um fenômeno psicológico que virou foco de um processo jurídico.

Sobre a estrutura deste documento, a resolução exige a presença de seis itens essenciais: a) Identificação, b) Descrição da demanda, c) Procedimento, d) Análise, e) Conclusão e f) Referências (Novo). Sobre a obrigatoriedade dos subtítulos, em meu entendimento, a resolução deixa claro que essa é a estrutura mínima, e que, de acordo com Rovinski (2013), o laudo não pode ser inflexível e mecanicista. Preto e Fajardo (2015) afirmam que, mais importante que a forma, são o conteúdo da avaliação psicológica e os seus efeitos na vida do avaliado. Assim, a estrutura proposta pela Resolução CFP n. 06/2019 deve ser respeitada, mas ainda são necessárias adaptações para a utilização do laudo no contexto forense, conforme discussão a seguir.

O primeiro item do laudo, a) Identificação, precisa conter informações sobre o autor do documento, sobre o solicitante da avaliação (que, no contexto forense, é sempre o juiz), sobre a finalidade do documento e sobre a(s) pessoa(s) avaliada(s). Esse último dado foi acrescentado pela nova normativa, o que é importante para prestar maiores informações ao leitor desde o início do documento. Sugere-se também que constem nesse item dados do processo judicial, como o número dos autos. Segue um exemplo do item

Identificação[23], com especificações sobre a qualificação do psicólogo, dados do processo judicial e dados dos sujeitos avaliados:

> Autos n. 0001234-56.2017
> Ação: Guarda/Modificação de Guarda
> Perita: Helena Berton Eidt – Psicóloga[1] - CRP 12/04689
> Solicitante: Juíza de Direito da 1ª Vara de Família da Capital/SC
> Finalidade: Avaliação da competência parental para o exercício da guarda
> [1] Mestre em Psicologia pela Universidade Federal do Rio Grande do Sul, Especialista em Psicologia Jurídica pelo Conselho Federal de Psicologia.
> DADOS DE IDENTIFICAÇÃO DOS AVALIADOS:
> Requerente: Marta Tavares
> Idade: 31 anos
> Data de nascimento: 03/02/1988
> Escolaridade: Ensino Superior Incompleto (Administração)
> Profissão: Comerciante
> Requerido:
> [...]
> Criança:
> [...]

No item b) Descrição da demanda, devem constar informações sobre o caso e sobre os motivos que geraram o pedido de avaliação psicológica. Rovinski (2013) enfatiza que, nessa seção, o psicólogo pode descrever brevemente a história contida no processo, quais os principais fatos que estão relacionados com o pedido de avaliação e qual é o foco da perícia. O objetivo da Descrição da demanda, segundo Rovinski e Pelisoli (2019), é justificar a escolha dos procedimentos utilizados durante a avaliação psicológica, e o item geralmente não ultrapassa um parágrafo.

Muitas vezes, o pedido de avaliação extrapola as possibilidades de atuação do psicólogo. Como exemplo, podem ser citadas determinações para que o psicólogo esclareça sobre a ocorrência ou não de abuso sexual, ou para que diga com qual genitor a criança deve permanecer. Nesses casos, o CFP (2010a) orienta que o profissional se posicione de forma crítica à demanda, descrevendo no documento as razões pelas quais não respondeu integralmente à determinação, baseado em questões éticas e teóricas. Shine (2003) alerta que o psicólogo não possui instrumental fidedigno para afirmar sobre a ocorrência de um fato vivenciado por outra pessoa, como um abuso sexual.

---

23 Nomes e números fictícios. Por limitações do número de páginas, não foi possível apresentar os itens por inteiro.

Por outro lado, considerando a minha experiência, a maioria dos pedidos de avaliação chega sem especificação, apenas com a determinação genérica de avaliação psicológica. Nesses casos, é imprescindível entender a demanda antes de iniciar o trabalho, seja por meio da análise dos autos, da leitura dos quesitos (quando houver) ou até mesmo de um questionamento ao magistrado. Abaixo, o item Descrição da demanda é explicitado[24]:

> A presente avaliação psicológica, determinada conforme Despacho de fl. 94 dos presentes autos, objetivou verificar as competências parentais[1] de Marta Tavares e de Miguel Santana para assumirem os cuidados com o filho, Pedro Santana (D.N.: 09/03/2012). Marta e Miguel mantiveram União Estável no período entre janeiro de 2006 e fevereiro de 2015, tendo o filho Pedro em 2012. Após a separação, houve a dissolução do acordo civil entre os genitores, sendo decidido pela guarda compartilhada da criança. Desde então, Marta relata descaso de Miguel com questões de higiene e alimentação de Pedro, o que a fez buscar a mudança no regime de guarda. Foi realizado Estudo Social forense em novembro de 2017 (fls. 53-59 dos autos), cujo resultado indicou que a guarda de Pedro deveria ficar com Miguel. Na sequência, foi determinada a presente avaliação psicológica.
>
> [1] As características a serem investigadas são as que determinam a competência parental, diretamente relacionada *à* capacidade dos pais para garantir o bem-estar dos filhos. Para reconhecer esta competência busca-se a "compatibilidade entre as necessidades da criança e as potencialidades para o atendimento dessas por parte dos pais" (Rovinski, 2013, p.124)".

O item seguinte, c) Procedimento, deve apresentar os recursos e instrumentos técnicos utilizados para a realização da avaliação psicológica, como o número de encontros e as pessoas entrevistadas. Sobre a escolha dos procedimentos, a orientação acerca da especificação do referencial teórico metodológico que fundamenta as análises, interpretações e conclusões costuma deixar os profissionais confusos. O Código de Ética Profissional do Psicólogo (Resolução CFP n. 010/2005) também impede o psicólogo de emitir documentos sem fundamentação e qualidade técnico-científica (art. 2º, alínea g). Diante de tais determinações, surgem questionamentos como: é preciso escolher apenas uma linha teórica? É necessário apontar no texto citações e referências de autores?

Segundo Lago et al. (2016), o referencial teórico metodológico a que se refere o CFP não trata da indicação de somente uma linha teórica, uma vez que a avaliação psicológica possibilita a utilização de diferentes referenciais.

24 Nomes fictícios.

Cruz (2020) entende não ser conveniente a orientação da Resolução CFP n. 06/2019, pois uma teoria psicológica específica não é capaz de demonstrar a complexidade do conhecimento científico necessário para a produção teórica acerca das condições psicológicas das pessoas avaliadas. O autor considera mais importante, nesse item, a descrição dos métodos de obtenção de dados, ou seja, dos recursos técnico-científicos utilizados.

Assim, o psicólogo pode optar por apontar no item Procedimento os principais autores e teorias que fundamentaram a avaliação, ou deixar claras, no item Análise, as referências utilizadas na discussão dos dados (formato adotado por mim na maioria dos laudos). O mais importante é dizer ao leitor do documento quais as bases das inferências realizadas, bem como a sua correlação com os procedimentos adotados. A fim de deixar mais clara a explicação, segue um exemplo do item Procedimento[25], em que as técnicas e instrumentos utilizados foram citados em nota de rodapé, sem especificar, nesse item, o referencial teórico adotado.

A avaliação psicológica foi realizada por meio de análise documental dos autos e dos seguintes procedimentos e técnicas:

- 29/09/2018: Entrevista do Sistema de Relacionamento Parental (SARP) [1] e Anamnese com a genitora, Marta;
- 30/09/2018: Entrevista do Sistema de Relacionamento Parental (SARP) e Anamnese com o genitor, Miguel;
- 03/10/2018: Aplicação do Meu Amigo de Papel (técnica integrante do SARP) com Pedro;
- 05/10/2018: Entrevista psicológica com Marta com a aplicação do Inventário de Estilos Parentais (IEP) [2];
- 06/10/2018: Entrevista psicológica com Miguel com a aplicação do Inventário de Estilos Parentais (IEP);
- 10/10/2018: Observação da interação entre Pedro e Miguel;
- 13/10/2018: Observação da interação entre Pedro e Marta.

> [1] O Sistema de Relacionamento Parental (SARP) *é* um conjunto de técnicas, fundamentado nos pressupostos da Teoria Familiar Estrutural, que objetiva avaliar a qualidade do relacionamento entre crianças e seus responsáveis, considerando situações de disputa de guarda e regulamentação de visitas em casos de perícias judiciais (Lago & Bandeira, 2013).

25 Nomes fictícios.

[2] O Inventário de Estilos Parentais (IEP) é um instrumento que visa a avaliar as práticas educativas utilizadas pelos pais, seja em situações reais ou hipotéticas. O IEP contribui para identificar práticas de risco, mas também aborda práticas educativas positivas (Gomide, 2014)".

O item d) Análise é a parte do documento que costuma causar mais dúvidas nos profissionais e receber mais críticas dos especialistas. Segundo Rovinski e Pelisoli (2019), trata-se da parte mais importante do laudo psicológico, uma vez que o psicólogo vai apresentar objetivamente tudo o que foi observado durante a avaliação. De acordo com a Resolução CFP n. 06/2019, o psicólogo deve, nesse item, fazer uma exposição descritiva dos dados colhidos. Em seguida, porém, orienta que não devem ser feitas afirmações "sem sustentação em fatos ou teorias" (CFP, 2019, art. 13, parágrafo 5º, inciso III). Assim, não diferencia aquilo que foi dito pelas pessoas entrevistadas do que foi resultado de testes e do que foi interpretado pelo psicólogo. De acordo com Rovinski e Lago (2016), baseadas na literatura internacional, é necessário discriminar dados brutos e as inferências sobre eles. No contexto forense, em que o laudo pode ser utilizado para fundamentar a sentença judicial, é preciso cuidado redobrado para não gerar entendimentos equivocados ao leitor do documento. Assim, o juiz precisa saber claramente o que é de responsabilidade do psicólogo, e o que consta no laudo apenas por ter sido informado pelos sujeitos entrevistados.

Diante desse cenário, Rovinski e Lago (2016) sugerem que o item seja subdividido em duas grandes áreas: 1) Apresentação dos dados (subdividida em três partes) e 2) Discussão dos dados (onde o psicólogo deve relacioná-los ao referencial teórico). Para ilustrar a divisão sugerida pelas autoras, vou introduzir trechos de laudos produzidos por mim como exemplos[26] de cada um dos itens:

1. Apresentação dos dados coletados:

   a) Impressão geral do avaliador sobre o(s) sujeito(s) avaliado(s)
   Todos os periciados compareceram nos horários previamente agendados de forma pontual. Miguel, no momento inicial da avaliação, se manifestou de forma pouco participativa, principalmente quando questionado sobre seu relacionamento conjugal com Marta. No decorrer das entrevistas, o avaliando expressou-se mais abertamente, sendo possível retomar as questões que não ficaram claras anteriormente [...].

26 Nomes fictícios. Por limitações do número de páginas, não foi possível apresentar os itens por inteiro.

> b) Apresentação dos dados colhidos com cada sujeito avaliado
> Nas entrevistas com Marta, a periciada explanou sobre o histórico do casal, a dinâmica familiar antes e após o divórcio e o processo de desenvolvimento de Pedro. [...] Marta, contudo, percebeu ao longo do tempo que o companheiro "não era uma pessoa tão boa", sendo que houve traições de sua parte. [...] Marta alegou que houve várias tentativas de separação entre eles. Ela teria engravidado de Pedro enquanto eles estavam separados, sendo que Miguel não acreditava que era o pai da criança. Com o nascimento do filho o relacionamento entre o casal melhorou, de forma que eles voltaram a ficar juntos. [...].
>
> c) Dados colhidos por meio de instrumentos psicológicos
> No IEP, Marta apresentou índice geral de +11 (Percentil 80), resultado que demonstra a prevalência de práticas parentais positivas, especialmente monitoria positiva e comportamento moral. Tais resultados indicam que Marta procura transmitir valores e saber sobre o seu filho, conhecendo onde, com quem e o que ele está fazendo, além de estabelecer limites de forma adequada.

2. Discussão dos dados

> A partir dos procedimentos realizados na presente avaliação, pode-se verificar que ambos os genitores se preocupam em atender às necessidades do filho, oferecendo-lhe afeto, cuidados, limites e desejando o bem-estar de Pedro. Apesar do ex-casal não ter um bom relacionamento interpessoal, não foram evidenciados sinais de alienação parental. Ambos reconhecem a importância e necessidade do outro genitor na vida do filho [...].

O item e) Conclusão do laudo, de acordo com a Resolução CFP n. 06/2019, deve conter o resultado final da avaliação realizada, bem como, conforme a demanda de cada caso, recomendações e sugestões de "encaminhamento, as intervenções, o diagnóstico, o prognóstico, a hipótese diagnóstica, a evolução do caso, orientação e/ou sugestão de projeto terapêutico" (art. 13, parágrafo 6º, inciso I). O diagnóstico, especialmente no contexto forense, não é o nosológico, mas o posicionamento claro referente à questão-problema que originou o pedido de realização de perícia psicológica (Peixoto, Eidt, Silva, Garcia, & Rabuske, 2013), sem adentrar no julgamento (Rovinski, 2016). Em seguida, é preciso encerrar o documento com a indicação do local de realização, data de emissão do documento, assinatura e número de inscrição do psicólogo no CRP. No fechamento do caso, é importante que o psicólogo responda, de forma sintética e objetiva, o encaminhamento apresentado no item Descrição da Demanda, ou seja, atinja o objetivo da avaliação realizada[27]:

27 Nomes fictícios.

> A partir do exposto, do ponto de vista psicológico, conclui-se que ambos os genitores possuem competência parental preservada, apresentando condições psicológicas para assumirem os cuidados com o filho Pedro. Considerando-se o bem-estar e o desenvolvimento psíquico saudável de Pedro, é fundamental que o menino não seja privado do convívio com pai e mãe, e que ambos exerçam efetivamente as funções parentais. Dessa forma, a fim de que tenham a possibilidade de refletir sobre o seu relacionamento interpessoal, recomenda-se o encaminhamento de Marta e Miguel para a Oficina de Parentalidade, realizada neste Fórum.

O último item do laudo psicológico e novidade da Resolução CFP n. 06/2019 é o f) Referências, que consta na normativa como obrigatório. Em minha prática, as referências já eram indicadas ao final do laudo, a fim de informar ao leitor e ao assistente técnico o referencial teórico utilizado nas análises e conclusões da avaliação realizada. A nova normativa orienta que as referências constem preferencialmente em nota de rodapé.

E quando houver quesitos direcionados ao perito, em que item do laudo devem constar as respostas? Assim como a normativa anterior, a Resolução CFP n. 06/2019 não menciona informação alguma no que diz respeito a essa modalidade de documento, mas a prática orienta que seja acrescentado um novo item ao final do laudo, após a conclusão (Rovinski, 2013). A fim de facilitar a leitura do documento, é recomendável que todos os quesitos formulados pelas partes e/ou pelo juiz sejam transcritos imediatamente antes da resposta. Lembrando que, de acordo com o Novo Código de Processo Civil (Lei n. 13.105 de 16 de março de 2015), é obrigação do perito fornecer resposta a todos os quesitos, ainda que as respostas indiquem prejuízo do quesito ("quesito prejudicado") ou a falta de elementos para a conclusão ("faltam dados de convicção").

O último documento apresentado na resolução é o Parecer Psicológico, que possui como objetivo a análise técnica a uma "questão-problema" do campo psicológico ou a documentos psicológicos (CFP, 2019, art. 14). No contexto das Varas de Família, o parecer é o documento oficial do assistente técnico, e tem como finalidade fazer um comentário crítico ao laudo do perito (Rovinski, 2013). Felizmente, a atual normativa desfez a confusão feita pela Resolução CFP n. 07/2003, que mencionava a existência de quesitos ao parecerista, contrariando a legislação vigente (Lei n. 13.105 de 16 de março de 2015).

Sobre a estrutura do parecer, a resolução propõe a presença de cinco itens: a) Identificação; b) Descrição da demanda; c) Análise; d) Conclusão; e) Referências. Juntamente com a explicação dos itens, apresentarei trechos de um parecer para exemplificar a distribuição do conteúdo no documento[28]. No primeiro item, a) Identificação, o parecerista deve apresentar seus dados, como nome e titulação, bem como os dados do solicitante e a finalidade do documento:

> Fátima Siqueira, Psicóloga (CRP 12/XXXXX), Especialista em Psicologia Jurídica, Doutora em Psicologia.
> Parecer solicitado por Bernardo Ferreira, para fins de manifestação acerca do Laudo Psicológico emitido pela psicóloga Bárbara Peixoto, que visou à verificação da existência ou não de prática de abuso sexual contra a menina Rebeca Farias Ferreira".

O segundo item, b) Descrição da demanda, consiste na descrição do objetivo do trabalho e das informações acerca da demanda, a fim de justificar a análise realizada. Entende-se que, assim como no laudo psicológico, é possível modificar os títulos exigidos pela resolução, desde que o conteúdo seja condizente com o que consta na publicação do CFP. No exemplo a seguir, a parecerista utilizou o título "Motivo do Encaminhamento", mantendo o conteúdo do segundo item da Resolução CFP n. 06/2019.

> Motivo do encaminhamento
> Bernardo Ferreira foi acusado de ter abusado sexualmente de sua filha Rebeca, 4 anos. A psicóloga do Serviço Ambulatorial do Projeto Cuidar do Hospital Universitário emitiu documento afirmando que "com certeza, abusos sexuais e físicos ocorreram". Por discordar das afirmações e conclusões advindas do Laudo Psicológico, Bernardo procurou a assistência técnica para uma avaliação do mencionado documento".

No item c) Análise, o parecerista deve discutir os dados a partir de "fundamentos éticos, técnicos, e/ou conceituais da Psicologia, bem como nas normativas vigentes que regulam e orientam o exercício profissional" (CFP, 2019, art. 14, parágrafo 4º). Para tornar o documento mais claro, entende-se que a análise possa ser desmembrada em outros itens, de acordo com os dados a serem discutidos, como "Estrutura do Laudo Psicológico", "Testes

28 O parecer foi gentilmente cedido por um colega para a utilização no presente capítulo. Nomes fictícios.

psicológicos utilizados", "Embasamento teórico-científico" e "Condução da perícia", entre outros. Segue um trecho do item Análise[29]:

> [...] o laudo sob análise peca ao fazer afirmações categóricas desprovidas de fundamentação científica. Citar-se-ão exemplos, a partir de transcrições de trechos do laudo:
> A partir das entrevistas realizadas, é possível afirmar, com certeza, que abusos sexuais e físicos ocorreram.
> A ciência psicológica enfrenta dificuldades e limitações no que se refere à validade das avaliações de suspeita de abuso sexual, tendo em vista a complexidade do corpo teórico sobre o tema. Os erros são frequentes e podem ocasionar mudanças na vida de crianças e famílias e acarretar sofrimentos desnecessários. Diante da responsabilidade frente à complexidade de uma avaliação desse caráter, profissionais qualificados jamais poderão afirmar categoricamente que "com certeza" houve abusos sexuais. A Psicologia não é uma ciência exata, que disponha de técnicas que permitam afirmações veementes como a citada no laudo psicológico. Portanto, esse simples trecho extraído do documento, por si só, já seria suficiente para questionar a validade da avaliação realizada, que em momento algum aponta indicativos da ocorrência do abuso sexual embasados em fundamentos teóricos e científicos [...].

No item d) Conclusão, o psicólogo deve apresentar o seu posicionamento a respeito do documento psicológico ou sobre a questão levantada, conforme exemplo abaixo. Por fim, a Resolução CFP n. 06/2019 estabelece como obrigatório o item e) Referências, a serem preferencialmente informadas em nota de rodapé.

> Uma acusação de abuso sexual é bastante séria, tanto para a criança, suposta vítima, quanto para o suposto abusador (no caso em questão, o pai). Seja verdadeira ou falsa, traz sérias implicações para a vida dos envolvidos. Há que se tomar muita cautela ao fazer uma afirmação tão veemente como a realizada pela profissional que emitiu o documento, a qual, com base em entrevistas, afirma que "com certeza" abusos sexuais e físicos ocorreram. [...]. A validade da avaliação realizada é questionável e, em razão dos motivos acima expostos, solicita-se a impugnação do referido laudo psicológico.
> Recomenda-se a realização de perícia psicológica, realizada por profissional designado pelo juiz, com demonstrada experiência em avaliação de situações de abuso sexual. Enquanto não seja de fato comprovada a ocorrência do abuso, sugere-se que ocorram visitas assistidas entre pai e filha, com o propósito de evitar prejuízos à relação parental, tendo em vista a possibilidade de uma falsa denúncia de abuso sexual.

29 Por limitações do número de páginas, não foi possível apresentar os itens por inteiro.

IV. GUARDA DOS DOCUMENTOS; V. DESTINO E ENVIO DOS DOCUMENTOS

A Resolução CFP n. 06/2019 ainda orienta o profissional da Psicologia acerca da guarda, destino e envio dos documentos. Sobre a guarda, a normativa instituiu, conforme a Resolução CFP n. 01/2009, o prazo mínimo de cinco anos para que o psicólogo mantenha em seus arquivos, em forma física ou digital, o documento psicológico e os materiais utilizados no processo de avaliação psicológica, como folhas de testes e anotações das entrevistas realizadas. A responsabilidade pela guarda do material é do psicólogo e da instituição em que foi realizado o serviço. Se houver interrupção do serviço do psicólogo, este deverá repassar o material ao profissional substituto, ou, em caso de não haver continuidade do serviço, o Conselho Regional de Psicologia deverá ser informado, conforme o que preconiza o Código de Ética do Psicólogo (CFP, 2005, art. 15).

A seção sobre o destino e envio dos documentos foi acrescentada na nova normativa, e determina que o psicólogo os entregue diretamente à pessoa avaliada ou atendida, ao seu responsável legal ou ao solicitante, com comprovação de recebimento em protocolo de entrega. No contexto forense, o psicólogo deve entregar o documento ao solicitante, o juiz, anexando-o aos autos processuais, em formato físico ou digital. Conforme apontam Rovinski e Pelisoli (2019), o registro da inserção do documento no sistema automatizado ou a confirmação da entrega no setor de protocolo constituem-se em certificações oficiais de recebimentos, apesar de não contemplados pela Resolução CFP n. 06/2019.

VI. PRAZO DE VALIDADE DO CONTEÚDO DOS DOCUMENTOS; VII. ENTREVISTA DEVOLUTIVA

A validade deve respeitar a legislação vigente nos casos em que haja previsão legal para que a avaliação realizada se torne inválida. No contexto forense de Varas de Família, não existe tal previsão, mas o psicólogo pode apontar a validade em seu documento, sempre que entender necessário. Ou, ainda, sem determinar espaço de tempo, o psicólogo pode colocar no documento a observação contida nos princípios técnicos da resolução, já destacada no presente capítulo, de que "o documento deve considerar a natureza dinâmica, não definitiva e não cristalizada do fenômeno psicológico" (art. 5º, parágrafo 3º), referindo-se àquele momento de vida das pessoas avaliadas.

A entrevista devolutiva também é novidade da Resolução CFP n. 06/2019. Estabelece como obrigatória a realização de ao menos uma entrevista devolutiva ao entregar o laudo ou o relatório psicológico, devendo justificar nos casos em que não for possível realizar. Nos demais documentos, o procedimento é recomendado. Para os psicólogos que atuam no sistema de justiça, especialmente como peritos, a devolutiva tem suas peculiaridades.

No contexto forense, o destinatário do laudo psicológico é o magistrado, e não os sujeitos que participaram da avaliação. Assim, o laudo pertence ao processo judicial, e as pessoas avaliadas terão acesso ao documento após a sua inclusão nos autos, por meio de seus advogados, e não do psicólogo. Além disso, terão a oportunidade de se manifestar a respeito do conteúdo do laudo, no prazo de 15 dias, inclusive com a apresentação de quesitos complementares (Lei n. 13.105 de 16 de março de 2015). Rovinski e Pelisoli (2019) sugerem que o psicólogo possibilite a entrevista devolutiva aos sujeitos envolvidos na avaliação, mas sempre após a inclusão do documento nos autos judiciais, e que coloque no laudo essa observação.

CUIDADOS ÉTICOS NA ESCRITA DE DOCUMENTOS E RISCOS PARA O PROFISSIONAL

Devido à lógica adversarial do contexto forense, o psicólogo que atua junto a famílias que litigam judicialmente precisa estar preparado para a possibilidade de ser envolvido no conflito por meio de denúncias éticas contra os documentos emitidos por ele. De acordo com o CFP (2010a, 2010b), é crescente o número de queixas encaminhadas às Comissões de Ética dos Conselhos Regionais contra o trabalho realizado por psicólogos nas Varas de Família. Porém, faz-se necessária a compreensão crítica sobre a relação entre essas denúncias e a dinâmica do conflito presente nas Varas de Família (Shine, 2009). Segundo Peixoto et al. (2013), as representações éticas contra psicólogos podem estar relacionadas com a insatisfação gerada pelos laudos psicológicos que subsidiam decisões judiciais contrárias aos interesses de alguma das pessoas avaliadas.

Assim, considera-se importante que os documentos emitidos por psicólogos nesse contexto estejam de acordo com as resoluções e com o Código de Ética Profissional, que balizam a atuação do psicólogo. De acordo com Shine (2009), o psicólogo deve estar atento para não se desviar do objetivo do trabalho, seja ele de psicoterapia, de perícia ou de assistência técnica. Ter ciência dos limites e possibilidades da sua prática, sem adentrar na atividade de outros profissionais, demonstra o cuidado ético e técnico do psicólogo. Por exemplo, não cabe ao assistente técnico o papel de advogado da parte contratante, defendendo-a a qualquer custo, e sim o de posicionar-se em relação ao trabalho do perito.

Sobre o perito ou avaliador, no início do trabalho, antes de iniciar os procedimentos, é importante que esclareça verbalmente ao sujeito os objetivos do trabalho, os limites da confidencialidade (Rovinski, 2013; Rovinski & Lago, 2016), bem como que esclareça de que forma a avaliação psicológica se insere no processo judicial em determinado momento. Além disso, cabe também comunicar que as informações colhidas durante a avaliação serão apresentadas em documento (CFP, 2010a), que será encaminhado ao juiz solicitante.

Acerca do sigilo no contexto forense, Rovinski (2013) esclarece que, ao tomar conhecimento dos objetivos do perito ou avaliador no início da avaliação, os quais se diferenciam dos objetivos do psicoterapeuta, o sujeito poderá decidir que informações deseja relatar ao psicólogo. A quebra do sigilo está prevista no Código de Ética do psicólogo (arts. 10 e 11), inclusive nos casos em que o profissional for intimado para participar de audiência judicial. No entanto, nessas situações, o psicólogo deverá prestar somente as informações necessárias para a elucidação do caso, tomando cuidado para não expor os sujeitos avaliados desnecessariamente.

Sobre a escrita do documento, especialmente do laudo psicológico, há diversas orientações no sentido da economia e do cuidado com os detalhes da vida da pessoa a serem relatados no documento. Esse cuidado refere-se ao fato do psicólogo escrever somente o que for relevante para os objetivos de quem solicitou o documento, e que não afetem indevidamente os sujeitos envolvidos na avaliação. Não é necessário, por exemplo, reproduzir trechos de falas dos sujeitos avaliados, haja vista o risco de interpretações equivocadas por parte do leitor do documento (CFP, 2010a). Tal recurso só deve ser utilizado se puder ser justificado pelo psicólogo (CFP, 2019).

Ainda sobre o assunto, deve-se ter cuidado redobrado quando se trata do conteúdo dos procedimentos realizados junto a crianças. A grande preocupação, nesses casos, é de evitar responsabilizá-las pela conclusão do documento e até mesmo pela decisão judicial, haja vista a relevância da palavra da criança no contexto forense (Ribeiro, 2009).

A partir disso, como decidir se determinada informação constará ou não no documento? Como já foi visto no presente capítulo, tudo o que for concluído pelo psicólogo precisa estar fundamentado na literatura e nos dados colhidos durante o processo de avaliação. Assim, a relevância do dado para a conclusão da avaliação e a sua relação com a demanda apresentada devem ser os critérios do psicólogo ao redigir o documento. Preto (2016) ainda acrescenta como critérios de decisão o cuidado e o respeito com as pessoas avaliadas e com o destinatário do documento. Apesar de não haver orientação sobre o número de páginas que deve conter um documento, pois isso pode variar de acordo com o caso e com o estilo de escrita de cada psicólogo, Rovinski (2013) esclarece que o laudo psicológico não deve ser tão pequeno, a ponto de faltarem informações relevantes para o entendimento do caso e do processo avaliativo, nem tão grande que exponha os sujeitos de forma desnecessária e desconsidere as questões éticas da profissão.

Outra questão que costuma gerar dúvidas para os profissionais: quem é o cliente do perito? Do ponto de vista ético, no contexto forense, o psicólogo deve comprometer-se com o cuidado à pessoa atendida e à sua dignidade (CFP, 2010a). Entretanto, do ponto de vista jurídico, o perito é um auxiliar da justiça e deve contribuir para o esclarecimento do caso com o seu conhecimento técnico especializado (art. 156 da Lei n. 13.105, de 16 de março de 2015). No caso do perito, quem solicita a avaliação é o juiz, e no do assistente técnico, a pessoa que o contratou para acompanhar a perícia e questionar o laudo do psicólogo perito (advogado ou a própria parte). Dessa forma, os documentos produzidos devem ser direcionados ao cliente e elaborados de forma a facilitar o entendimento por parte do interlocutor, sem perder de vista o compromisso ético com as pessoas avaliadas.

O posicionamento do psicólogo no documento frente à questão legal também é discutível e demanda destreza do psicólogo. Por exemplo, em uma situação de disputa de guarda, o psicólogo deve opinar em seu laudo sobre qual dos genitores deve ser beneficiado com a guarda do(s) filho(s)? Ou deve propor a guarda compartilhada? A orientação do CFP, por meio da Resolução n. 08/2010, que dispõe sobre a atuação do psicólogo como perito e assistente técnico no Poder Judiciário, é de que o profissional não se manifeste dessa forma, limitando-se à sua área de atuação. A decisão do processo e o posicionamento frente à questão legal, portanto, não cabem ao psicólogo e nem a qualquer outro perito, por se tratarem de atribuições exclusivas do magistrado (art. 7º da Resolução CFP n. 008/2010).

Assim, o posicionamento do psicólogo na conclusão do laudo deve estar ligado às questões que dizem respeito à ciência psicológica, as quais, por sua vez, precisam estar relacionadas com a questão legal. Retornando ao exemplo da disputa de guarda, o psicólogo pode concluir sobre as capacidades parentais de cada um dos genitores, relacionadas às necessidades dos filhos, permitindo que o magistrado, com base no laudo psicológico e nas demais provas anexadas ao processo, possa emitir julgamento sobre a melhor modalidade de guarda para aquela determinada família. De acordo com Shine (2009, p. 213), "é perfeitamente possível conciliar as exigências do Direito e da Psicologia para o laudo psicológico ser uma prova válida em Vara de Família, isento de falhas técnicas ou éticas".

DOCUMENTOS PARCIAIS

A orientação do CFP (2010a) é de que o psicólogo que atua junto às Varas de Família deve avaliar ambas as partes de um processo. Na prática, porém, existem situações, até bastante frequentes, em que apenas uma das partes é avaliada, como no caso de cartas precatórias ou de pessoas que não comparecem aos procedimentos agendados, ou ainda que não são encontradas. Nesses casos, é importante que o psicólogo tome algumas precauções a fim de resguardar a si próprio e também as pessoas que não participaram da perícia ou avaliação. É preciso cuidado para não fazer afirmações sobre pessoas que não foram avaliadas, sob risco de denúncias éticas junto ao órgão de classe. Na pesquisa realizada por Shine (2009) junto aos processos éticos julgados no Conselho Regional de Psicologia de São Paulo, psicólogos colocaram-se nessa "armadilha" em seis dos 17 casos analisados, todos atuando no contexto clínico.

O art. 9ª da Resolução CFP n. 17/2012, que dispõe sobre a atuação do psicólogo como perito nos diversos contextos, determina que "a recusa do periciado ou de seu dependente em submeter-se às avaliações para fins de perícia psicológica deve ser registrada devidamente nos meios adequados". Diante disso, recomenda-se que o psicólogo deixe claro, ao longo do documento, que está emitindo um laudo psicológico parcial, ou seja, com a participação de somente uma parte da família. Entende-se que tal consideração deve constar nos itens Descrição da demanda e Conclusão, não deixando dúvidas ao leitor de que apenas uma parte da família foi avaliada, e que a conclusão se baseou nos procedimentos realizados com as pessoas que ali estiveram presentes. Tais orientações também são válidas para a elaboração do relatório psicológico.

Além disso, no item Análise, toda vez que a pessoa que não participou da avaliação for citada, é importante mencionar a fonte da informação. Por exemplo, "segundo a requerente, o requerido tinha atitudes como...". Ou ainda, "a requerente afirmou que o ex-marido...". Assim, evita-se o risco de fazer afirmações sobre pessoas que não tiveram contato com o psicólogo durante a avaliação.

CONSIDERAÇÕES FINAIS

Diante das ponderações realizadas no presente capítulo sobre a escrita de documentos psicológicos no contexto de Varas de Família – com especial atenção ao laudo psicológico – reitera-se a importância das resoluções emitidas pelo Conselho Federal de Psicologia sobre a atuação do psicólogo no sistema de Justiça. Apesar de não ser específica do contexto judicial, destaca-se a recente Resolução n. 06/2019, que institui regras para a elaboração de documentos escritos produzidos pelo psicólogo no exercício profissional, uma vez que a escrita de documentos faz parte da rotina dos profissionais que atuam junto às Varas de Família. A resolução orienta a escrita de documentos por psicólogos e auxilia na organização e distribuição do conteúdo a ser registrado. Além disso, fornece valiosas diretrizes éticas e técnicas para que o profissional consiga comunicar os resultados de seu trabalho com clareza, protegendo-se de eventuais denúncias e representações em seu órgão de classe.

Assim, é inquestionável a relevância de tal ferramenta para a prestação de serviços de qualidade por parte dos psicólogos, o que justifica a sua divulgação e conhecimento por todos os estudantes e profissionais de Psicologia. Contudo, diante dos diversos contextos em que o psicólogo pode exercer a sua profissão, a resolução apresenta as orientações de forma a englobar todos os campos de atuação. Dessa forma, é necessário que o profissional busque aprofundar os seus conhecimentos na área em que pretende atuar, como é o caso do trabalho junto às Varas de Família. Nesse contexto, torna-se essencial a contribuição teórica e prática de especialistas da área jurídica e de profissionais com experiência na área.

O presente capítulo buscou discutir os aspectos técnicos e éticos da elaboração de documentos, a partir da contribuição de renomados autores da Psicologia Jurídica e da Avaliação Psicológica no Brasil, além da necessária adaptação da Resolução CFP n. 06/2019 ao contexto forense. Ademais, procurou ir além, tecendo reflexões e orientações sobre a atuação do psicólogo junto às Varas de Família, citando exemplos dos itens de laudos e pareceres. Espera-se, dessa forma, que os psicólogos possam contar com mais esse material no auxílio ao seu aprimoramento profissional e no entendimento das peculiaridades da produção de documentos no contexto forense.

REFERÊNCIAS

Budd, K. S. (2001). Assessing parenting competence in child protection cases: A clinical practice model. *Clinical Child and Family Psychology Review*, *4*, 1-18.

Budd, K. S. (2005). Assessing parenting capacity in a child welfare context. *Children and Youth Services Review*, *27*(4), 429-444.

Conselho Federal de Psicologia. (2003). *Resolução 07/2003*. Institui o Manual de Elaboração de Documentos Escritos produzidos pelo psicólogo. Brasília, DF: CFP.

Conselho Federal de Psicologia. (2009). *Resolução 01/2009*. Dispões sobre a obrigatoriedade do registro documental decorrente da prestação de serviços psicológicos. Brasília, DF: CFP.

Conselho Federal de Psicologia. (2010a). *Referências técnicas para atuação do psicólogo em Varas de Família*. Brasília, DF: CFP.

Conselho Federal de Psicologia. (2010b). *Resolução CFP n. 08/2010*. Dispõe sobre a atuação do psicólogo como perito e assistente técnico no Poder Judiciário. Brasília, DF: CFP.

Conselho Federal de Psicologia. (2012). *Resolução CFP n. 17/2012*. Dispõe sobre a atuação do psicólogo como Perito nos diversos contextos. Brasília, DF: CFP.

Conselho Federal de Psicologia. (2018). *Resolução CFP n. 09/2018*. Estabelece diretrizes para a realização de Avaliação Psicológica no exercício profissional da psicóloga e do psicólogo, regulamenta o Sistema de Avaliação de Testes Psicológicos - SATEPSI e revoga as Resoluções n. 002/2003, n. 006/2004 e n° 005/2012 e Notas Técnicas n° 01/2017 e 02/2017. Brasília, DF: CFP.

Conselho Federal de Psicologia. (2019). *Resolução CFP n. 06/2019*. Institui regras para a elaboração de documentos escritos produzidos pela(o) psicóloga(o) no exercício profissional e revoga a Resolução CFP n. 15/1996, a Resolução CFP n. 07/2003 e a Resolução CFP n. 04/2019. Brasília, DF: CFP.

Cruz, R. M. (2002). Perícia em Psicologia e laudo. In R. M. Cruz, J. C. Alchieri, & J. J. Sardá Jr. (Orgs.), *Avaliação e medidas psicológicas: Produção do conhecimento e da intervenção profissional* (pp. 263-274). São Paulo, SP: Casa do Psicólogo.

Cruz, R. M. (2020). Documentos psicológicos no contexto forense. In C. S. Hutz, D. R. Bandeira, C. M. Trentini, V. M. Lago, & S. Rovinski (Orgs.), *Avaliação psicológica no contexto forense*. Porto Alegre, RS: Artmed.

Frizzo, N. P. (2004). *Infrações éticas, formação e exercício profissional em psicologia.* (Dissertação de Mestrado, Universidade Federal de Santa Catarina). Recuperada de https://repositorio.ufsc.br/xmlui/handle/123456789/87647.

Lago, V. M., & Bandeira, D. R. (2013). *SARP: Sistema de Avaliação do Relacionamento Parental - Manual Técnico.* São Paulo: Pearson.

Lago, V. M., Yates, D. B., & Bandeira, D. R. (2016). Elaboração de Documentos Psicológicos: Considerações Críticas à Resolução CFP n. 007/2003. *Temas em Psicologia, 24*(2), 415-430.

Lourenço, A. S. & Shine, S. K. (2018). Problemáticas a enfrentar na escrita do laudo psicológico. In A. S. Lourenço, M. C. Ortiz, & S. K. Shine (Orgs.), *Produção de documentos em Psicologia: Prática e reflexões teórico-críticas* (pp. 47-64). São Paulo: Vetor.

Magalhães, S. M. (2003). *Avaliação e linguagem: Relatórios, laudos e pareceres.* São Paulo: Veras.

Noronha, A. P., Castro, N. R., Ottati, F., Barros, M. V. C., & Santana, P. R. (2013). Conteúdos e Metodologias de Ensino de Avaliação Psicológica: Um Estudo com Professores. *Paidéia, 23*(54), 129-139.

Peixoto, K. G, Eidt, H. B., Silva, L. P. P., Garcia, M. H. de M., & Rabuske, M. M. (2013). Perícia psicológica nas Varas de Família e nas Varas de Infância e Juventude de Santa Catarina: Análise de laudos psicológicos. *Revista de Administração Judiciária, 1*(1), 431-485.

Preto, C. R. S. & Fajardo, R. S. (2015). Laudo psicológico no Brasil: revisão da literatura com foco em estruturação e conteúdo. *Archives of Health Investigation, 4*(2), 40-52.

Preto, C. R. de S. (2016). *Laudo Psicológico.* Curitiba: Juruá.

Ribeiro, C. (2009). *A criança na justiça: Trajectórias e significados do processo judicial de crianças vítimas de abuso sexual intrafamiliar.* Coimbra: Almedina.

Rovinski, S. L. R. (2013). *Fundamentos da perícia psicológica forense.* São Paulo: Vetor.

Rovinski, S. L. R. (2016). Elaboração de documentos psicológicos no contexto forense. In S. J. L. Vasconcellos, & V. M. Lago (2016), *A Psicologia Jurídica e as suas interfaces: Um panorama atual* (pp. 28-49). Santa Maria: Editora da UFSM.

Rovinski, S. L. R., & Lago, V. M. (2016). Elaboração de documentos decorrentes da avaliação psicológica. In C. S. Hutz, D. R. Bandeira, C. M. Trentini, & J. S. Krug (2016), *Psicodiagnóstico* (pp. 172-183) Porto Alegre: Artmed.

Rovinski, S. L. R. & Pelisoli, C. (2019). *Violência sexual contra crianças e adolescentes: testemunho e avaliação psicológica.* São Paulo: Vetor.

Shine, S. K. (2003). *A espada de Salomão: A psicologia e a disputa de guarda de filhos.* São Paulo: Casa do Psicólogo.

Shine, S. K. (2009). *Andando no fio da navalha: Riscos e armadilhas na confecção de laudos psicológicos para a justiça.* (Tese de Doutorado, Instituto de Psicologia, Universidade de São Paulo). Recuperada de https://www.teses.usp.br/teses/disponiveis/47/47131/tde-25022010-100314/publico/sidney_tese.pdf.

Parte 2

O Uso do Sistema de Avaliação do Relacionamento Parental (SARP) nas perícias de Varas de Família

5. SISTEMA DE AVALIAÇÃO DO RELACIONAMENTO PARENTAL (SARP): UMA ALTERNATIVA PARA AS AVALIAÇÕES NAS VARAS DE FAMÍLIA

Vivian de Medeiros Lago
Helena Berton Eidt
Denise Ruschel Bandeira

Este capítulo objetiva introduzir a Seção intitulada "Sistema de Avaliação do Relacionamento Parental (SARP) e suas contribuições às avaliações em Varas de Família". Para tanto, iniciaremos com uma apresentação do SARP, seguida pela discussão de uma perícia de disputa de guarda em que o material foi utilizado. Nos capítulos seguintes serão discutidos temas específicos, como avaliação de crianças no contexto judicial litigioso, guarda compartilhada e alienação parental. Todas as temáticas trabalhadas serão ilustradas por meio da aplicação do SARP em perícias que envolveram esses assuntos.

Psicologia Jurídica é uma área em expansão, em que é possível evidenciar-se uma crescente demanda de trabalho na interface entre Psicologia e Direito de Família. Nesse contexto, são frequentes as solicitações de perícias que buscam o melhor interesse da criança e/ou adolescente, as quais podem abranger situações de disputa de guarda, de regulamentação do direito de convivência (visitas) e de alienação parental.

É importante que o psicólogo que realiza avaliações nesse contexto tenha conhecimentos de diferentes áreas, tais como: desenvolvimento infantil, psicopatologia e testagem psicológica. Além dos conhecimentos do campo psicológico, são necessários também os da área jurídica, como a terminologia e o rito processual (Rovinski, 2013). Sobre a metodologia empregada, o avaliador deve buscar informações com pais, filhos e outros cuidadores, a partir de múltiplas estratégias (Huss, 2011). Essas avaliações têm como objetivo subsidiar os operadores do Direito com informações acerca da dinâmica familiar que possam estar dificultando ou impedindo um acordo entre as partes.

As avaliações envolvendo famílias em litígio judicial são comumente complexas, e exigem uma individualização dos casos (Lanyon, 1986), especialmente em razão das diferentes configurações familiares com que nos deparamos atualmente. Diversos autores (Chasin & Grunebaum, 1981; Goldstein, Freud, & Solnit, 1973; Lago & Bandeira, 2008; Lanyon, 1986) apontam a importância de avaliar a qualidade dos relacionamentos entre os genitores e seus filhos. Nesse sentido, merecem destaque aspectos como o ajustamento da criança, a saúde mental dos pais e a motivação de cada um para seguir com o relacionamento pais-filhos (Karras & Berry, 1985).

Rovinski (2004) ressalta que o foco dessas avaliações deve estar na competência parental em relação ao filho, e não em características individuais dos genitores. A avaliação deve considerar a criança e o contexto da família. Conforme apontam Maciel e Cruz (2009), o conjunto dos cuidados e responsabilidades dos pais para com seus filhos é o que definirá a competência parental.

A tarefa de avaliar o relacionamento parental é bastante complexa, pois envolve diferentes aspectos de desenvolvimento dos filhos e das competências parentais. No Brasil, há uma carência de instrumentos desenvolvidos para uso no contexto forense, especificamente para situações de disputa de guarda, dado corroborado pelo estudo de Lago e Bandeira (2008). Considerando-se, então, a importância de avaliar a relação pais-filhos e a falta de procedimentos sistematizados para o contexto forense no Brasil, o Sistema de Avaliação do Relacionamento Parental (SARP) foi desenvolvido por Lago e Bandeira (2013)[30]. O instrumento visa a auxiliar psicólogos e assistentes sociais na avaliação da qualidade do relacionamento entre crianças e seus responsáveis, considerando situações de disputa de guarda e de regulamentação do direito de convivência em casos de perícias judiciais (Cattani & Eidt, 2016).

---

30 Para informações mais detalhadas sobre o material, o leitor pode consultar o manual disponível para venda: Lago, V. M. & Bandeira, D. R. (2013). *Sistema de Avaliação do Relacionamento Parental: SARP*. São Paulo: Casa do Psicólogo.

O SARP é um conjunto de técnicas, fundamentado nos pressupostos da Teoria Familiar Estrutural, que permite o acesso a fontes de informação diversas. Seu objetivo final é descrever a qualidade do relacionamento parental por meio da compatibilidade entre as competências dos responsáveis e as necessidades das crianças. O SARP é composto por pelo menos três técnicas: a Entrevista SARP, o protocolo de avaliação infantil *Meu Amigo de Papel*, e a Escala SARP. Além dessas técnicas, o profissional poderá utilizar, conforme a peculiaridade de cada caso, entrevista de anamnese, observação da relação pais-filho, visitas domiciliares, visitas à escola e também testes psicológicos (no caso do avaliador ser psicólogo).

A Entrevista SARP é uma entrevista semiestruturada aplicada individualmente aos responsáveis (genitores ou familiares) que estão disputando a guarda. Ela é composta por 32 questões, que buscam abranger as seguintes áreas: rotina da criança, escola e amigos, comunicação, rede de apoio, estabelecimento de limites, flexibilidade e comunicação entre os genitores, ajustes pós-separação e motivação para ficar com a guarda. O avaliador pode aprofundar cada área ou questão, conforme o caso, assim como poderá suprimir questões que julgue não relevantes para a análise da demanda.

O material utilizado com crianças engloba um livreto de apresentação do profissional e o protocolo de avaliação infantil *Meu Amigo de Papel*. O livreto contribui no *rapport*, uma vez que auxilia na explicação para a criança acerca do rito judicial, dos motivos da sua participação no processo avaliativo e do método a ser empregado na perícia. O *Meu Amigo de Papel* visa à coleta de informações semelhantes às da Entrevista SARP, porém por meio das crianças. Seu design foi desenvolvido para ser aplicado na faixa etária de 5 a 12 anos de idade. Possui o formato de uma cartilha, com desenhos de personagens coloridos em todas as páginas. É composto por dez atividades: Apresentação; Vamos brincar de contar histórias?; Sobre mim; Minha rotina; Minha vida; Minha família; Meus pais; Minhas preocupações; Planos para o futuro e Acolhimento final. O *Meu Amigo de Papel* é uma ferramenta de comunicação lúdica, por meio da qual se espera a participação da criança no processo de avaliação, não de forma a responsabilizá-la pelas decisões, mas para esclarecer-lhe sobre o processo e permitir que seus sentimentos sejam expressados.

A última etapa do trabalho é a pontuação da Escala SARP, a qual compreende oito dimensões do relacionamento parental: Relação interparental; Características afetivoemocionais; Cuidados básicos; Proteção frente a riscos reais; Sistema de normas e valores; Segurança emocional; Desenvolvimento da identidade e Educação e lazer. Cada dimensão é composta por itens (no mínimo dois), totalizando 26 questões que devem ser pontuadas pelo avaliador, a partir das informações coletadas por meio da Entrevista SARP (com ambos os responsáveis) e do *Meu Amigo de Papel*. A proposta de que a pontuação seja feita pelo próprio avaliador objetiva minimizar os riscos da desejabilidade social, característica comum em avaliações forenses. O avaliador pontua os 26 itens da escala para cada um dos responsáveis pela criança. As possibilidades de pontuação são: NA (não se aplica - 0), baixo (1), médio (2) ou alto (3) grau de adequação à relação parental. São calculadas as médias das pontuações dos itens de cada dimensão, as quais são transpostas para um gráfico que permite identificar visualmente quais áreas da relação pais-filhos estão bem atendidas, e quais estão deficitárias. O escore total da escala não é passível de interpretação.

O SARP foi publicado pela Pearson em 2013 e, desde então, estudos de validação têm sido desenvolvidos, pois se trata de um instrumento novo. A seguir, apresentaremos o SARP por meio de uma perícia psicológica de disputa de guarda, discutindo sua contribuição para a tomada de decisão do avaliador.

CONTEXTUALIZAÇÃO DO CASO

Um casal em processo de divórcio e suas duas filhas participaram da perícia psicológica que envolvia um litígio entre o casal pela guarda das crianças. Jorge[31], 36 anos, engenheiro, e Joana, 33 anos, empresária, não chegaram a um acordo sobre a guarda das filhas Olívia (10 anos) e Catarina (9 anos), pelo que recorreram à intervenção judicial para a tomada de decisão.

O caso foi encaminhado ao Serviço de Psicologia Judiciária pela Vara de Família, após recomendação de avaliação psicológica em Estudo Social. A perícia psicológica foi realizada por uma das autoras do presente artigo[32]. Jorge ingressou com pedido judicial de dissolução de união estável logo após

31 Os dados de identificação (nomes, profissões, cidades) utilizados neste artigo são fictícios, com o objetivo de garantir o anonimato dos participantes.

32 Os genitores foram consultados e concordaram com a divulgação dos dados obtidos por meio da perícia.

a separação do casal, motivado pela descoberta de relacionamento extraconjugal de Joana. No mesmo pedido, Jorge requereu a guarda das filhas, alegando a falta de condições de Joana para cuidá-las. A partir da inicial, o juiz concedeu a guarda provisória das meninas ao genitor e estabeleceu visitas da mãe às filhas em finais de semana quinzenais e em quartas-feiras alternadas. No mesmo despacho, o magistrado determinou a realização de Estudo Social. Como não encontrou questões socioeconômicas que justificassem a decisão pelo guardião mais competente, a assistente social recomendou a realização de avaliação psicológica.

O SARP foi o único instrumento utilizado nessa avaliação. Abrangeu as seguintes técnicas: entrevista de anamnese com a mãe e com o pai, individualmente; Entrevista SARP com ambos os genitores, também em momentos individuais; utilização do livreto de apresentação do profissional e aplicação do protocolo de avaliação infantil *Meu Amigo de Papel* com ambas as crianças, de forma individual; e pontuação da Escala SARP. Com Joana foi possível aplicar as técnicas em três momentos diferentes, sendo uma entrevista para o roteiro de anamnese e duas para a Entrevista SARP, com aproximadamente uma hora e meia de duração cada. Jorge, por sua vez, foi entrevistado em uma única ocasião, devido à limitação espacial apresentada (vivia em outra cidade). A perita, dessa forma, disponibilizou uma tarde para as entrevistas com Jorge e com as crianças. A avaliação do pai durou cerca de três horas, e a das meninas, em torno de 50 minutos cada.

RESULTADOS DA PERÍCIA

Os resultados obtidos por meio do SARP serão descritos de forma resumida, conforme as técnicas aplicadas a cada um dos avaliados. Após, será apresentado o gráfico da relação parental decorrente da pontuação da Escala SARP deste caso.

ENTREVISTA SARP COM A MÃE

Sobre a sua história com Jorge, contou que se conheceram enquanto frequentavam a universidade, por meio de amigos em comum. Logo começaram a namorar, e, como ela morava sozinha, ele passou a ficar bastante tempo com ela no local, até que se mudou. Com dois anos de namoro, ela engravidou, sem planejamento. Jorge, então, pediu que ela fosse morar com ele na casa de praia dos pais dele. Joana foi, mas disse que não se sentia bem no local, uma vez que não era a sua casa e que os pais dele, apesar de manterem bom relacionamento com ela, estavam sempre lá, o que a incomodava.

As brigas entre o casal deviam-se à insatisfação de Joana com a sua situação e com a falta de flexibilidade de Jorge para atender aos pedidos dela. Além da casa própria, Joana disse sempre ter tido o sonho de casar, com cerimônia religiosa e festa, mas que Jorge nunca deu importância a isso. Disse que Jorge não trabalhava e era dependente dos pais.

Depois de cinco anos no local e do nascimento das duas filhas, em 2006 eles se mudaram para a cidade natal de Joana, no interior do estado, onde Jorge conseguiu um emprego. Foram morar no sítio da família de Joana, que continuou ajudando o casal com moradia, transporte e alimentação. De acordo com ela, Jorge pagava apenas o colégio das crianças. Diante de todas essas decepções, Joana disse ter perdido a admiração por Jorge, o que prejudicou o seu relacionamento conjugal.

Somente em 2008 as meninas começaram a frequentar a escola; até então, ficavam sob os cuidados da mãe e da família materna, com quem mantinham contato diário. Em 2009, Joana montou um negócio com a mãe, e começou a trabalhar no período em que as meninas estavam na escola. Contou que era ela quem levava e buscava as filhas do colégio, frequentava reuniões, buscava os boletins.

Ela e Jorge começaram a se afastar, mas nunca haviam conversado sobre separação. Foi então que ela conheceu uma pessoa em 2011, com quem manteve o relacionamento extraconjugal que causou a separação do casal. Quando Jorge descobriu a traição, em fevereiro de 2012, prometeu que daria "até a última gota de sangue para tirar as meninas dela" (sic), segundo Joana. A briga entre eles foi bastante intensa, presenciada pelas meninas. Dessa forma, Joana disse que preferiu sair de casa naquela noite e dormir na sua mãe. Contou, porém, que retornou algumas horas depois, angustiada pelas meninas, mas não as encontrou em casa, uma vez que Jorge as havia levado para a casa de seus pais, onde permaneceu por uma semana.

Quando retornaram de viagem, Jorge a impediu de levar as meninas com ela. Assim, Joana passava o dia com as filhas, e ficava na casa até que elas dormissem. Após a determinação judicial de dias e horários para as visitas, no entanto, teve que restringir seus contatos com as filhas ao sistema estipulado. Segundo Joana, Jorge contou tudo a Olívia e Catarina sobre a briga do casal, ainda na viagem de ida à casa dos avós paternos. Ela estava preocupada com a maneira de abordar o assunto com as meninas e havia procurado uma psicóloga para orientá-la, mas Jorge antecipou-se e contou a elas da forma como entendeu melhor.

Jorge, de acordo com a entrevistada, fazia tentativas de afastá-la das filhas, o que a preocupava bastante, especialmente pelo sofrimento das meninas. Acreditava que esse era o objetivo dele – vingança – e disse que "assim como eu morri para ele, ele quer que eu morra para elas também" (sic). Disse ainda que ele não se mostrava flexível com relação às visitas, e que, no aniversário de Catarina, por exemplo, não permitiu que ela visse a filha. Joana afirmou que conseguia falar com o ex-companheiro por mensagens telefônicas, mas que, depois da mudança definitiva deles para a cidade natal de Jorge, a comunicação tornou-se mais difícil. Assim, tudo o que Joana sabia sobre a rotina das meninas na cidade onde viviam era contado por elas.

Na ocasião da entrevista, Joana reconheceu a importância da presença de Jorge na vida das meninas, e que elas gostavam muito dele. No entanto, acreditava ter melhores condições para cuidá-las, pois ele nunca havia se responsabilizado pelos cuidados com as meninas, como higiene, roupas, cabelos, educação. Disse que ele fazia o almoço muitas vezes, mas que o restante era ela quem tomava conta. Conversava muito com as filhas e disse que elas não esperavam essa mudança repentina de cidade, colégio, casa, e que estavam insatisfeitas com tal situação.

ENTREVISTA SARP COM O PAI

Jorge confirmou as informações de Joana sobre o início e o desenvolvimento do relacionamento entre os dois. Foram observadas algumas discordâncias, como com relação às despesas, uma vez que Jorge afirmou que arcava com tudo enquanto viviam juntos, com alguma ajuda da família de Joana. Jorge também disse que cuidava das meninas, especialmente quando eram pequenas, inclusive no que se refere à alimentação e à higiene. Contou que as brigas entre o casal se deviam ao fato de Joana mostrar-se sempre desanimada e insatisfeita com tudo, e que ele tentava agradá-la, sem sucesso.

Sobre a separação, disse que 2011 foi um ano bastante conturbado. Jorge contou ter atendido aos pedidos da companheira e iniciado a reforma da casa. No entanto, muitas coisas deram errado na obra, que não chegou a ser concluída. Joana, segundo ele, estava afastada, fria, diferente com ele e com as meninas. Quando descobriu que ela estava mantendo relacionamento extraconjugal, pediu que ela saísse de casa. As meninas presenciaram a briga, e Jorge contou a elas que a mãe tinha outro namorado. Depois, disse ter se arrependido, uma vez que elas fizeram muitas perguntas. Diante disso, Jorge apenas explicou que ele e Joana iriam se separar, mas que o afeto por elas continuaria o mesmo.

Jorge disse não mais ter confiança em Joana. Afirmou ter tentado promover o convívio entre as meninas e a mãe, mas que Joana as influenciava negativamente contra ele, o que causava sofrimento a elas. Dessa forma, resolveu cumprir apenas o que fora determinado judicialmente e passou a se comunicar com a ex-companheira somente por mensagens telefônicas. Contudo, disse que Joana, desde a separação, não o procurou para conversar sobre as filhas, ou para perguntar se estavam precisando de algo.

Acreditava que o melhor para as meninas fosse permanecerem com ele, uma vez que podia lhes dar maior estabilidade e tranquilidade. Contou sobre a rotina das crianças e disse ter passado 2012 cobrando delas maior independência, pois a mãe fazia tudo para elas, desde a higiene até a escolha das roupas. No período pós-separação, afirmou ter a ajuda de seus pais para cuidar delas, mas que a maioria das funções era de sua responsabilidade. Trabalhava no escritório montado na casa do pai dele, no turno em que as crianças estavam na escola. No restante do tempo passavam juntos, e considerava que já estavam adaptados à nova cidade e rotina.

MEU AMIGO DE PAPEL COM OLÍVIA, 10 ANOS

Mostrou-se ansiosa pela situação da entrevista, especialmente por acreditar que teria que decidir entre o pai e a mãe. Questionada sobre a sua rotina, preferiu contar sobre os finais de semana que passava junto à família materna, mas relatou situações de cuidados adequados por parte de ambos os genitores. Olívia mostrou sofrimento emocional em função da separação dos pais, da mudança de cidade, de colégio, e, especialmente, do distanciamento da mãe. Disse que não queria que isso tivesse acontecido e que gostaria de viver com a mãe, com quem se sentia mais à vontade, apesar de gostar muito do pai.

Sobre as suas preferências, entre outras, disse que gostava de viajar, de comer em lugares diferentes, de ganhar presentes e de dormir com os pais "agarradinhos". Também gostava da casa do pai e do apartamento da mãe, da avó e da bisavó maternas, de quem disse ter saudades. Falou de forma positiva do novo colégio. Questionada sobre a sua rotina, descreveu um dia com o pai e a família paterna, referindo-se à avó como principal cuidadora.

Nas atividades relacionadas à família, lembrou-se do dia da separação, que foi "bem ruim". Disse que o pai e a mãe tentaram explicar o que aconteceu, e que o pai as levou até a cidade dos pais dele, pois achou que elas iriam se acalmar, o que não aconteceu. Disse ter ficado muito preocupada com a mãe, assim como a irmã também ficou. Quando questionada sobre as mudanças na sua família, desenhou de um lado o pai viajando com elas, todos muito tristes. Do outro, a mãe chorando na casa da bisavó. Disse que a mãe sentia muito a falta das filhas, pois passavam os dias juntas, mesmo após a separação.

Acerca dos pais, disse que os dois estavam mais tranquilos na época da avaliação, mas tristes e preocupados com a decisão do juiz que ainda não havia sido tomada. Disse que não queria "se meter" nisso, pois, para ela, tanto fazia com quem iria morar. Comentou que os pais não perguntavam com quem ela queria morar. Mas afirmou que foi muito bom conversar sobre o assunto durante a avaliação. Quando tinha algum problema para resolver, Olívia procurava qualquer um dos genitores.

Temia que os pais brigassem sem que ela soubesse, por mensagens telefônicas, escondidos dela e da irmã. Disse que, quando eles se encontravam, "se olhavam com raiva". Queria que eles voltassem a viver juntos, "esse era o meu sonho". No entanto, se pudessem ser amigos, também ficaria feliz.

MEU AMIGO DE PAPEL COM CATARINA, 9 ANOS

Contou sobre a sua rotina junto ao pai e mostrou-se satisfeita vivendo com ele. Mencionou a avó paterna como responsável por grande parte de seus cuidados e presente diariamente na vida da família. Disse que sentia falta da mãe, da avó e da bisavó, e gostava muito das visitas à família materna. Contou sobre situações em que recebeu limites por parte dos genitores, bem como manifestações de afeto.

Acerca da separação dos pais, mostrou preocupação com os sentimentos deles, especialmente no que se refere à disputa de guarda. Sentiu-se aliviada por entender que não precisaria escolher entre os genitores, e que essa decisão caberia ao juiz. Gostaria que os pais retomassem o relacionamento conjugal, ou mesmo que pudessem ser amigos, e disse que sentiria a falta do genitor não guardião, independente de quem fosse. Dessa forma, disse que qualquer decisão será "boa e ruim ao mesmo tempo".

Sobre as suas preferências, Catarina contou gostar de passear com os pais, viajar, ir ao parque de diversões e ao cinema. Ao ser questionada sobre a sua rotina, perguntou se poderia escrever sobre o final de semana. Descreveu um dia com a mãe e a família materna, referindo-se à genitora como principal cuidadora.

Nas atividades direcionadas à família e aos pais, Catarina desenhou o prédio da mãe e a casa do pai, e contou que eles haviam se separado. Disse que não gostaria que isso tivesse acontecido. Afirmou que o pai estava com raiva do que aconteceu, mas disse que não ficava falando com elas sobre isso. Disse ter pena da mãe e que ela contou que conheceu "um outro cara", o que motivou a separação. Sobre as suas preocupações, disse ter medo de ficar na cidade do pai e "dar tudo errado", ou seja, não gostar do colégio, das pessoas e sentir falta da mãe.

PONTUAÇÃO DA ESCALA SARP

A pontuação da Escala SARP foi feita a partir dos dados obtidos por meio das entrevistas com os genitores e da aplicação do *Meu Amigo de Papel* com as meninas. O gráfico abaixo ilustra as médias das pontuações dos itens de cada dimensão da escala. É possível observar que as médias dos escores obtidos revelaram-se bastante semelhantes para ambos os genitores. A seguir, serão apresentados comentários e justificativas para as médias das pontuações de cada uma das dimensões do relacionamento parental avaliadas pelo SARP. Ressalta-se que a análise da pontuação está embasada no referencial teórico contido no manual do SARP (Lago & Bandeira, 2013).

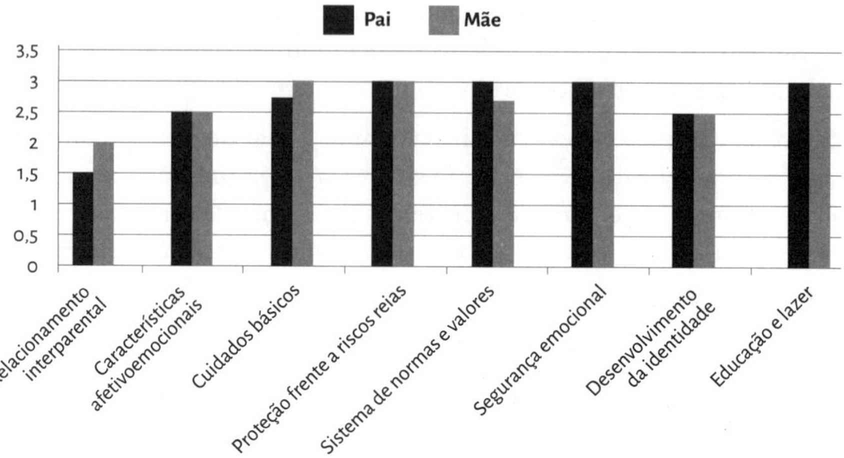

Relacionamento Interparental: antes da separação, não havia conflitos significativos, apenas a insatisfação de Joana com o que chamou de falta de ambição de Jorge. No entanto, ambos dividiam despesas e os cuidados com as crianças. Com a descoberta do relacionamento extraconjugal de Joana, houve uma grande briga entre o casal, na presença das crianças, o que deixou as meninas extremamente assustadas. Joana deixou a casa da família e Jorge foi embora com as filhas para a cidade dos pais. Após tal conflito, Jorge rompeu a comunicação com Joana, conseguiu a guarda das meninas e passou a tomar decisões acerca da rotina das filhas sem consultar a ex-companheira (por exemplo, a mudança de cidade e de escola). Também mostrou tentativas de dificultar os contatos entre mãe e filhas (não flexibilizava horários e dias de visitas, nem mesmo em datas festivas). A partir do ressentimento de cada um pela recente separação, acabavam desqualificando o outro genitor para as filhas. Contudo, essas atitudes não chegavam a prejudicar a imagem parental que as meninas tinham de cada um dos genitores, pois expressavam afeto preservado por ambos.

Dentre os itens que compõem a dimensão *Relacionamento Interparental*, os que causaram a maior divergência na pontuação de Jorge e Joana dizem respeito à comunicação entre os genitores e à flexibilidade em relação aos contatos do filho com o outro responsável. Esses aspectos integram o exame da coparentalidade após o divórcio, proposto por Ahrons (1981). A comunicação engloba a interação coparental para tratar de assuntos que dizem respeito aos filhos e, também, a própria atmosfera interparental (Lago &

Bandeira, 2013). Nesse caso, esses itens estavam bem prejudicados, especialmente por parte de Jorge, que não se mostrava disposto a conversar com Joana ou, menos ainda, flexibilizar as possibilidades de contato entre mãe e filhas.

Características Afetivoemocionais: ambos estavam muito envolvidos com o próprio sofrimento, natural à situação de separação conjugal, com a diminuição da sua capacidade de perceber as necessidades das filhas. Assim, os dois revelaram-se muito afetivos e faziam esforços para que as duas se sentissem bem, não somente em razão da disputa judicial da guarda. Foi possível perceber que embora houvesse interferência do estado emocional dos pais na relação com as meninas, eles conseguiam manifestar afeto pelas filhas, cumprindo com suas responsabilidades de nutrição, orientação e controle, conforme aponta Minuchin (1982).

Cuidados Básicos: no período anterior à separação, era Joana quem tomava conta dos cuidados diários das filhas, mais que o pai. Depois, como se tornou o guardião, Jorge assumiu tal responsabilidade. Joana tentava a aproximação diária das filhas, mas viu-se impossibilitada após a mudança de cidade do pai. Ambos conheciam bem a rotina das meninas e mostravam-se comprometidos com o sustento das mesmas.

A análise dos itens dessa dimensão permitiu identificar um bom comprometimento por parte de ambos os genitores (guardião e não guardiã) diante das necessidades de cuidados básicos. Conforme destacam Lamb, Stemberg e Thompson (1997), a participação diária dos genitores nas atividades básicas dos filhos permite que eles permaneçam desempenhando papéis psicologicamente importantes para seus filhos. No caso de Joana, mesmo não estando tão presente em virtude da distância entre as cidades, a periciada mostrou-se envolvida e conhecedora dos hábitos diários das filhas.

Proteção frente a riscos reais: ambos se mostraram protetivos com relação às meninas, sem queixas da existência de riscos em qualquer contexto. As meninas tampouco referiram situações de risco. Por meio dessa dimensão, é possível identificar que Jorge e Joana cumprem seus papéis de cuidadores, o que é apontado por Maciel e Cruz (2009) como um dos mais importantes fundamentos da vida humana, uma vez que a partir dele que se aprende a cuidar e ser cuidado, o que se reflete nas relações interpessoais.

Sistemas de normas e valores: foi possível identificar adequação por parte de ambos nas questões referentes a limites e regras bem estabelecidos. No item "transmissão de valores", Joana obteve uma média da pontuação ligeiramente mais baixa, em razão de sua traição conjugal. Conforme apontam Minuchin e Fishman (2003), os filhos veem nos pais um modelo para suas relações íntimas, por meio de suas formas de expressar afeto, de se relacionar com um parceiro em momentos de dificuldade e de lidar com conflitos, questões que se tornarão parte de seus valores e expectativas. Portanto, a situação da traição foi entendida como um comportamento materno que prejudicou a pontuação no item "transmissão de valores", em que a Escala SARP indica que "comportamentos que evidenciem desrespeito ou transgressão às normas sociais justificam um prejuízo nesse item".

Segurança emocional: ambos os genitores obtiveram pontuação máxima nessa dimensão. Pode-se perceber que, embora os conflitos no subsistema conjugal persistissem, as filhas sentiam-se seguras e desejavam estar na companhia dos pais, indicativos importantes de segurança emocional (Lago & Bandeira, 2013).

Desenvolvimento da identidade: Jorge e Joana tiveram suas pontuações prejudicadas nessa dimensão, por motivos diversos. A mãe, por não estimular a independência das filhas, no sentido de fazer por elas muitas atividades que elas já teriam aptidão para fazer. O pai, por sua vez, logo após conseguir a guarda das filhas, exigiu maior independência, não mostrando respeito a essa fase das crianças e ao sofrimento pelas inúmeras mudanças ocorridas após a separação. Nichols e Schwartz (2007) destacam a importância de a criança adquirir autonomia, o que depende diretamente da colaboração dos genitores, que devem permitir tal independência.

Educação e lazer: os genitores obtiveram pontuação máxima nessa dimensão. Considerando proporcionalmente o tempo de convivência de cada um com as filhas, ambos revelaram participar das atividades escolares e de lazer das meninas. Diversos estudos (Amato & Gilbreth, 1999; Hill & Taylor, 2004; Pelegrina, García-Linares, & Casanova, 2003) mencionam a relação entre a participação dos pais nas atividades da escola com a dedicação e o desempenho dos filhos nos estudos, itens importantes para a avaliação do relacionamento parental.

CONTRIBUIÇÕES DO SARP PARA A CONCLUSÃO DA PERÍCIA

Após a apresentação do SARP por meio de uma perícia de disputa de guarda, serão discutidos aspectos que se destacaram na aplicação do instrumento e, a seguir, elementos relevantes para a conclusão da perícia. No caso apresentado, o SARP foi o único instrumento utilizado pela perita por duas principais razões: em primeiro lugar, não se tratava de uma situação de risco para as crianças, uma vez que não havia indícios da presença de abuso de substâncias ou de doença mental em qualquer dos genitores. Além disso, não foram identificadas situações de violência intrafamiliar que justificassem a utilização de outras técnicas. A demanda principal era a disputa de guarda entre os genitores após conturbada separação conjugal. Em segundo lugar, havia a limitação geográfica, pois o genitor guardião e as crianças dispuseram-se a submeter-se à avaliação em comarca distante de sua residência. Dessa forma, foi preciso utilizar o tempo disponível (uma tarde), a fim de evitar novos deslocamentos entre uma cidade e outra, o que demandava cerca de oito horas de viagem entre ida e volta.

Diante de tal contexto, foi possível ter apenas um contato com Jorge e as meninas, quando foram aplicadas as três técnicas que compõem o SARP (Entrevista SARP, *Meu Amigo de Papel* e posterior pontuação da Escala SARP), além do roteiro de anamnese com o pai. Com relação ao *Meu Amigo de Papel*, algumas atividades foram excluídas em função do tempo escasso, como "Minha Vida" e "Planos para o futuro". No total, foi despendido o mesmo número de horas para avaliar cada genitor (cerca de três horas com cada um), sendo que Jorge foi entrevistado uma única vez e Joana em três momentos diferentes. Não houve prejuízo para as crianças, já que estas foram avaliadas durante aproximadamente uma hora cada uma, tempo médio de aplicação do protocolo infantil. Para os adultos, no entanto, é possível afirmar que a entrevista com Jorge foi bastante cansativa, haja vista o período de viagem e o longo tempo de exposição à avaliação. Apesar disso, as questões da Entrevista SARP foram igualmente realizadas com ambos os genitores, com a flexibilidade que o instrumento permite.

A fim de garantir a igualdade de condições de avaliação de ambos os genitores, optou-se por não entrevistar colaterais e outros familiares. Havia maior facilidade de acesso à rede de apoio de Joana, uma vez que esta se encontrava na mesma cidade onde ocorreu a avaliação. Entretanto, os amigos e familiares de Jorge teriam maior dificuldade para comparecerem às entrevistas com a perita. Pelo mesmo motivo de localização geográfica, as observações da relação entre pais e filhas (sugeridas no Manual Técnico do SARP) também não foram realizadas, e a avaliação restringiu-se às entrevistas individuais com os genitores e com as crianças.

Nesse sentido, é válido destacar a importância de o avaliador manter não somente a imparcialidade diante dos periciados, como também o rigor com relação aos procedimentos utilizados. Considerando-se que a subjetividade do profissional integra o processo avaliativo, é necessário atentar ao princípio ético da igualdade, ou seja, manter o mesmo grau de exigência quando da análise dos dados de ambos os genitores que disputam a guarda. Para tanto, é importante que os procedimentos sejam uniformes, viabilizando iguais oportunidades de fornecimento de informações.

Em relação à participação das crianças na avaliação, destaca-se a importância do protocolo infantil *Meu Amigo de Papel* para a elucidação do caso. O livreto de apresentação serviu como facilitador do acesso da perita às crianças, por meio da explicação dos objetivos da avaliação, mas também como esclarecedor acerca da participação das meninas na disputa judicial. Catarina e Olívia estavam muito preocupadas em terem que decidir entre o pai e a mãe, uma vez que gostam dos dois e que, se pudessem, escolheriam viver com ambos. Com a leitura do livreto, as meninas mostraram e relataram o alívio em não precisarem optar por um dos genitores, ao mesmo tempo em que puderam expressar seus sentimentos e opiniões sobre o assunto nas atividades propostas pela técnica.

O *Meu Amigo de Papel* mostrou-se uma técnica de fácil compreensão para as meninas, e lhes possibilitou falar de sentimentos com relação à separação dos pais, sem a pressão da responsabilidade pela disputa de guarda. Pôde-se confirmar, através das atividades propostas, a vinculação afetiva de Catarina e Olívia com o pai e a mãe, e especialmente a falta que a mãe fazia em suas rotinas. As meninas falaram sobre as muitas mudanças recentes em sua vida, seus medos com relação ao futuro e suas preocupações com os genitores na fase pós-separação. Ao final, quando questionadas pelo pai sobre o que as havia deixado tão felizes e diferentes após a entrevista, ambas responderam que foi o *Meu Amigo de Papel*.

A análise dos dados fornecidos por todos os entrevistados permitiu a pontuação da Escala SARP, cujos resultados foram apresentados previamente. Constatamos que os genitores possuíam muitas semelhanças quanto às competências e limitações para cuidarem das filhas, visto que as médias das pontuações das dimensões do SARP mostraram-se bem próximas. Com a dissolução da união conjugal, motivada pelo relacionamento extraconjugal de Joana, ambos estavam bastante desorganizados do ponto de vista emocional para atenderem às necessidades das crianças.

A principal diferença foi identificada na dimensão Relacionamento *Interparental*, uma vez que Jorge tentava dificultar a aproximação da mãe com as filhas e tomava decisões importantes para a vida das crianças sem consultá-la. A análise dessa dimensão permitiu concluir pela contraindicação da guarda compartilhada para essa família. A obstaculização do contato entre mãe e filhas, aliado ao prejuízo no exercício da coparentalidade são fatores que contribuem para a inviabilidade prática do compartilhamento da guarda.

Outro item que merece uma observação é o de Transmissão de *valores*, da dimensão *Sistema de normas valores*. Embora Joana tenha apresentado um escore inferior a Jorge nesse item e, consequentemente, sua média de pontuação apresentou-se ligeiramente inferior, esse fato não se revelou como prejudicial à relação mãe-filhas. Importante relembrar que os diversos itens que compõem a Escala SARP dizem respeito aos elementos que integram o construto Relacionamento Parental e, nesse caso, a transmissão de valores faz parte do processo avaliativo desse construto. Destaca-se a importância de uma análise qualitativa dos itens da escala, e não meramente a pontuação e cálculo das médias. A combinação das análises quantitativa e qualitativa enriquece a compreensão dinâmica do caso.

A análise dos itens da Escala SARP possibilitou identificar a clara importância da presença de Joana na rotina diária das meninas e a interferência do conflito conjugal no relacionamento entre Jorge e as filhas. O SARP também permitiu concluir com maior segurança sobre a semelhança entre os genitores no que diz respeito ao relacionamento parental. Ambos demonstraram maior número de dimensões satisfatórias que deficitárias, e capacidade para atenderem às necessidades das crianças de forma adequada.

Assim sendo, o laudo psicológico concluiu pela importância da presença de ambos os genitores na rotina das crianças. O trecho a seguir, retirado da conclusão do laudo psicológico, explicita o raciocínio da perita após a utilização do SARP:

> Diante do exposto, conclui-se que, do ponto de vista psicológico, Joana e Jorge demonstram competência parental preservada e, assim, condições para cuida-

> rem das filhas. Os conflitos entre eles dizem respeito somente ao rompimento de seu relacionamento conjugal; dessa forma, Joana, e muito menos as crianças, podem ser punidas pelos acontecimentos que causaram o fim da união entre o casal. Assim, considerando o exposto pelas meninas, recomenda-se a permanência das filhas junto à genitora, com a determinação de visitas frequentes ao pai.

Em consulta ao processo, posteriormente à entrega do laudo, observou-se que o juiz, de certa forma, emitiu decisão compatível com o que fora colocado no laudo, e concedeu a guarda das crianças à genitora. O pai, no entanto, recorreu da decisão à instância superior, o que gerou o desdobramento do litígio judicial.

CONSIDERAÇÕES FINAIS

O presente capítulo objetivou a apresentação de um caso de disputa de guarda em que o instrumento utilizado para a avaliação psicológica pericial foi o Sistema de Avaliação do Relacionamento Parental (SARP). Trata-se de um método de avaliação recente, que integra técnicas de entrevista e a sistematização das informações coletadas a partir de diferentes fontes em uma escala. É preciso ainda desenvolver novos estudos, que demonstrem evidências de validade e busquem corroborar a importância do SARP nos contextos forense e clínico. Novas adaptações do material também estão sendo construídas, como sua versão para avaliações envolvendo perda do poder familiar (Eidt, 2015) e também o *Meu Amigo de Brinquedo*, técnica que substitui o *Meu* Amigo de *Papel* para a utilização com crianças de 3 a 5 anos de idade (Cattani, 2015).

No caso específico abordado neste capítulo, o SARP contribuiu de forma a avaliar a qualidade do relacionamento parental pai-filhas e mãe-filhas, identificando situações muito semelhantes entre ambos os genitores. Permitiu, contudo, pontuar as deficiências nesses relacionamentos e compreender o porquê desses prejuízos. O conjunto dessas informações proporcionou mais segurança à perita do caso para a redação de seus achados e sua consequente conclusão.

Por fim, resta observar que, embora tenha sido desenvolvido considerando as situações forenses de disputa de guarda e regulamentação do direito de convivência, o SARP não é uma metodologia de uso exclusivo da Psicologia Jurídica. Destina-se à avaliação da qualidade da relação entre responsáveis e crianças, podendo ser utilizado no contexto clínico em razão de sua flexibilidade quanto às técnicas (possibilidade de suprimir e/ou acrescentar questões).

REFERÊNCIAS

Ahrons, C. R. (1981). The continuing coparental relationship between divorced spouses. *American Journal of Orthopsychiatric, 51*(3), 415-428.

Amato, P. R., & Gilbreth, J. G. (1999). Nonresident fathers and children's well-being: A meta-analysis. *Journal of Marriage and the Family, 61*, 557-573.

Cattani, B., & Eidt, H. B. (2016). Sistema de Avaliação do Relacionamento Parental (SARP). *Psico-USF (online), 21*(1), 197-200.

Chasin, R. & Grunebaum, H. (1981). A model for evaluation in child custody disputes. *American Journal of Family Therapy, I*, 43-49.

Eidt, H. B. (2015). *Avaliações de perda do poder familiar: práticas no contexto brasileiro e utilização do Sistema de Avaliação do Relacionamento Parental (SARP).* (Dissertação de Mestrado, Universidade Federal do Rio Grande do Sul). Recuperada de http://www.bibliotecadigital.ufrgs.br/da.php?nrb=001005427&loc=2017&l=6743ca2d21215c42.

Goldstein, J.; Freud, A. & Solnit, A. J. (1973). *Beyond the best interests of the child.* New York: Free Press.

Hill, N. E., & Taylor, L. C. (2004). Parental school involvement and children's academic achievement. *American Psychological Society, 13*(4), 161-164.

Huss, M. (2011). *Psicologia Forense: pesquisa, prática clínica e aplicações.* Porto Alegre: Artmed.

Karras, D. & Berry, K. K. (1985). Custody evaluations: a critical review. *Professional Psychology: Research and Practice, 16*, 76-85.

Lago, V. M., & Bandeira, D. R. (2008). As Práticas em avaliação psicológica envolvendo disputa de guarda no Brasil. *Avaliação Psicológica, 7*(2), 223-234.

Lago, V. M., & Bandeira, D. R. (2013). *Sistema de Avaliação do Relacionamento Parental: SARP.* São Paulo: Casa do Psicólogo.

Lamb, M. E., Sternberg, K., & Thompson, R. A. (1997). The effects of divorce and custody arrangements on children's behavior, development, and adjustment. *Expert Evidence,* 5(1), 83-88.

Lanyon, R. (1986). Psychological assessment procedures in court-related settings. *Professional Psychology: Research and Practice, 17*, 260-268.

Maciel, S. K., & Cruz, R. M. (2009). Avaliação psicológica em processos judiciais nos casos de determinação de guarda e regulamentação de visitas. In S. L. R. Rovinski & R. M. Cruz (Orgs.), *Psicologia Jurídica: perspectivas teóricas e processos de intervenção* (pp. 45-54). São Paulo, SP: Vetor.

Minuchin, S. (1982). Um modelo familiar. In S. Minuchin, *Famílias: funcionamento e tratamento* (pp. 52-69). Porto Alegre, RS: Editora Artes Médicas.

Minuchin, S., & Fishman, C. (2003). *Técnicas de Terapia Familiar.* Porto Alegre, RS: Artes Médicas.

Nichols, M. P., & Schwartz, R. C. (2007). Terapia familiar estrutural. In M. P. Nichols, & R. C. Schwartz, *Terapia Familiar: conceitos e métodos* (pp. 181-204). Porto Alegre, RS: Artmed.

Pelegrina, S., García-Linares, M. C., & Casanova, P. F. (2003). Adolescents and their parents' perceptions about parenting characteristics. Who can better predict the adolescent's academic competence? *Journal of Adolescence, 26,* 651-665.

Rovinski, S. L. R. (2004). *Fundamentos da Perícia Psicológica Forense.* 1ª ed. São Paulo: Vetor.

Rovinski, S. L. R. (2013). *Fundamentos da Perícia Psicológia Forense.* 3ª ed. São Paulo: Vetor.

Yin, R. K. (2001). *Estudo de Caso: Planejamento e Métodos.* 2ª ed. Porto Alegre: Bookman.

6. AVALIAÇÃO DE CRIANÇAS NO CONTEXTO JUDICIAL LITIGIOSO

Beatriz Cancela Cattani

INTRODUÇÃO

Ao contrário do que acontecia nos tribunais até meados dos anos 1980, hoje cada vez mais se reconhece a importância da participação efetiva de crianças em perícias psicológicas em que há disputa de guarda e/ou regulamentação de visitas. No passado, acreditava-se que a melhor forma de proteger a criança era mantê-la o mais distante possível do conflito judicial entre seus genitores, visto que se considera este um momento de risco para sua saúde emocional (Parkinson & Cashmore, 2008).

O contexto atual, porém, apresenta uma nova forma de perceber a inclusão da criança. Havia, já no Código de Processo Civil (CPC) de 1979 e no decreto n. 99.710/90, que promulga a Convenção sobre os Direitos da Criança, a prevalência do princípio do melhor interesse da criança. Não há, na literatura, uma definição exata do que seria o melhor interesse da criança (Lago & Bandeira, 2016), mas em minha prática com situações litigiosas envolvendo crianças, sempre considero que, ao dar espaço para sua participação na perícia, seja por meio de entrevista semiestruturada ou entrevista lúdica, já estou pensando no seu melhor interesse. Tanto na Constituição Federal (Capítulo VII, art. 227) (Brasil, 1988), quanto no Estatuto da Criança e do Adolescente (Brasil, 1990), há orientações que apontam no sentido do princípio do melhor interesse da criança.

Assim, acredita-se que poder escutar a opinião dos meninos e meninas é fundamental para auxiliar o profissional na execução de seu trabalho como psicólogo perito. Pesquisas qualitativas reforçam que mesmo crianças pequenas são capazes de fornecer valiosas informações sobre sua vida diária

(Irwing & Johnson, 2005). Parkinson e Cashmore (2008), em uma pesquisa com um grupo de advogados americanos, apontaram que 55% dos profissionais consideravam que a importância a ser atribuída aos pontos de vista das crianças dependia da idade e da extensão da influência dos genitores sobre elas. O que diferenciava, na visão de tais profissionais, era o grau de maturidade da criança e sua capacidade de ter opiniões independentes das dos pais.

Minha prática profissional, tanto em contexto clínico quanto na esfera forense, aponta na mesma direção. As crianças anseiam por serem escutadas e têm opinião sobre os responsáveis por seus cuidados. Ainda, quanto mais velha a criança, mais ela consegue mostrar para o profissional o que deseja que aconteça com ela.

Quase 40 anos depois da primeira edição do CPC, percebe-se um enorme avanço na valorização da escuta de crianças em tais situações legais e de sua inclusão em perícias psicológicas, mas um número irrisório de instrumentos específicos desenvolvidos para avaliar crianças. O profissional acaba por lançar mão de técnicas psicológicas de caráter clínico, como entrevistas semiestruturadas, que por vezes dificultam sua aproximação das crianças, ainda mais quando estas são pré-escolares.

Ainda, quando se trabalha com crianças em áreas distintas da área forense, como na clínica ou na pesquisa, inevitavelmente surgem questionamentos acerca das peculiaridades de tal trabalho. De que forma o que a criança está falando traduz a realidade dela e não é fruto de fantasias? Como conhecê-la melhor? Como melhor coletar informações sobre sua vida, rotina e cotidiano? Como conquistar sua colaboração no trabalho? São muitos os questionamentos. Irwin e Johnson (2005), em uma pesquisa etnográfica que incluía a perspectiva de crianças de seis anos, postularam, por exemplo, que conseguir manter crianças sentadas e respondendo às perguntas foi raro durante o trabalho.

Nos contextos forenses, tais dúvidas são ainda mais frequentes. É comum que crianças compareçam à perícia angustiadas, temendo que suas opiniões sejam definitivas para guiar os rumos do processo. Se desconforto e angústia são comuns em adultos que compreendem melhor o que está acontecendo, as crianças podem apresentar tais sensações de forma mais destacada (já entrevistei uma criança que tremia intensamente e, ao questioná-la se estava com frio, recebi como resposta: "não, é nervosismo"). Alguns podem, inclusive, acreditar que devem manifestar com qual genitor desejam ficar, gerando ambivalência e medo de perder o amor de um genitor em detrimento do outro.[33] Assim, poderão se colocar mais afastados em relação ao profissional, exprimindo uma postura não colaborativa. Em minha experiência, já presenciei tanto crianças afirmando, de forma tranquila e assertiva, que desejavam residir com um genitor específico, quanto crianças ansiosas e assustadas, oscilando entre comentários positivos e negativos sobre os genitores, mas sem exprimir um posicionamento claro. Assim, o profissional deve estar preparado para as inconstâncias e imprevistos do trabalho com essa população específica, até porque não há como garantir que a conduta de todas as crianças com as quais se está trabalhando seja a mesma (Delval, 2002).

Considerando as peculiaridades desse tipo de avaliação, é fundamental que o profissional estabeleça, desde o princípio, uma relação amistosa e agradável com a criança, desenvolvida através de um *rapport* claro, mas ao mesmo tempo informativo. Sua escuta deve ser atenta para poder compreender a fala da criança, sem deixar de perceber sutilezas de sua postura e comportamento. Em um caso no qual atuei como perita, a criança, ao cruzar com o pai no corredor (genitor não guardião), apresentou postura fria e distante, abraçando-o desinteressadamente. Compreendo que esse menino estava me fornecendo, de forma indireta, informações importantes com aquele abraço sem vontade. Poder utilizar esse tipo de dado na entrevista com a criança aumenta as chances de compreender a situação pela qual a criança está passando.

Mesmo assim, acredito que o profissional não pode deixar sua posição de avaliador de lado, sempre com olhar crítico e investigativo. Sua compreensão dos fatos e posterior escrita do laudo subsidiará o trabalho do juiz. Ainda, a utilização de testes psicológicos deve seguir as orientações do Código de Ética Profissional do Psicólogo. Esse material dispõe sobre a necessidade do profissional escolher testes que estejam autorizados para o uso e dispostos no site do Satepsi (Sistema de Avaliação de Testes Psicológicos).

33 Em casos de suspeita de alienação parental, tais posturas podem ser mais comuns. Para maiores aprofundamentos, sugiro a leitura do Capítulo 8 – Contribuições do SARP para avaliação da alienação parental.

A PERÍCIA PSICOLÓGICA COM CRIANÇAS

Para se trabalhar com crianças, primeiramente é fundamental que o profissional tenha conhecimento sobre aspectos do desenvolvimento infantil típico. Compreender os marcos do desenvolvimento, bem como aspectos afetivos e sociais, permitirá que o perito possa realizar uma compreensão dinâmica e aprofundada do material que será coletado, seja ele resultado de testagem psicológica, de respostas de entrevistas, de observação da brincadeira ou da interação com os genitores.

Rovinski (2005) argumenta que, após a entrevista com os genitores, deve partir-se para a avaliação da(s) criança(s). Esse momento serve para se coletar, com a(s) criança(s), dados sobre sua(s) rotina(s) com cada um de seus pais, bem como a qualidade do relacionamento estabelecido entre eles.

A literatura aponta que crianças pequenas tendem a apresentar uma maior resistência para interagir com terapeutas adultos, a não ser que seja estabelecida uma forte aliança terapêutica por meio da brincadeira (Schaefer, 2014). Mesmo o profissional em questão não sendo o terapeuta da criança, e sua escuta sendo mais investigativa do que clínica, a relação que se estabelece na sala, durante a avaliação, se assemelha ao contexto citado pelo pesquisador. Ainda, crianças pequenas tendem a apresentar maior desconforto em entrevistas face a face (Eder & Fingerson, 2001). Assim, fica claro que o profissional precisa adequar sua metodologia de trabalho ao se deparar com crianças envolvidas em situações litigiosas. O brincar e a entrevista lúdica são vistos como forma de acessar o mundo da criança avaliada, muitas vezes resistente e amedrontada pelas dificuldades que a levaram a estar em avaliação. Quando avalio crianças, tenho à disposição tanto os materiais que compõem o Sistema de Avaliação do Relacionamento Parental (SARP)[34], quanto brinquedos variados e materiais gráficos.

Também é importante estar atento para a forma como informações trazidas pela criança durante a avaliação são manifestadas. Estas podem ser espontâneas, nas quais a criança naturalmente fornece informações sobre

34 Mais informações sobre o SARP podem ser encontradas no Capítulo 5 – Sistema de Avaliação do Relacionamento Parental (SARP): uma alternativa para as avaliações nas Varas de Família. Sobre o protocolo infantil *Meu Amigo de Papel*, ao longo deste capítulo serão fornecidas mais informações.

sua realidade, ou "robóticas", como se tivesse sido orientada a dizer alguma coisa para o profissional. Considerando o contexto belicoso existente entre as partes, por vezes a criança pode ter sido orientada a dizer frases ou trazer dados que irão difamar ou enaltecer a imagem de um genitor específico ou seu atual cônjuge. Na prática diária, é comum identificar situações nas quais as crianças utilizaram termos fora do esperado para sua faixa etária (uma criança de 7 anos chamou o atual companheiro da mãe de "bêbado", mas não soube explicar o que significava tal palavra ao ser questionada).

Sobre o contrato de sigilo, da mesma forma como é feito com adultos, à criança deve ser informado que os dados obtidos na entrevista farão parte de um documento (laudo) que será entregue ao juiz. Dessa forma, não podemos, como em outras modalidades de avaliação psicológica, prometer sigilo total daquilo que for dividido conosco. A criança deve saber que sua participação no processo é fundamental e que sua opinião e desejo serão considerados. Porém, a decisão sobre o desfecho do processo será tomada pelo juiz, sendo o perito alguém que fará recomendações baseado naquilo que acreditar ser o melhor para a criança, que podem ou não serem seguidas pelo magistrado.

AVALIANDO CRIANÇAS DE 5 A 12 ANOS

Objetivando qualificar o trabalho dos profissionais que atuam com perícias que envolvem crianças pré-escolares e escolares, pesquisadores têm desenvolvido instrumentos que auxiliam na coleta de informações de filhos de casais em litígio. O Grupo de Estudo, Aplicação e Pesquisa em Avaliação Psicológica (GEAPAP), da Universidade Federal do Rio Grande do Sul (UFRGS), desenvolveu dois instrumentos voltados para o público infantil a serem utilizados prioritariamente no contexto forense.

O primeiro, um protocolo já publicado pela Editora Pearson, faz parte do Sistema de Avaliação do Relacionamento Parental (SARP), intitulado *Meu Amigo de Papel* (Lago & Bandeira, 2013). O material é comercializado como parte integrante do SARP, mas pode ser adquirido e utilizado de forma isolada, caso o profissional assim o prefira. Em formato de cartilha com 10 páginas tamanho A4, ele é bastante colorido e lúdico, tendo desenhos e personagens em todas as páginas e contendo 10 atividades (Apresentação do protocolo; Vamos brincar de contar histórias?; Sobre mim; Minha rotina; Minha vida; Minha família; Quem cuida de mim; Minhas preocupações;

Planos para o futuro; e texto de fechamento). O *Meu Amigo de Papel* termina com um texto de acolhimento, que tem a função de explicar para a criança brevemente a separação de seus pais, bem como situar seu papel nesse processo. O avaliador fica livre tanto para questionar informações complementares em qualquer uma das atividades que considere importante quanto para anotar observações importantes durante o atendimento. Sugere-se que o profissional faça anotações durante toda a entrevista com a criança (no próprio *Meu Amigo de Papel*, se a criança desejar, ou em uma folha separada), a fim de não perder dados que irão compor o laudo.

O protocolo recebeu o nome de *Meu Amigo de Papel* por compreender questões lúdicas ("de papel") e de confiança ("amigo") (Lago, 2012). Durante a construção do material, a inclusão das atividades foi feita considerando as oito áreas investigadas na Entrevista SARP, as dimensões do construto Relacionamento Parental, os tópicos do *My needs, wishes and feelings Pack* (material britânico que serviu de inspiração) e o livro "Quando os pais se separam" (Heegaard, 1998). O protocolo, durante seu processo de construção, ainda foi apresentado para quatro psicólogas brasileiras (duas servidoras do Judiciário que possuíam experiência com casos de disputa de guarda e duas terapeutas de família, com experiência na área de ensino e pesquisa) visando uma apreciação inicial. Designers gráficos também foram consultados a fim de buscar definições acerca das questões visuais do material. A estrutura final do protocolo foi decidida pelas autoras (Lago & Bandeira, 2013).

Todos os textos do *Meu Amigo de Papel* foram escritos com uma linguagem clara e simples, adequada para a compreensão da criança de 5 a 12 anos. As autoras orientam que o profissional pode fazer a leitura da parte textual do material, caso a criança ainda não seja alfabetizada. Em todas as atividades, a criança pode escolher escrever ou desenhar, ou, ainda, pedir que o profissional escreva para ela.

A sugestão do manual é que o profissional planeje, baseado em cada caso e considerando tempo e relevância, quais atividades irá realizar na avaliação, não sendo obrigatório o seu uso completo (da mesma forma como é orientado para a Entrevista SARP). A aplicação pode ser feita em mais de um encontro.

AVALIANDO CRIANÇAS DE 3 A 5 ANOS

Considerando que o *Meu Amigo de Papel* é destinado a crianças de 5 a 12 anos, e associado ao objetivo de atender a demanda crescente de perícias envolvendo crianças menores, desenvolvi em meu mestrado uma adaptação do *Meu Amigo de Papel* para ser utilizada quando fosse necessário avaliar crianças entre 3 e 5 anos (Cattani, 2015). O material foi intitulado *Meu Amigo de Brinquedo*. Espera-se que o profissional opte pelo uso de um dos dois instrumentos, dependendo da faixa etária da criança avaliada.

Composto por três cenários (escola, casa e praça), bonecos variados representando membros da família e um roteiro de entrevista semiestruturada com 26 questões, o *Meu Amigo de Brinquedo* visa a criar um espaço de comunicação com a criança na realização da perícia. O objetivo é que ela, enquanto brinca com o avaliador, possa criar uma história lúdica, ao passo que concomitantemente responde questionamentos sobre sua rotina e vida familiar.

As 26 questões são divididas em três seções referentes aos ambientes nos quais a criança, apesar de aspectos socioeconômicos, frequenta em seu dia a dia: escola, casa e praça. Com o auxílio do profissional, ela irá criar histórias fantasiosas usando os materiais disponíveis, como forma de relaxar e quebrar o gelo.

Como forma de exemplo, cita-se que a questão n. 2, referente ao cenário "casa" (*Quem mora nessa casa?*). Ao perguntar como é a casa do boneco com o qual brincam, o avaliador deve questionar a criança: "e a sua casa como é?". A partir daí, pode questionar a criança sobre outros aspectos de sua vida doméstica.

Além da escuta do conteúdo produzido pela criança durante a brincadeira, o profissional também deve levar em conta os conhecimentos prévios da história de tal criança e família. Reforça-se a compreensão das autoras de que aquilo que foi respondido pela criança não necessariamente traduz sua realidade atual ou vivências anteriores. Da mesma forma como ocorre na aplicação do *Meu Amigo de Papel*, o conteúdo trazido pela criança deve ser investigado e confirmado por meio da história da família e entrevista com os responsáveis, sempre levando em conta o olhar clínico do profissional. Por tal razão, o objetivo da atividade é que o profissional possa questionar a criança, de forma direta, sobre sua rotina, hábitos e costumes, como indica o protocolo. Compreende-se que o material lúdico e as perguntas do roteiro devem servir como um gancho para questionar a criança sobre aspectos de sua vida pessoal. Acredita-se que, dessa forma, a criança forneça informações importantes sobre seu dia a dia e percepções sobre as situações que está vivendo, englobando a disputa de guarda na qual está incluída, se for o caso. O material segue em pesquisa e ainda não foi publicado.

A proposta tanto do *Meu Amigo de Papel* quanto do *Meu Amigo de Brinquedo* é servir como ferramenta de comunicação com a criança. Arzeno (1995) pontua que as linguagens lúdica e gráfica são muito apropriadas ao nível da criança e do púbere, o que reforça a aplicabilidade e adequação de ambos os instrumentos. Considerando-se que o *Meu Amigo de Brinquedo* ainda está em fase de pesquisa, será apresentado aqui um caso de disputa de guarda que utilizou o *Meu Amigo de Papel*. A perícia foi realizada em um Foro de uma cidade da Região Metropolitana de Porto Alegre/RS, por meio da parceria da juíza de Direito da Vara de Família com o Grupo de Ensino, Avaliação e Pesquisa em Avaliação Psicológica (GEAPAP/UFRGS), no ano de 2017.

CASO MIGUEL, DORA E LINO

DESCRIÇÃO DA DEMANDA

Miguel (28 anos), autônomo, entrou com ação revisional de alimentos e regulamentação de visitas em agosto de 2015, afirmando que Dora (30 anos), cabeleireira, estava obstaculizando as visitas do requerente ao filho Lino (9 anos). O genitor só conheceu o filho quando o menino tinha 3 anos de idade, pois antes os genitores tinham desavenças e a paternidade do menino não havia sido confirmada.

Após um exame de DNA e a confirmação da paternidade, iniciaram-se visitas assistidas em locais públicos. Com o passar do tempo, esses encontros passaram a ocorrer aos finais de semana com pernoite na casa de Miguel. Porém, o menino começou a se recusar a ir à casa do pai e a mãe acabava permitindo que o filho não fosse. No ano de 2015, o menino ficou alguns meses sem ver o pai. Assim, Miguel resolveu entrar na justiça para regulamentar as visitas do filho.

O estudo social apontou que "há questões emocionais envolvidas na relação de Miguel com Lino que devem ser investigadas". Atualmente ambos os pais sinalizam que a organização das visitas melhorou, mas ainda existem questões a serem investigadas sobre a qualidade do relacionamento entre pai e filho.

PERÍODO DA AVALIAÇÃO E PROCEDIMENTOS UTILIZADOS

Os procedimentos envolveram a leitura do processo, entrevista de anamnese e Entrevista SARP com Dora, entrevista de anamnese e Entrevista SARP com Miguel, e aplicação do *Meu Amigo de Papel* em Lino. Todas ocorreram no mesmo dia.

RESULTADOS DA ENTREVISTA SARP COM DORA

Dora afirmou que conheceu Miguel quando eles eram adolescentes. Ela estudava e ele estava no quartel. Namoraram por cinco meses e ela engravidou de Lino. Contou para os pais quando estava com seis meses de gestação. Disse que Miguel duvidava da paternidade e, por isso, não quis assumir a criança. Deu-lhe remédio para abortar, o qual ela não tomou.

Depois da descoberta da gravidez, o relacionamento ficou ruim, visto que Miguel a ofendia (até então, não havia problemas). Como ela desejava ter o filho e ele não, optaram pela separação. Nesse período, a avó paterna lhe auxiliava financeiramente, pois Miguel não tinha mais contato com Dora. Acabaram se afastando.

Aos três anos de Lino, Dora entrou em contato com Miguel solicitando um teste de DNA. Após a confirmação da paternidade, iniciaram as visitas assistidas em locais públicos. Nessa época, Miguel também começou a pagar pensão alimentícia. A genitora salientou que a madrasta de Lino sempre ajudou no relacionamento de pai e filho.

Dora está casada há sete anos. Além de Lino, tem dois filhos, de 7 e 3 anos. Falou que o menino tem um bom relacionamento com o padrasto, o chama de pai e são muito carinhosos um com o outro.

A genitora afirmou que acredita que Lino se recusa a ir à casa de Miguel porque "falta afeto entre os dois". Também relatou que Miguel não costuma chamar Lino de filho. Há dois meses se mudaram para um novo bairro. Justificou a mudança por atritos entre ela e seus pais (dividiam o terreno). Pontuou que Lino foi muito resistente à mudança e sente falta dos avós. Visitam-nos a cada dois dias, tanto para vê-los como para Lino cuidar de seu cavalo.

Reforçou que há muitas diferenças na forma como ela e Miguel criam o menino. Disse que Lino ganhava muitos presentes do pai para ir com ele e que, com ela, "a vida é mais simples", tendo interesses como bichos, campo etc. Dora trouxe que uma parte muito importante de suas vidas é frequentar um clube esportivo da cidade. Costumam ir a eventos e competições, e Lino gosta muito deste ambiente. O genitor não frequenta esse meio, e Dora relatou que Lino sente falta da presença do pai.

Atualmente a rotina de Lino consiste em acordar pela manhã, tomar café preparado pela mãe, cuidar de seus bichos e ir à escola pela manhã acompanhado do irmão. À tarde almoça em casa, faz seus deveres, cuida novamente dos bichos e pode brincar à vontade. Lino trocou de escola após a mudança de casa e atualmente está no 3º ano do Ensino Fundamental. Dora relatou que a escola atual é mais exigente que a anterior, mas que o menino é muito esforçado e tem tido boas notas. Lino já tem feito novas amizades, mas costuma brincar com amigos somente no colégio, visto que a mãe não tem o costume de receber crianças em sua casa.

Em relação à comunicação com Miguel, relatou que é a mínima possível. Conversam somente pelo aplicativo de mensagens *Whatsapp*. Em 2015, ano em que Lino ficou alguns meses sem ver o pai, Miguel solicitou que o menino fosse levado em uma psicóloga para tratar o relacionamento entre os dois. Informou que o menino frequentou uma psicóloga durante dois ou três meses, mas que foi um atendimento confuso, pois as informações que Lino dizia à psicóloga eram contraditórias. A profissional dizia para a mãe que o menino relatava querer visitar o pai, mas quando chegavam os finais de semana de visitas, ele se recusava a ir. Dora acabou por abandonar o tratamento, pois acreditava que a terapia não estava fazendo efeito.

Na entrevista, questionou-se à genitora se existiria a possibilidade de aumentar a frequência dessas visitas do filho ao pai. Dora disse estar aberta a novas combinações e que deseja que Lino e o pai tenham um bom relacionamento. Sua única ressalva era que não concordava que o menino fosse à casa do pai quando ele não estivesse lá (ou seja, ficando com a madrasta).

RESULTADOS DA ENTREVISTA SARP COM MIGUEL

Miguel afirmou que conheceu Dora no colégio. Na época, chegou a ir à casa dela se apresentando como namorado, com a finalidade de poderem sair mais. Porém, não considerava o relacionamento como algo sério. Quando Dora engravidou, desconfiou sobre a possibilidade de ser o pai da criança, visto que acreditava que ela saía com outras pessoas. Com o tempo, se afastaram.

Após três anos, ela o procurou e eles fizeram o exame, confirmando a paternidade. Começaram as visitas assistidas (inicialmente em praças) e depois de um mês o menino começou a dormir na casa dele. O genitor relatou que no início as visitas eram boas e que o filho adorava ir visitá-lo; porém, quando Miguel se desentendia com Dora, recusava-se a ir a sua casa. Miguel também relatou que Dora tinha o costume de dar como castigo ao filho a proibição de ver o pai quando o menino não cumpria com alguma regra.

Sobre o período de sete meses que ficou sem ver o filho em 2015, afirmou que após uma briga entre eles, o menino ficou chateado e não quis mais visitá-lo. Nessa época, ainda não estava definida a regularidade das visitas. Disse que não queria contato com Dora, só com o filho, mas que sempre que Miguel discordava dela, ela ficava braba. O genitor informou que durante esse período em que ficou sem ver o menino, solicitou à Dora acompanhamento psicológico para Lino para poder compreender o que estava acontecendo. Disse que Dora só procurou o atendimento psicológico para o filho quando sua advogada a orientou a fazê-lo. Relatou que o menino frequentou a profissional durante alguns meses, mas que logo interrompeu o acompanhamento.

Miguel mora com a esposa, com quem estava há 10 anos, e a filha de 8 meses. Pontuou que Lino sempre teve uma boa relação com a madrasta e que normalmente se abria com ela e não com ele. Em sua casa, Lino tinha um quarto só para ele. Disse que o incentivavam para que se sentisse confortável na casa. A residência ficava próxima da casa de Dora (10 minutos de distância).

Reconheceu que havia uma barreira na relação com o filho e que Lino já havia lhe dito frases como "tu me abandonou quando eu era bebê". Disse achar que há alienação parental por parte de Dora, visto que todas as vezes que os genitores se desentendem, Lino apresenta uma postura bastante fechada com o pai. Pontuou que sempre que o menino chegava em sua casa, imediatamente mandava mensagem para o celular da mãe. Afirmou que ela enviava muitas mensagens durante o tempo em que o filho estava com ele, comportamento que Miguel sente que contribui para o seu afastamento de Lino. Disse que, quando pequeno, o filho tinha medo que ele fosse roubá-lo da mãe.

Em relação à comunicação com Dora, disse que só a contatava quando havia uma emergência, já que "pequenas coisas geravam grandes desentendimentos". O genitor afirmou que tinha desejo de ter acesso ao material escolar do filho e boletins, mas que a escola anterior só possuía uma certidão de nascimento antiga em que ele não constava como pai. Assim, era impedido de ter acesso a qualquer material do menino.

Evidenciou saber da importância do clube esportivo para o filho, mas afirmou que não frequentava por esse não ser o seu "meio natural". Ainda, reforçou que era um ambiente frequentado pela família materna e que evitava encontrá-los. Por isso, preferia não levar o filho no local quando era seu final de semana. Pontuou gostar de animais e acreditar que essa era uma forma de se aproximar do menino, visto que tinha um grande pátio para onde Lino poderia levar seus bichos.

Sobre a visitação, evidenciou que permanecia 24 horas por semana com o filho, pois pegava o menino no sábado à noite, devolvendo domingo no final do dia. Pontuou achar pouco tempo, pois sábado chegava muito cansado do trabalho ("sábado morreu"), ficando com o filho apenas no domingo. Disse que Dora não queria que o filho fosse para sua residência mais cedo no sábado, pois como ele estava trabalhando, Lino ficaria com a madrasta, algo com que ela não concordava. Miguel acreditava que o contato do menino deveria ser com toda a sua família e não somente com ele. Também falou que queria que o menino soubesse que poderia contar com ele e que desejava que o seu relacionamento pudesse melhorar.

APLICAÇÃO DO MEU AMIGO DE PAPEL COM LINO

Lino deu mostras de sono e timidez ao iniciar a entrevista. Ao longo da conversa, entretanto, demonstrou estar mais à vontade e portou-se de forma comunicativa e colaborativa. Por vezes quis preencher as páginas do *Meu Amigo de Papel* sozinho, mas na maior parte do tempo solicitou que a psicóloga o fizesse.

Na atividade *Minha Rotina*, comentou sobre a sua rotina diária, a qual incluía acordar às 6h para cuidar dos animais (seis galinhas, uma coelha e três cachorros). Tomava o café preparado pela mãe e era levado pela genitora para a escola, na companhia da irmã. Almoçava em casa e brincava (gostava de pular corda, jogar futebol e brincar de esconde-esconde). Também aproveitava o período livre para ver se os animais não precisavam de água ou comida. Fazia a lição de casa à tarde ou à noite.

Disse que com a mudança de residência, precisou trocar de escola. Sobre a nova instituição, informou que estava tudo bem. Pontuou que gostava da escola antiga, onde tinha amigos que o acompanhavam desde a pré-escola. Disse que com a mudança convivia menos com os avós maternos.

Na atividade *Sobre Mim*, enumerou as coisas que gostava na casa do pai e da mãe (considerando sua inibição para responder, foi orientado a falar sobre cada ambiente separadamente). Acerca da casa materna, sinalizou gostar de andar a cavalo, visitar o avô materno, jogar bola, jogar *videogame*, cuidar e brincar com seus animais. Referiu ficar chateado e triste quando não podia visitar o avô. Antes moravam no mesmo pátio que a família estendida e, após a mudança, costumava ver os avós alguns dias durante a semana ao final da tarde, quando ia cuidar de seu cavalo. Comentou que quando não cumpria suas tarefas, a mãe o impedia de visitar os avós. Relatou gostar muito de participar do clube esportivo junto com a família materna.

Já sobre os dias em que estava com Miguel, disse que o pai fica mais dentro de casa do que na rua, sendo que Lino preferia estar ao ar livre. Costumavam jogar *videogame*, futebol e basquete. Disse odiar não ter nada para fazer e que isso era frequente na casa paterna. Reforçou que o pai mexia em seu celular e que isso era algo que o desagradava, pois não gostava que ninguém visse suas coisas. Afirmou que o pai não se importava com o clube esportivo, mas que já foi em atividades suas lá. Disse ter achado muito legal, visto que o genitor nunca ia. Afirmou que "dão mais bola para a bebezinha", referindo-se à irmã de 8 meses. Ficou preocupado e com ciúmes quando a primeira irmã por parte de mãe nasceu. Teve o mesmo sentimento com a chegada da nova irmã por parte de pai ("pensei que eles não iam mais me dar bola... só com a pequenininha estou com mais ciúmes").

Trouxe como um momento marcante de sua vida uma cavalgada realizada no início daquele ano (*Minha Vida*). Também contou sobre ter ingressado no clube esportivo aos 8 anos, e citou como um evento significativo o dia em que aprendeu a nadar.

Quando questionado sobre os sentimentos dos genitores (*Quem cuida de mim?*), disse que para a mãe o processo todo deveria estar sendo muito chato, já que ela estava indo ao Foro todas as semanas. Sobre o que o pai, disse não saber, mas pontuou que ele que havia dado início ao processo.

Questionado sobre as mudanças na família (*Minha família*) pediu para a psicóloga escrever os nomes dos membros tanto da família materna quanto da paterna. Listou os irmãos por parte de pai e por parte de mãe, dizendo a idade de todos.

Ao realizar a atividade "*Minhas preocupações*", como uma preocupação pequena disse que se preocupava em perder a atenção dos outros. Sua preocupação média voltava-se para a possibilidade de que algo grave acontecesse com o avô materno. Vir para o Foro era sua grande preocupação, pois às vezes ficava nervoso. Acerca da perícia, pontuou que não queria estar ali naquele momento, pois acreditava que queriam tirá-lo da mãe.

Quanto a seus *Planos para o futuro*, afirmou desejar fazer "tudo que tem de legal" tanto com a mãe como com o pai. Desejava morar numa "chácara" para poder ter vários bichos, não ser reprovado na escola e ter mais contato com os amigos.

ANÁLISE

Durante a perícia, foi possível identificar que ambos os genitores se preocupavam em atender às necessidades do filho, oferecendo-lhe afeto, cuidados, limites e desejando o bem-estar de Lino. Apesar do afastamento do menino em relação ao pai, não foram identificados indícios de alienação parental por parte dos genitores que pudessem estar influenciando na postura do filho.

Morando com a mãe, padrasto e irmãs, Lino evidenciava estar sendo bem cuidado, tendo suas demandas emocionais, sociais e educacionais supridas. Nas visitas ao pai, aparentava não se sentir em casa e ter poucas coisas para fazer. Demonstrava estar em um processo de adaptação da chegada da nova irmã e, eventualmente, sentir a atenção dos adultos voltada para a menina. Mesmo assim, ainda gostava de visitar o pai.

Lino dava mostras de ter carinho tanto do pai, quanto da mãe. Compartilhava com a mãe interesses em comum (animais e o clube esportivo) e tinha menos pontos de contato com o pai. Tais diferenças não foram percebidas como prejudiciais, visto que cada genitor provia para o menino diferentes experiências que acabavam por contribuir positivamente no seu desenvolvimento socioemocional.

Miguel entrou na vida de Lino quando o menino tinha três anos. Assim, compreendeu-se que o desenvolvimento do relacionamento entre pai e filho fosse gradual, podendo haver momentos de ambivalência e insegurança de Lino, como no período em que passaram afastados em 2015. O ciúme relatado pelo menino dava mostras de que o filho tinha afeto pelo pai e que temia ser deixado de lado.

O sistema de visitas fazia com que pai e filho se vissem apenas em finais de semana alternados. Como o genitor trabalhava aos sábados durante o dia, foi determinado que buscaria o menino na noite de sábado e ficaria com ele até a noite de domingo (20h). Dora argumentou que não queria que Lino fosse para a casa do pai mais cedo no sábado, pois este estaria trabalhando, desconsiderando assim a importância do convívio do filho com a madrasta e a irmã, membros significativos de sua família paterna.

Percebeu-se que o genitor acabava convivendo muito pouco com o menino, tendo pouco tempo para poder fazer parte da vida do filho e integrá-lo em sua vida e família. Pensou-se que um maior convívio entre os dois fosse benéfico para o menino, podendo ele desenvolver uma relação saudável com o pai e a família deste. A relação do menino com os familiares dos genitores foi compreendida como fundamental para a formação de Lino.

CONCLUSÃO

Assim, pensando no melhor interesse da criança e na importância de ambos os genitores em sua formação, indicou-se, naquele momento, que a guarda unilateral fosse mantida com a Dora, mas que Miguel e sua família pudessem ter mais dias de convívio com o filho. Sugeriu-se que, no final de semana do pai, o menino fosse sábado pela manhã para a residência paterna, permanecendo até segunda, quando seria diretamente deixado na escola.

Ainda, objetivando um maior convívio com o pai, sugeriu-se um dia a mais de visitas por semana. Mesmo sendo apenas o pernoite, compreendeu-se tal aumento de convívio como uma forma de fortalecer o relacionamento do menino não só com o pai, mas também com a família paterna. Pontuou-se que, no futuro, com o aumento da relação e convívio entre pai e filho, a guarda compartilhada pudesse ser implementada.

CONSIDERAÇÕES FINAIS

O caso apresentado objetivou apresentar ao leitor uma perícia em que foi considerada exitosa, como tantas outras, a participação da criança no processo avaliativo. Lino pôde manifestar seus pensamentos, angústias, desconfortos e desejos. Acredito que tal avaliação obteve sucesso porque se lançou mão do uso de ferramentas para auxiliar a coleta de informações, não deixando de lado uma escuta atenta e treinada para o trabalho com crianças.

Porém, nem sempre o profissional conseguirá aplicar todas as atividades do *Meu Amigo de Papel* ou do *Meu Amigo de Brinquedo* com a criança, tanto por resistência do avaliando, quanto por incompatibilidade entre o conteúdo e o caso periciado. Em um caso envolvendo dois irmãos (12 e 14 anos), o menor recusou-se a preencher o *Meu Amigo de Papel*, querendo ser entrevistado "como adulto". Seu desejo foi respeitado e o pré-adolescente falou livremente sobre o que pensava acerca da situação belicosa que envolvia os genitores. Assim, compreende-se que as ferramentas apresentadas neste capítulo permitem tal flexibilidade e até mesmo criatividade do profissional avaliador, fazendo com que sua técnica se encaixe à demanda apresentada e não ao contrário.

Quando a separação do casal envolve filhos menores, sabe-se que será necessário um novo arranjo e reorganização familiar. A definição da guarda vai ser considerada um momento importante para todo o sistema familiar (Gadoni-Costa, Frizzo, & Lopes, 2015). Assim, é de fundamental importância escutar as crianças envolvidas no contexto, visto que suas vidas serão modificadas a partir das decisões legais, que podem ou não harmonizar com seus desejos e planejamentos.

No caso de Lino, Dora e Miguel, percebeu-se que a aplicação do *Meu Amigo de Papel* foi fundamental para a melhor compreensão da situação vivida pela família. O preenchimento do material permitiu a coleta de informações a partir da percepção do filho sobre a vida da família, seus sentimentos, gostos e percepções. O momento também foi fundamental para que

Lino compreendesse que não precisava escolher qual genitor gostava mais, preocupação frequente em crianças e adolescentes.

Muito além dos materiais utilizados (testes, escalas e inventários), é o profissional, com seu conhecimento teórico e prático, que será elemento diferencial no processo de avaliação. Dessa forma, capacitações, formações e grupos de estudo voltados para o trabalho com crianças são sempre vistos como um aspecto fundamental do desenvolvimento de conhecimento do profissional. É na reunião de suas capacidades conceituais, vivência clínica e apoio dos instrumentos de medida que sua competência será identificada e que possibilitará uma compreensão mais aprofundada do caso e da criança entrevistada, visando recomendações mais adequadas aos magistrados. Considerando o princípio do melhor interesse da criança, acredita-se que, salvo exceções em que se identifica a incapacidade total do genitor de exercer a parentalidade, sempre será benéfico para a criança a continuidade do convívio tanto com pai quanto com mãe.

REFERÊNCIAS

Arzeno, M. E. G. (1995). *Psicodiagnóstico clínico: novas contribuições*. Porto Alegre: Artes Médicas.

Brasil. (1988). *Constituição da República Federativa do Brasil*. Brasília, DF: Senado.

Brasil. *Estatuto da Criança e do Adolescente*. Lei n. 8.069, de 13/07/1990.

Cattani, B. C. (2015). *O uso do SARP em crianças pré-escolares: adaptação do protocolo Meu Amigo de Papel*. (Dissertação de mestrado não-publicada). Universidade Federal do Rio Grande do Sul, Porto Alegre

Delval, J. (2002). *Introdução à prática do método clínico: descobrindo o pensamento das crianças*. Porto Alegre: Artmed.

Eder, D., & Fingerston, L. (2001). Interviewing children and adolescents In J. F. Gubrium, & J. A. Holstein (Eds.), *Handbook of Interview Research: Context and Method*. Thousand Oaks: Sage.

Gadoni-Costa, L. M., Frizzo, G. B., & Lopes, R. C. S. (2015). A guarda compartilhada na prática: estudo de casos múltiplos. *Temas em Psicologia, 23*(4), 901-912. https://dx.doi.org/10.9788/TP2015.4-08

Heegaard, M. (1998). *Quando os pais se separam*. Porto Alegre: Artmed.

Irwing, L. G., & Johnson, J. (2005). Interviewing young children: Explicating our practices and dilemmas. *Qualitative Health Research, 15*(6), 821-831.

Lago, V. M.; & Bandeira, D. R. (2013). *Manual do Sistema de Avaliação do Relacionamento Parental (SARP)*. São Paulo: Pearson.

Lago, V. M.; & Bandeira, D. R. (2016). Relacionamento parental em situações de disputa de guarda: o que avaliar? In V. M. Lago, & S. J. Vasconcellos (Orgs.), *A Psicologia Jurídica e suas Interfaces: um panorama atual* (pp. 68-82). Santa Maria: Editora UFSM.

Parkinson, P; & Cashmore, J. (2008). *The Voice of a Child in Family Law Disputes*. New York: Oxford University Press Inc.

Rovinski, S. L. R. (2014). *Fundamentos da perícia psicológica forense*. São Paulo: Vetor.

Schaefer, C. E. (2014). *Play therapy for preschool children*. Washington: APA.

7. GUARDA COMPARTILHADA: É POSSÍVEL?

Vivian de Medeiros Lago
Ana Patrícia Heidrich dos Santos
Aline Magnus

No início do século XX, os papéis ocupados pelo homem e pela mulher eram divididos e preconceituosos. O homem, como marido e pai, sustentava o lar, bem como decidia sobre tudo que dizia respeito à família; ou seja, era quem detinha o poder total. Ao seu lado havia a mulher, que acatava todas as decisões advindas do marido, desempenhando um papel submisso (Carbonera, 2000).

A mulher ainda era considerada propriedade do homem: primeiro de seu pai, a quem devia obediência, depois de seu marido, autoridade máxima não apenas perante os filhos como também perante ela mesma (Baisch & Lago, 2016). A figura feminina era conceituada, conforme a Lei 3.071 de 1916, como incapaz de alguns atos jurídicos, como, por exemplo, a administração não apenas dos bens comuns, mas também de seus bens privados. Inclusive, era o marido quem determinava se ela poderia ou não exercer uma profissão. Carbonera (2000) demonstra que nesse cenário também estavam os filhos, considerados incapazes legalmente, que deveriam ser educados pela mãe e deviam respeito ao pai.

Nessa mesma época, quando o desquite era outorgado e havia culpa de um dos cônjuges pelo término da relação, a guarda dos filhos menores era atribuída àquele considerado como inocente. Quando ambos eram julgados culpados, a mãe detinha direito à guarda das filhas menores e dos filhos até os seis anos; já os maiores de seis anos permaneciam com o pai (Brasil, 1916). No entanto, os valores que indicaram a construção do Código Civil de 1916, com a legitimidade da família e dos filhos instituída no matrimônio, cederam lugar a um novo modelo, igualitário e baseado no afeto (Fachin,

2003). Esse fato contribuiu para que o poder do homem fosse contido (Baisch & Lago, 2016).

Ademais, considera-se que as transformações ocorridas a partir da conquista dos direitos das mulheres, assim como a aquisição de sua maior liberdade e independência, contribuíram para o aumento do número de divórcios. Consequentemente, iniciaram-se dilemas referentes ao cônjuge mais adequado para dispor da guarda, sendo que, com a implantação do Estatuto da Criança e do Adolescente (ECA) em 1990, passou-se a subsidiar para essa decisão, exclusivamente, o melhor interesse da criança (ECA, 1990).

A expressão "guarda" pode ser interpretada genericamente como proteção, segurança e direito de uma criança ou adolescente, bem como dever de seu(s) pai(s). Portanto, defini-la em sua totalidade é complicado, já que é um conceito complexo e subjetivo. Todavia, sua definição deriva de um valor maior, que é o bem-estar, a preservação do menor, que deve ser educado e sustentado para atingir os 18 anos com saúde física e mental, além de educação e entendimento social (Bello, 2012).

O desejo tanto do pai quanto da mãe de exercer seu papel de criação e educação de seus filhos, e destes manterem boa comunicação com seus pais, contribuiu para o surgimento de uma nova modalidade de relacionamento parental: a guarda compartilhada (Grisard Filho, 2000). Assim, com a promulgação da Lei n. 11.698/08, foi instituída a guarda compartilhada, definida como a corresponsabilização dos filhos comuns por ambos os genitores, assim como o exercício de direitos e deveres, exceto se um deles não o desejar. Essa modalidade de guarda deve ser aplicada sempre que possível (Brasil, 2008). A legislação afirma, ainda, que o tempo de convívio entre ambos os genitores deve ser dividido de forma igualitária, visando sempre o interesse dos filhos (Brasil, 2014).

Antigamente, o ordenamento jurídico previa apenas a guarda unilateral, cuja atribuição era dada ao genitor que revelasse melhores condições de exercê-la, ou alguém que o substituísse e que tivesse capacidade de proporcionar afeto, saúde, segurança e educação aos filhos. Também deveria ser estabelecido regime de visitas ao genitor não guardião, o qual seria responsável por supervisionar os interesses dos filhos. Contudo, a promulgação da Lei 13.058/14 altera o art.1.634 do Código Civil, deixando explícito que o exercício do poder familiar é de responsabilidade de ambos os genitores, independentemente da situação conjugal.

Entende-se que a guarda compartilhada é uma das formas de poder parental que visa a garantir o contato físico e imediato entre pais e filhos, mesmo quando não houver vínculo matrimonial. É uma forma afetuosa de assegurar a responsabilidade conjunta dos pais, persistindo, assim, um vínculo mais estreito entre eles na criação e educação dos filhos. Dessa forma, os pais continuarão sendo responsáveis igualmente por seus filhos, devendo tomar em conjunto as decisões com relação a sua prole (Rocha, Julio, & Cabral, 2012).

A harmonia entre os genitores é um dos indícios para a aplicação da guarda compartilhada. Contudo, pode haver dificuldades nesse quesito, pois muitas vezes existem ressentimentos entre os ex-cônjuges (Rodrigues & Alvarenga, 2014). Dessa forma, é possível elencar fatores favoráveis e desfavoráveis ao exercício de fato da guarda compartilhada, conforme será descrito a seguir.

A adoção da guarda compartilhada mantém a pluralização, corresponsabilidade e coparticipação de ambos os genitores no cotidiano do(s) filho(s), o que traz igualdade nos direitos e deveres relativos à vida deles (Brasil, 2005). Também permite o ajuste dos pais, assim como contribui para a diminuição de seus desentendimentos, a fim de preservar o melhor interesse e bem-estar da criança. Diminui conflitos e probabilidades dos filhos desenvolverem problemas psicológicos e de adaptação social em função do rompimento familiar, assim como do conflito constante que os acompanham. Ademais, minimiza a agonia causada pelo sentimento de perda do genitor que não tem a guarda, assim como reduz os sentimentos de rejeição entre pais e filhos, favorecendo o processo de socialização e identificação (Rocha, Julio, & Cabral, 2012).

A guarda compartilhada mantém inviolado o cotidiano dos filhos após o divórcio, promovendo a continuidade ao relacionamento próximo e amoroso dos filhos com os pais, sem exigência de optar por um deles (Grisard Filho, 2000). Quando necessária, essa escolha pode gerar agonia e esgotamento emocional aos sujeitos, em função do receio de ferir o genitor não escolhido (Rodrigues & Alvarenga, 2014). Nesse sentido, na Suécia, Bergström et al. (2014) realizaram um estudo para investigar a associação de problemas psicossomáticos e combinações de moradia. Os dados foram coletados por meio de uma pesquisa nacional, conduzida em 2009, com estudantes de 6º e 9º anos. Objetivou-se comparar crianças em guarda compartilhada com crianças que moram com um dos pais, ou com ambos. Os resultados mostraram que as crianças em guarda compartilhada sofrem menos com problemas psicossomáticos do que aquelas que moram com um dos pais ou com ambos. Outra justificativa para a vantagem desse tipo de guarda é possuir maior força para preservar a igual autoridade dos pais perante os filhos, além dos infantes continuarem com os referenciais de pai e mãe presentes, contribuindo para seu melhor equilíbrio emocional. Ademais, evitam-se sentimentos de frustração ou culpa, vindos do genitor que não detém a guarda, pela carência de cuidados com os filhos. Para tanto, Orellana, Vallejo e Vallejo (2004) alegam que o essencial é assegurar que as crianças permaneçam em contato com ambos os pais, tentando assim evitar as interferências emocionais que a falta de relações entre eles pode causar no seu progresso emocional e social.

Por outro lado, se utilizada de forma irresponsável e sem critério, a guarda compartilhada pode ser levada ao descrédito. Por vezes, os cônjuges aceitam essa modalidade por medo de terem a verdadeira causa da separação exposta, de modo que a real premissa da guarda compartilhada, que visa o bem-estar da prole, acaba enviesada. É válido ressaltar que, ao instituir a guarda compartilhada como regra, inclusive sem acordo entre os pais, possivelmente esse comportamento e desacordo se perpetuará após o divórcio, ou seja, se os cônjuges já não concordam com a guarda compartilhada no momento do divórcio, como concordarão com as decisões diárias que deverão ser tomadas em conjunto, de forma que as vantagens da guarda compartilhada sejam expostas? (Brandão, 2005). Também se apresenta como desfavorável àqueles pais que não são cooperativos e não conseguem ter um diálogo, que sabotam um ao outro, contaminando a educação dos filhos (Grisard Filho, 2000). Tais comportamentos dos genitores podem contribuir para que existam reorganizações desnecessárias na vida dos filhos, rupturas e mudanças abruptas de moradia, o que pode acarretar em comportamentos de risco para crianças e adolescentes (Carlsund, Eriksson, Löfstedt, & Sellstrõm, 2012). Nesse sentido, o estudo de Pineda, Martínez, Piqueras e García (2016) buscou investigar se existe relação entre componentes de conflito conjugal e sintomas internalizados nos filhos. Para tanto, participaram do estudo 214 crianças com idades entre 7 e 12 anos. Os resultados obtidos confirmam a correlação entre conflitos interparentais com, por exemplo, sintomatologia ansiosa-depressiva nos filhos.

Outro fator importante a ser considerado nesse contexto de aplicação de guarda é a alienação parental. Conforme a Lei 12.138 (Brasil, 2010), ela caracteriza-se pela interferência de um adulto na formação psicológica do sujeito, promovida ou induzida por um dos genitores, avós ou por aqueles que detenham sua autoridade, guarda ou vigilância. São tomadas atitudes com a intenção de afastar a criança de um dos genitores, ou prejudicar seu vínculo com ele. Em vista disso, por não haver disputas entre os ex-cônjuges, considera-se que a guarda compartilhada seria o ideal para obstruir a alienação parental. Entretanto, pode tornar-se um pensamento enviesado, já que a alienação pode ocorrer justamente pelo ressentimento entre ambos os genitores. Além do que, conforme já mencionado anteriormente, para a aplicação desse modelo de guarda, é necessária boa comunicação entre os sujeitos, o que raramente seria possível após atitudes de alienação parental (Rodrigues & Alvarenga, 2014).

Diante do exposto, são necessárias avaliações detalhadas sobre as reais motivações para a guarda compartilhada, visando sempre o bem-estar da criança e/ou adolescente. Nesse sentido, Post (2013) ressalta que, em sua prática, tem se deparado com a concessão da guarda compartilhada como forma de proteção aos direitos do pai no divórcio, e não o interesse dos filhos, como deveria ser. No entanto, em muitos casos o pai busca a guarda compartilhada por razões econômicas, pois assim ele arca com metade das despesas da criança e tem suas obrigações diminuídas. Todavia, é comum observar o pai entregar o filho aos cuidados da avó paterna da criança no período em que deveria permanecer com ele. Desse modo, um dos objetivos da guarda compartilhada, que é proporcionar um enriquecimento nas relações entre os pais e os filhos, acaba distorcido. Ademais, a avó paterna assume efetivamente a responsabilidade pelo neto, no lugar de seu filho.

Depois de realizada uma retrospectiva histórica referente às mudanças ocorridas na guarda compartilhada, que ocorreram ao longo dos anos tanto na sociedade quanto no ordenamento jurídico brasileiro, assim como explanado sobre seu conceito e objetivos, é importante aprofundar a discussão acerca do referido tema, por meio da apresentação de um caso. Para tanto, a seguir será descrito um caso cuja modalidade de guarda estabelecida foi a compartilhada.

CONTEXTUALIZAÇÃO DO CASO

A perícia psicológica que será discutida a seguir foi realizada pelo Grupo de Estudo, Aplicação e Pesquisa em Avaliação Psicológica (GEAPAP) da Universidade Federal do Rio Grande do Sul (UFRGS), decorrente de uma ação judicial de guarda. A nomeação foi feita na pessoa da pós-doutoranda do grupo responsável pelo convênio estabelecido com o Foro de uma cidade da Região Metropolitana de Porto Alegre. Três alunas da graduação participaram dos procedimentos da avaliação.

DESCRIÇÃO DO CASO

Luana (44 anos), costureira, e Ramon (39 anos), mecânico, se relacionaram por aproximadamente 9 anos. Em 11 de março de 2014 houve a dissolução do acordo civil entre eles e foi instituída a guarda compartilhada de Gabriel. Entretanto, no mesmo ano da separação, Luana procurou a Defensoria Pública para solicitar alteração de guarda juntamente com pedido de alimentos de Gabriel (9 anos). Sua alegação era de que seu ex-cônjuge, Ramon, fazia uso de drogas e deixava o filho aos cuidados de terceiros. Segundo Luana, algumas dessas pessoas chegaram a cometer atos ilícitos. Ramon, por sua vez, declarou que as afirmações da ex-companheira eram inverídicas, referiu que ela e seus filhos (frutos de relacionamento anterior) tratam Gabriel com desprezo e que é ele quem se responsabiliza pelo filho. A partir de então, solicitou a guarda definitiva do menino. A situação conflitiva mencionada é percebida até hoje, já que há uma medida protetiva imposta pela Lei Maria da Penha.

PROCEDIMENTOS DA PERÍCIA

Para verificar qual a situação que melhor atenderia aos interesses de Gabriel naquele momento, foram utilizados os seguintes procedimentos: Leitura dos autos do processo; Entrevista de Anamnese e Entrevista do Sistema de Avaliação do Relacionamento Parental (SARP) com Ramon e Luana; Aplicação do *Meu Amigo de Papel* (técnica integrante do SARP) com Gabriel; Aplicação da Técnica Projetiva de Desenho HTP com Ramon, Luana, e Gabriel, com o intuito de compreender, mais profundamente, aspectos da personalidade de cada um, já que havia alegações de que Ramon fosse agressivo, assim como de que Luana dramatizasse as situações. Com Gabriel o objetivo foi verificar implicações da situação que estava vivenciando entre os pais, nas relações estabelecidas com as pessoas e o ambiente em que vive; Aplicação do Teste Projetivo Zulliger com os genitores, visando levantar informações sobre relacionamentos pessoais, manejo de situações de estresse e a forma como organizam suas emoções, importantes de serem considerados na indicação da guarda; Observação da interação entre Luana e Gabriel; Entrevista conjunta com Luana e Armando (irmão unilateral de Gabriel) e entrevista conjunta com Ramon e Rosane (companheira atual do pai). Com a finalidade de facilitar o entendimento do leitor sobre o caso apresentado, abaixo serão descritos os principais resultados de cada técnica utilizada.

ENTREVISTA DE ANAMNESE E RESULTADOS DA ENTREVISTA SARP COM RAMON

Segundo Ramon, o ex-casal se conheceu por intermédio do irmão dela enquanto ela ainda era casada. No início do relacionamento a convivência era boa, mas aos poucos foi decaindo, havendo melhora após o nascimento de Gabriel. Tal informação foi confirmada por Luana no momento de sua entrevista. O periciado relatou que, apesar da gravidez de Gabriel não ter sido planejada, ficou feliz com o imprevisto. Referiu que quando a criança tinha 8 meses houve uma traição de sua parte, que ocasionou em uma separação, porém, após um período, acabaram se reconciliando, vindo a separar-se novamente há cerca de quatro anos. Os pais não conversaram com Gabriel sobre a separação, contudo, Ramon relatou que o filho teria presenciado as brigas e até mesmo a questão da medida protetiva imposta por Luana contra ele. Entretanto, não esclareceu quais as situações que geraram tal medida, mesmo quando solicitado.

Ramon está em um novo relacionamento há três anos, sendo que sua companheira tem um filho de 18 anos, o qual reside com o casal e Gabriel. Afirmou relacionarem-se bem. Embora tenha demonstrado ter conhecimentos, preocupação e responsabilidades em relação à saúde, à rotina, às amizades e às questões escolares do filho, mencionou que sua companheira, Rosane, o auxilia. Dessa forma, ela faz parte de sua rede de apoio, assim como seu pai (avô paterno de Gabriel).

O periciado relatou que é ele quem acompanha o filho nas atividades escolares e que, após a separação, o filho regrediu no contexto escolar, tendo reprovado no terceiro ano. Alegou a existência de regras entre ele e o filho, e ressaltou que essas são monitoradas por ele próprio. As despesas da criança são divididas conforme sua estadia, quando está com Ramon ele as subsidia, quando está com a mãe, ela assume os gastos.

No que diz respeito à motivação para ficar com a guarda, Ramon relatou que deseja continuar com o regime de guarda vigente nesse momento. Nesse sentido, ressaltou a vontade e solicitação que o filho faz para ficar com ele, mencionando assim o desejo que Gabriel seja ouvido pelo magistrado.

RESULTADOS DA ENTREVISTA SARP COM LUANA

Luana contou que o relacionamento inicial do casal era bom, mas que aos poucos percebeu que o companheiro não era uma pessoa tão boa, relacionando tal entendimento com a traição de Ramon. Entretanto, as dificuldades do relacionamento agravaram-se quando ela descobriu que o ex-cônjuge fazia uso de substâncias ilícitas, o que resultou em diversas separações e reconciliações. Ela teria engravidado de Gabriel enquanto estavam separados, sendo que Ramon não acreditava que era o pai da criança. Com o nascimento do filho, o relacionamento entre o casal melhorou, mas a separação de fato ocorreu alguns anos após seu nascimento, sendo ocasionada pelas situações de violência doméstica vivenciadas por ela. Quando questionada sobre o assunto, aparentou desconforto e solicitou mudança nos horários das entrevistas para que não encontrasse Ramon.

Contou que passa os finais de semana com Gabriel e que, embora trabalhe aos sábados, o faz em casa. Disse que tem uma babá que a auxilia nos cuidados de seu bebê, meio-irmão de Gabriel. Enquanto está com o filho, procura realizar atividades de lazer. Não se preocupa com questões escolares, pois como passa pouco tempo com ele, prefere realizar atividades de que ele goste. Inclusive, referiu que Ramon a proibiu de ir à escola do filho.

A periciada esclareceu que gostaria de ter a guarda unilateral do filho, pois julga que dispõe de melhores condições de cuidado, ao mesmo tempo que refere não ter condições financeiras para leva-lo à escola atual, que fica a três quilômetros de sua casa. Por outro lado, reconheceu que o menino é apegado ao pai, entendendo que ele deva escolher com quem gostaria de ficar. Informou que, em seu entendimento e na sua presença, Gabriel é um menino preguiçoso e desobediente, principalmente no que se refere a questões relativas aos seus estudos. Por outro lado, Luana afirmou que não o incentiva o suficiente, justificando tal atitude pelo fato de permanecer poucos dias com o filho.

RESULTADOS DO MEU AMIGO DE PAPEL COM GABRIEL

Gabriel manifestou-se de forma resistente durante toda a perícia, não conseguindo expressar suas opiniões e sentimentos em relação às vivências com ambos os genitores. Em contrapartida, em alguns momentos, sua participação pode ser considerada fluida e espontânea, de forma que seu discurso foi de acordo com o do genitor. Ao longo das atividades não quis preencher o livreto referente ao *Meu Amigo de Papel*. O menino teve dificuldades em falar sobre as questões que envolviam a família, os pais, suas preocupações e o futuro. Nesses momentos ficou quieto, dizia que não lembrava ou que nunca tinha pensado sobre o assunto. Apesar de ter recebido incentivo por parte das avaliadoras, mostrou-se, de maneira geral, inflexível.

Ao término do atendimento, Gabriel foi entregue ao seu pai, no corredor do fórum. Luana já aguardava pelo seu horário no local. Ao sair da sala o menino foi recebido por Ramon de forma afetuosa e retribuiu o movimento do pai. Ao passarem de mãos dadas por Luana, Gabriel a ignorou.

RESULTADOS DAS TESTAGENS UTILIZADAS COM RAMON

Por meio da aplicação da técnica projetiva HTP, pôde-se verificar que Ramon demonstrou características de insegurança e retraimento. Os resultados indicam que ele sente pressões externas, possivelmente identificadas como a situação da disputa da guarda e o constante estado de alerta vivenciado, consequência das medidas de proteção de Luana. Há indicadores que sugerem que o periciado sente-se lutando por objetivos difíceis, preocupação também verbalizada por ele em outros momentos da perícia. Evidenciou-se um acentuado cuidado diante das necessidades e responsabilidades demandadas por suas relações interpessoais.

A análise dos resultados do teste projetivo de Zulliger, aplicado de acordo com o Sistema Compreensivo de John Exner, indica que o periciado apresentou um bom interesse pela tarefa, mostrando-se colaborativo. Ramon possui um senso prático e raciocínio concreto, expressando preocupação com o convencional, o que pode ser corroborado por meio de algumas de suas falas que revelavam um possível "desejo de agradar" as peritas, o que é frequente em contextos judiciais litigiosos. Revela interesse pelas pessoas, sugerindo bom relacionamento interpessoal.

RESULTADOS DAS TESTAGENS UTILIZADAS COM LUANA

A análise dos resultados do HTP permitiu identificar em Luana características como resistência em realizar contatos interpessoais, descontentamento, ansiedade e insegurança, demonstrando fragilidade emocional, possivelmente pelo período conturbado que está vivenciando. Identificou-se também dificuldade de pensamento abstrato, já que em muitas vezes respondeu aos questionamentos do inquérito com aspectos de sua vida pessoal. Por meio de algumas de suas respostas, pode-se inferir que Luana está vivenciando sentimentos de pressão do ambiente, o que corrobora alguns de seus relatos em que mencionou sentir-se perseguida, e também com o atual momento de sua vida, que é a angústia pela decisão da guarda de seu filho.

A análise dos resultados do teste de Zulliger revelou boa produtividade. Apresentou ambição intelectual que excede suas reais capacidades, o que permite compreender sua dificuldade de planejamento diante do desejo de ter a guarda do filho para si. Identificou-se um estado de ansiedade da periciada, mobilizado por circunstâncias estressoras, com as quais não está conseguindo lidar nesse momento. Foi possível evidenciar, ainda, uma rigidez de processamento, com pobreza de associação e preocupações específicas que bloqueiam seu pensamento. Esse conjunto de dados pode ser associado tanto ao medo que Luana refere ter de Ramon (em virtude das alegações de violência doméstica), quanto à própria situação conflitiva da disputa de guarda.

RESULTADOS DA TÉCNICA PROJETIVA DE DESENHO HTP COM GABRIEL

Pode-se identificar características gerais que sugerem insegurança, retraimento, regressão, descontentamento e necessidade de apoio emocional. Seus desenhos são simples e sem muitos detalhes, indicando empobrecimento e falta de criatividade no que diz respeito àquilo que é esperado de acordo com sua faixa etária. Os dados do teste indicam ainda falta de afetividade no ambiente, assim como preocupação e ansiedade. Esses aspectos corroboram o momento atual de Gabriel, que é o de disputa entre os genitores pela sua guarda. No que tange aos aspectos estruturais da personalidade, o avaliando demonstrou preocupação consigo mesmo, necessidade de gratificação imediata e impulsividade. Já na observação dos aspectos de identidade, evidenciaram-se sentimentos de menos valia, bem como necessidade de amor e atenção.

Por fim, demonstrou resistência/dificuldade em responder ao inquérito, fazendo-o de forma sucinta e com comportamento não adequado à situação, apresentando risada imprópria ao contexto. Tal comportamento sugere que o avaliando poderia estar sob estresse e ansiedade.

RESULTADOS DA OBSERVAÇÃO DA INTERAÇÃO ENTRE LUANA E GABRIEL

Após aproximadamente 30 minutos juntos, foi percebida boa interação entre mãe e filho, pois estavam conjuntamente implicados na brincadeira e pareciam divertir-se. No entanto, pareceu-se que Luana, por meio de sua postura, tentava demonstrar uma relação melhor do que aquela que de fato possui com o filho. Gabriel, por sua vez, não demonstrava retribuir tal postura.

RESULTADOS DA ENTREVISTA COM LUANA E ARMANDO

O discurso de Armando (20 anos), irmão unilateral de Gabriel, corroborou o que Luana relatou em relação aos comportamentos de Ramon anteriores à separação, porém, disse que nunca presenciou Ramon consumindo substâncias ilícitas. Mencionou que no início da separação Gabriel sofreu muito, não tomava banho, era "respondão" e rebelde.

RESULTADOS DA ENTREVISTA COM RAMON E ROSANE

A entrevista conjunta do casal teve como objetivo coletar informações sobre o relacionamento de Gabriel com Rosane, e também confirmar alguns dados da rotina da família com quem o menino convive (pai, madrasta, filho da madrasta). No que se refere à rotina de Gabriel, o relato de Rosane foi ao encontro do discurso do menino. Demonstrou ter conhecimentos e preocupações em relação a ele, de diferentes formas. Percebe suas dificuldades escolares e sugere que Ramon o coloque em aulas de reforço. Além de entender que ele sofre com o conflito entre os pais, que é ansioso, ingere maior quantidade de comida do que é esperado para sua idade e é inquieto. Ademais, percebe que ele tem dificuldade em se comunicar com o pai, e refere que em alguns momentos consegue "se abrir" com ela.

PONTUAÇÃO DA ESCALA SARP

No contexto de perícia judicial, é comum haver múltiplas fontes de informação. Portanto, é visando auxiliar nessa questão que a Escala SARP foi construída. Assim, a referida Escala é pontuada pelo examinador e é baseada nos dados colhidos por meio da Entrevista SARP e do protocolo de avaliação infantil *Meu Amigo de Papel*, podendo incluir dados coletados por meio de outros procedimentos (Lago & Bandeira, 2013). Nesse sentido, para facilitar o entendimento do leitor, abaixo consta um gráfico com as médias das pontuações de cada genitor, em cada dimensão da escala. Responsável 1 (R1) refere-se a Luana, e Responsável 2 (R2) diz respeito a Ramon.

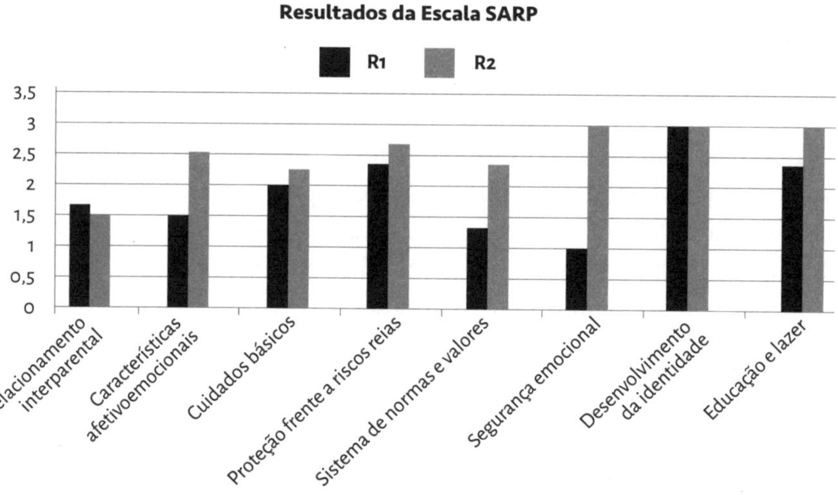

Como pode-se observar no gráfico, em seis das oito dimensões expostas na Escala SARP, o genitor apresentou médias maiores em detrimento das médias da genitora. Nesse sentido, diante dos aspectos descritos até o momento, realizou-se uma discussão sobre os itens da Escala SARP considerados importantes para análise na avaliação da guarda compartilhada. E, também, daquelas dimensões cujas médias apresentadas pelos periciados foram altamente divergentes. Assim, das oito dimensões citadas, merecem destaque a de *características afetivoemocionais e segurança emocional*, visto que nessas existiu uma discrepância maior entre as médias dos genitores; *relacionamento interparental*, a única em que Luana pontuou mais do que Ramon, mesmo que a diferença entre as médias das duas pontuações seja pequena; e *desenvolvimento de identidade*, em que ambos os genitores obtiveram médias iguais, recebendo a pontuação máxima.

ESCALA SARP E GUARDA COMPARTILHADA

A Escala SARP está organizada dentro de dois eixos: competências parentais e necessidades dos filhos. Dentro da composição do primeiro eixo citado, há a dimensão Relacionamento Interparental, que se refere a fatores conjugais que influenciam diretamente na relação parental (Lago & Bandeira, 2013). Entende-se que a análise de todos os itens dessa dimensão seja importante para avaliação em contexto de guarda compartilhada, pois é esperado que os cuidados dispensados à criação dos filhos sejam mantidos após a concessão do compartilhamento da guarda. Sendo assim, esses itens serão discutidos a seguir, já que podem fornecer indicadores de como poderia funcionar, ou não, esse regime entre o ex-casal.

Dentro da dimensão citada, existe o item "Comunicação com o outro genitor". Segundo Lago e Bandeira (2013), independentemente da determinação judicial de visitação e mesmo do tipo de guarda (unilateral ou compartilhada), é necessário ponderar o quanto os genitores são flexíveis para negociar visitas, datas comemorativas e férias. Também há que se investigar se o interesse da criança é considerado, ou se esses acontecimentos são encarados como novos momentos de discórdia entre os sujeitos. Nessa perspectiva, acredita-se que este item, dentro do regime de compartilhamento de guarda, seja talvez o mais importante de análise. Isso porque, nesse tipo de guarda a comunicação entre os genitores precisa não apenas existir, como ser de qualidade, visto que a educação, bem como a criação dos filhos deve ser conjunta.

No caso apresentado, percebe-se que o regime não está funcionando – um dos motivos pode ser devido à existência da medida de proteção imposta pela Lei 11.340 (2006), chamada Maria da Penha. Na prática, a combinação entre os genitores é de que Ramon permaneça com Gabriel durante as semanas e Luana fique com o filho aos finais de semana. Nesse sentido, não há compartilhamento entre eles, e sim uma divisão de dias e tarefas relacionadas ao filho.

A medida de proteção mencionada dificultou a avaliação do item "Flexibilidade de contatos da criança com o outro genitor", pertencente a essa mesma dimensão. Entende-se que tal medida prejudicou essa flexibilidade e, por isso, não se considerou apropriado que algum dos genitores recebesse pontuação máxima. Entretanto, justifica-se a pontuação menor de Ramon em detrimento da pontuação de Luana, por ele ter demonstrado comportamentos rígidos. Exemplifica-se pela proibição de Luana frequentar o contexto escolar do filho ou, ainda, segundo relato dela, quando Ramon deixava de levar Gabriel para sua casa como combinado anteriormente.

Outro item dessa dimensão que merece destaque é aquele que se refere aos "Comportamentos de desqualificação parental". Segundo Lago e Bandeira (2013), esse tipo de atitude é caracterizado por tentativas de debilitar, inspecionar ou eliminar o contato do filho com o outro genitor, que pode ocorrer por meio de prejuízo de sua imagem para o filho. Infelizmente, esse tipo de comportamento é um tanto quanto comum em casos de divórcios conturbados, em que os genitores guardam rancores e amarguras. Assim, esses sentimentos podem ser transpassados para a criança de forma intencional.

No caso ilustrado, igualou-se a pontuação mediana para ambos os genitores por acreditar-se que o fato de Gabriel ter ignorado sua mãe no fórum, aliado à reprodução da fala de seu pai, possa indicar comportamentos de desqualificação parental por parte de Ramon. Em contrapartida, Luana alegou ter sofrido violências domésticas, que o ex-cônjuge faz uso de drogas e que já o fez na frente do filho. Por não se saber a veracidade dessas informações, entendeu-se como possível considerá-las indícios de comportamentos de desqualificação parental. É válido mencionar que este item se torna difícil de avaliar, já que tais atitudes, por muitas vezes, não estão explícitas nos relatos. Entretanto, por meio das impressões gerais transmitidas pelos genitores às avaliadoras durante as entrevistas, combinadas com os resultados dos demais instrumentos utilizados, pode-se subsidiar o entendimento de que existem indícios de comportamentos de desqualificação parental de ambas as partes, que resultaram na pontuação atribuída.

As médias dos genitores na dimensão "Características Afetivoemocionais", do eixo Competências Parentais que apresentamos acima, foram um tanto quanto discrepantes. Por meio do item "manifestações de afeto do genitor", é possível verificar a capacidade de afeto por parte dos genitores, no sentido de que ambos possam orientar e nutrir as necessidades que os filhos apresentem, demonstrando proximidade e companheirismo (Lago & Bandeira, 2013). Tanto Ramon quanto Luana apresentam tais características em relação a Gabriel. Porém, no momento de pontuar a escala, nós confrontamos o relato do menino com o relato dos genitores. A partir de então, encontramos maior coerência na explanação do pai e de seu filho, em relação ao conteúdo que a mãe trouxe na entrevista. Desse modo, entendemos que a pontuação maior deveria ser atribuída a ele.

A dimensão "Cuidados Básicos" tem o intuito de investigar o conhecimento, participação e envolvimento nas atividades diárias do filho. Foi estruturada dessa forma para que não houvesse prejuízo na pontuação do genitor que não detém a guarda da criança, e por entender-se que ele pode até não participar, mas conhecer a rotina e hábitos dos filhos. Entretanto, é essencial avaliar o quanto o genitor envolvia-se com os cuidados básicos da criança antes e após a separação. Possuir tal entendimento é fundamental para compreender a motivação do sujeito para ficar com a guarda do filho (Lago & Bandeira, 2013). Dito isso, não houve grandes divergências nas médias das pontuações de Ramon e Luana, mas é válido ressaltar especificamente a pontuação do item 9. Por meio dos relatos dos genitores, as avaliadoras não identificaram informações suficientes sobre o envolvimento dos genitores na rotina do filho no período anterior à separação e, por isso, acreditaram ser adequada a utilização da opção "Não se Aplica" (NA) para ambos os genitores.

Já com relação ao envolvimento nas atividades diárias após a separação, Luana teve sua pontuação prejudicada, pois, segundo seu relato, aos finais de semana quando o filho está com ela, Gabriel fica sob os cuidados da babá, pois Luana trabalha aos sábados. Foi de entendimento das avaliadoras que Luana poderia despender esse tempo para estar junto de Gabriel, já que é costureira e trabalha em casa. Entretanto, ambos os genitores relataram conhecer de fato a rotina e hábitos do filho e, por isso, pontuaram igualmente no item.

Dentro da mesma dimensão, há o item que avalia o sustento financeiro, que tem como objetivo analisar o engajamento dos genitores para com o sustento de seu filho, existindo ou não acordos judiciais (Lago & Bandeira, 2013). Embora Luana se preocupe em atender às necessidades básicas de Gabriel, não se compromete adequadamente em todos os aspectos, já que, apesar de entender ser importante a permanência do filho em sua atual escola, relatou não ter condições financeiras de arcar com os custos do deslocamento. Sendo assim, compreendeu-se adequado diminuir sua pontuação.

A dimensão "Proteção frente a riscos reais" tem como objetivo considerar os diversos âmbitos em que esse cuidado deve estar presente. Nesse sentido, quando os filhos estiverem sob a tutela de terceiros, é imprescindível que os genitores visem protegê-los física e emocionalmente (Lago & Bandeira, 2013). E para que essa proteção seja efetiva, deve-se, além de outros aspectos, haver um monitoramento das relações sociais dos filhos, o qual se apresenta como um dos itens da dimensão supracitada.

Embora a média da dimensão tenha se apresentado equilibrada, especificamente o item acima mencionado mostrou-se significativamente discrepante em relação aos dois genitores. Ramon apresentou pontuação máxima, enquanto Luana pontuou minimamente. Tal resultado vai ao encontro dos relatos dos genitores. Ramon demonstrou ter conhecimentos, preocupação e se responsabilizar em relação à saúde, à rotina, às amizades e às questões escolares do filho. Já Luana, não relatou ter o mesmo entendimento em relação a Gabriel, inclusive verbalizou não se ater a questões escolares, pois como entende passar pouco tempo com ele, prefere realizar atividades das quais ele goste.

A dimensão "Sistema de normas e valores", segundo Lago e Bandeira (2013), visa avaliar o quanto os genitores conseguem fazer uso de suas autoridades parentais, no sentido de, por meio de suas atitudes e comportamentos, transmitirem valores com coerência para seus filhos. É necessário ressaltar que tão importante quanto estabelecer limites aos filhos é monitorar tais limites. Nesse sentido, os dois itens mencionados fazem parte da dimensão supracitada, sendo que nos dois Ramon recebeu a pontuação máxima, enquanto Luana recebeu a mínima. Tais pontuações são corroboradas pelos relatos dos genitores, visto que Ramon relatou existirem regras entre ele e Gabriel, bem como afirmou que essas são monitoradas. Exemplificou ao mencionar corrigi-lo quando ele faz algo errado. Luana, ao contrário, descreveu que Gabriel não gosta de ser contrariado, por isso, disse não exigir muito do filho, que não lhe obedece.

O segundo e último eixo principal da Escala SARP é denominado como "Necessidades dos filhos". Tal eixo tem como última dimensão, assim como da escala SARP, "Educação e lazer". Esta tem como objetivo avaliar, dentre outros aspectos, a participação dos genitores nas atividades escolares dos filhos, bem como se existe e como se dá o oferecimento de oportunidades de lazer e diversão à criança. O periciado relatou que é responsável pelo deslocamento de Gabriel até a escola, bem como é quem participa das reuniões escolares. Avaliou-se que o envolvimento de Ramon em relação à participação nas atividades escolares de Gabriel é maior e de melhor qualidade quando comparado ao envolvimento de Luana, que já foi explicitado em outro momento na presente discussão.

Da mesma forma, em seu relato, Ramon trouxe situações em que demonstrou oferecer lazer e diversão a Gabriel, ao contrário de Luana. O genitor relatou que costuma ir à praia com Gabriel, atividade que o filho gosta muito, assim como, seguidamente o leva para visitar o avô em Porto Alegre. A genitora afirmou que, nos momentos em que está com o filho, estão envolvidos em assuntos que dizem respeito à comida, pois é isso que Gabriel gosta de fazer. Esse fato evidencia que Luana realiza tentativas de produzir um espaço de lazer ao filho, porém, é importante ressaltar que Gabriel encontra-se acima do peso, o que também demonstra uma falta de entendimento de Luana.

A análise dos dados obtidos com todos os instrumentos utilizados na avaliação evidenciou que os genitores possuem capacidades e limitações em relação aos cuidados com o filho significativamente divergentes, conforme se pode observar no gráfico apresentado. Logo, entendeu-se como importante explanar sobre a dimensão "Segurança emocional", que, conforme Lago e Bandeira (2013), visa a avaliar como a criança se sente emocionalmente quando está com seus pais. Comportamentos e verbalizações coerentes do genitor para com a criança contribuem para que ela se sinta segura emocionalmente, assim como suas demonstrações de afeto e qualidade de sua comunicação com os pais. Nesse sentido, pode-se perceber que Ramon apresentou média muito superior à de Luana. Esse fato é corroborado pelos relatos e impressões gerais transmitidas às entrevistadoras vindas de Gabriel, inclusive no momento em que ele verbalizou ter preferência pelo pai. Embora esse seja um indício menos importante para avaliação do compartilhamento da guarda, é extremamente relevante para o caso de a decisão judicial deferir pela guarda unilateral a Luana, pois a sua não transparência de segurança ao filho reflete em sua relação prejudicada com ele.

CONSIDERAÇÕES FINAIS

Embora Luana pareça implicada na vida de seu filho, não possui planejamentos concretos para dispor de sua guarda. Portanto, considerou-se mais indicado, naquele momento, que Ramon detivesse a guarda unilateral de Gabriel. No que tange ao direito de convivência entre mãe e filho, recomendou-se que a mãe se comprometesse a pelo menos um horário de visitação durante a semana (além dos finais de semana alternados), a fim de acompanhar a rotina, especialmente escolar, do filho. Buscando facilitar o manejo dos encontros entre mãe e filho, sugeriu-se que Rosane, a atual companheira do genitor, pudesse mediar essas combinações (de forma presencial e ao telefone). Essa proposta objetiva tranquilizar Gabriel, que deverá se sentir mais seguro e, dessa forma, espera-se que a tensão conflitiva seja amenizada.

Diante do que foi apresentado no decorrer do capítulo, compreende-se que a guarda compartilhada dos filhos é indicada aos genitores que possuam uma boa comunicação e um bom relacionamento entre eles. E também que ambos os genitores tenham o entendimento de que as necessidades e a qualidade de vida dos filhos devem ser priorizadas, e não os acontecimentos que ocasionaram o fim de seu relacionamento. Ao considerar que identificar tais fatores seja difícil, visto que cada relacionamento, bem como cada processo de disputa de guarda é único, entende-se que a utilização do SARP veio a contribuir com o caso discutido, elucidando tais aspectos por meio da Escala SARP.

REFERÊNCIAS

Bello, R. A. (2012). Guarda alternada versus guarda compartilhada: vantagens e desvantagens nos processos judicializados de continuidade dos laços familiares. **Âmbito Jurídico**, (99). Recuperado de http://www.ambitojuridico.com.br/site/?n_link=revista_artigos_leitura&artigo_id=11387

Bergström, M., Fransson, E., Modin, B., Berlin, M., Gustafsson, P. A., & Hjern, A. (2015). Fifty moves a year: is there an association between joint physical custody and psychosomatic problems in children? *Journal of Epidemiology & Community Health, 69*(8), 769-774. Doi: http://dx.doi.org/10.1136/jech-2014-205058

Brandão, D. V. C. (2005). Guarda compartilhada: só depende de nós. *Revista da Faculdade de Direito*, 2(2), 70-85. Recuperado de https://www.metodista.br/revistas/revistas-ims/index.php/RFD/article/view/472/468.

Brasil. (1916). *Código Civil dos Estados Unidos do Brasil.* Lei n. 3.071, de 1º de janeiro de 1916. Recuperado de http://www.planalto.gov.br/ccivil_03/leis/L3071.htm

Brasil. (1990). *Estatuto da Criança e do Adolescente - ECA.* Lei n. 8.069, de 13 de julho de 1990. Recuperado de http://www.planalto.gov.br/ccivil_03/leis/L8069.htm

Brasil. (2002). *Código Civil.* Lei n. 10.406, de 10 de janeiro de 2002. Recuperado de http://www.planalto.gov.br/ccivil_03/leis/2002/l10406.htm

Brasil. (2008). *Lei n. 11.698, de 13 de junho de 2008.* Altera os arts. 1.583 e 1.584 da Lei n. 10.406, de 10 de janeiro de 2002 (Código Civil), para instituir e disciplinar a guarda compartilhada. Recuperado de http://www.planalto.gov.br/ccivil_03/_Ato2007-2010/2008/Lei/L11698.htm

Brasil. (2010). *Lei n. 12.318, de 26 de agosto de 2010*. Dispõe sobre a alienação parental e altera o art. 236 da Lei nº 8.069, de 13 de julho de 1990. Recuperado de http://www.planalto.gov.br/ccivil_03/_ato2007-2010/2010/lei/l12318.htm

Brasil. (2014). *Lei n. 13.058, de 22 de dezembro de 2014*. Altera os arts. 1.583, 1.584, 1.585 e 1.634 da Lei n. 10.406, de 10 de janeiro de 2002 (Código Civil), para estabelecer o significado da expressão "guarda compartilhada" e dispor sobre sua aplicação. Recuperado de http://www.planalto.gov.br/ccivil_03/_ato2011-2014/2014/Lei/L13058.htm

Carbonera, S. M. (2000). *Guarda de filhos na família constitucionalizada*. Porto Alegre, RS: Sergio Antonio Fabris Editor.

Carlsund, A., Eriksson, U., Löfstedt P., & Sellströme E. (2012). Risk behaviour in Swedish adolescents: is shared physical custody after divorce a risk or a protective factor? *European Journal of Public Health*, *23*(1), 3–8. Doi: https://doi.org/10.1093/eurpub/cks011

Fachin, L. E. (2003). *Elementos críticos à luz do novo Código Civil brasileiro*. Rio de Janeiro, RJ: Renovar.

Grisard Filho, W. (2000). *Guarda compartilhada: um novo modelo de responsabilidade parental*. São Paulo, SP: RT.

Orellana, R. V., Vallejo, F. S-B., & Vallejo, P. S-B. (2004). Separación o divorcio: trastornos psicológicos en los padres y los hijos. *Rev. Asoc. Esp. Neuropsiq*, (92), 91-110. Recuperado de http://scielo.isciii.es/scielo.php?script=sci_arttext&pid=S0211-57352004000400006.

Pineda, D., Martínez, A. M., Piqueras, A., & García, M. (2016). Estilos de crianza, conflicto parental y su relación con sintomatologia depressivo-ansiosa em niños. In R. Arce, B. G. Amado & M. Vilariño (Eds). *IX Congresso Internacional de Psicología Jurídica y Forense*: Libro de Actas. Santiago de Compostela: Sociedad Española de Psicología Jurídica y Forense. (pp. 184-187).

Post, D. (2013). Arguments against joint custody. *Berkeley Journal of Gender, Law & Justice*, *4*(2), 315-325. Recuperado de http://scholarship.law.berkeley.edu/cgi/viewcontent.cgi?article=1033&context=bglj

Rocha, G. P., Julio, A. C. de, & Cabral, F. L. (2012). Da guarda compartilhada no Código Civil brasileiro. *Revista Eletrônica da Faculdade de Direito de Alta Floresta, 3*(3). Recuperado de http://judicare.com.br/index.php/judicare/article/view/44/136

Rodrigues, E. E. & Alvarenga, M. A. de F. P. (2014). Guarda compartilhada: um caminho para inibir a alienação parental? *Revista Eletrônica do Curso de Direito da UFSM*, *9*(2), 320-339. Doi: http://dx.doi.org/10.5902/1981369414772

8. CONTRIBUIÇÕES DO SARP PARA AVALIAÇÃO DA ALIENAÇÃO PARENTAL

Tiziane Alessandra Dobrovolski
Vivian de Medeiros Lago

INTRODUÇÃO

O aumento da incidência de divórcios na contemporaneidade tem proposto novas constituições de relacionamentos familiares (Amato, 2014; Fonseca, 2006; Gardner, 2002; Rocha, Cury, & Rocha, 2015). Nesse contexto, os processos de separação conjugal compreendem uma série de negociações acerca dos bens e responsabilidades compartilhadas entre o casal. Nos casos em que há menores envolvidos, se faz necessário acordar entre os progenitores o regime de guarda que melhor irá se adequar aos interesses e possibilidades de todos. Atualmente, no Brasil, os juízes buscam determinar que a guarda das crianças seja compartilhada entre os responsáveis, sempre que possível. Esse regime de guarda abrange, além do contato físico e da comunicação, a garantia de que ambos os adultos participem ativamente do crescimento e da educação dos filhos. Contextos de separação litigiosa podem interferir nas relações parentais, influenciando também a condução de processos de disputa de guarda. Em decorrência disso, os adultos por vezes encontram nos filhos uma oportunidade de vingança contra o antigo cônjuge e tentam impedir o convívio entre eles.

Em 1985, Richard Gardner, psiquiatra forense americano, cunhou o termo Síndrome de Alienação Parental (SAP) para um tipo específico de abuso emocional infantil. De acordo com o autor, a SAP consiste na interferência de um dos genitores no relacionamento entre os filhos e o outro cuidador, causando distorções nas percepções das crianças sobre o outro genitor com o intuito de inviabilizar a convivência entre eles (Gardner, 2002). A literatura distingue o termo alienação parental (AP) da Síndrome da Alienação Parental, sendo que uma é decorrente da outra (Brenet, 2008). A alienação parental, dessa forma, é um estágio anterior à Síndrome da Alienação Parental. Na alienação parental, um dos pais perturba as impressões do filho em relação ao outro genitor, mas a criança não repudia o convívio com o adulto. A ocorrência de ambas considera um ambiente em que os genitores estão envolvidos em processos de divórcio hostis, abrangendo também situações de disputa de guarda.

No início do século XIX, muitos juízes americanos preocuparam-se com os casos de separação em que um dos pais "envenenava a mente" do filho contra o outro (Fonseca, 2006). Contudo, somente na década de 1980 que pesquisadores e profissionais que trabalhavam com perícias em processos de guarda começaram a registrar padrões de comportamentos identificados nessas circunstâncias. Gardner (2002) contextualizou que o aumento desses casos esteve relacionado, primariamente, a duas mudanças nas conjunturas no âmbito do desenvolvimento legal em casos de disputa de guarda. A primeira foi a substituição da doutrina dos anos tenros para a doutrina do melhor interesse da criança. A doutrina dos anos tenros pressupunha que as mães, devido ao fato de serem mulheres, seriam naturalmente mais qualificadas do que os homens na criação dos filhos. O princípio da doutrina dos melhores interesses da criança considerava a capacidade parental como um dos fatores relevantes para a concessão da guarda, de forma que o gênero do responsável deixava de ser um aspecto expressivo nas decisões. A partir dessa mudança, os genitores masculinos passaram a considerar a possibilidade de assumir a guarda dos filhos. A segunda mudança foi a implementação da guarda compartilhada, que propunha um paradigma distinto da guarda unilateral. Essa transição reduziu o tempo que as antigas guardiãs dispunham para ficar com seus filhos, intensificando os litígios referentes à guarda nos Estados Unidos.

No Brasil, o Estado exerce poucas intervenções sobre a vida privada das famílias, gerando descompassos na regulação ativa de situações de abuso e negligência. Essa lacuna, segundo Brockhausen (2012), pode ser uma das causas para o país ser o único com uma legislação específica para os casos de alienação parental. Antes dessa formulação, o Estatuto da Criança e o Código de Processo Civil tinham subsídios para regular e proibir os atos de alienação. Porém, na prática, essas ações raramente eram homologadas. A legislação vigente no ordenamento jurídico brasileiro, que dispõe acerca da alienação parental (Lei n. 12.318/2010), tem como preceito a regulamentação de forma mais efetiva do convívio dos filhos com ambos os genitores após a separação conjugal (Brasil, 2010). Esse ordenamento refere que a exposição de crianças a comportamentos de alienação parental viola o direito fundamental à convivência familiar, impactando o relacionamento destas com seus pais. Os comportamentos de alienação parental podem ser caracterizados como abuso moral contra crianças e adolescentes. Assim, consequentemente, o autor dessa conduta descumpre seus deveres como genitor.

A Lei da Alienação Parental busca assegurar a proteção e o melhor interesse da criança e do adolescente (Brasil, 2010). No seu ordenamento estão ilustrados os conceitos e atos de alienação parental, sendo que o primeiro corresponderia a qualquer ação de um dos responsáveis para que o menor rejeite o outro progenitor, enquanto o segundo consideraria atos isolados, previstos em lei, nos quais há a intenção de afastar a criança do convívio com o outro adulto. Essas ações conceberiam: realizar campanhas de desqualificação do genitor, dificultar o exercício da autoridade parental, impossibilitar o contato do filho com o outro responsável, inibir o direito de convivência familiar, omitir do outro cuidador informações relevantes sobre o menor, apresentar falsas denúncias contra o antigo cônjuge e sua família e mudar de residência para um local distante sem justificativa, buscando dificultar a convivência da criança e seu familiar.

Brockhausen (2012) destaca a relevância de apontar que os conceitos utilizados na lei não equivalem à teoria proposta por Gardner, embora essa tenha sido utilizada para a formulação daquela. Nesse sentido, é estabelecido que a prática de ato de alienação parental constitui abuso moral contra as crianças e adolescentes e que, uma vez declarados indícios de tal conduta, o magistrado pode, para assegurar a integridade física ou psicológica destes, eventualmente declarar que as visitas sejam assistidas (Brasil, 2010). Para que ocorra tal determinação, o juiz designará perícia psicológica ou estudo social. Caso haja a caracterização de atos típicos de alienação parental, a legislação institui sanções para o alienador, como: advertência, multa, acompanhamento psicológico, inversão da guarda, até a suspensão da autoridade parental.

O FENÔMENO DA ALIENAÇÃO PARENTAL

A literatura aponta duas terminologias distintas para os responsáveis envolvidos nesse fenômeno, de forma que o genitor que procura afastar a criança do convívio do outro é reconhecido como o progenitor alienador, enquanto o outro, que perde o contato com o filho, é identificado como o alienado. O alienador é geralmente aquele que detém a custódia, e esse papel, em sua maioria, é desempenhado pelas mães (Fonseca, 2006; Nunes, 2015). Os comportamentos alienadores tendem a ser inconscientes ou retratados de formas socialmente aceitáveis, sendo comum denegrir o genitor alvo, assim como interferir no contato dele com o filho. Essas práticas alienantes, apesar de dirigidas aos mesmos objetivos, possuem diferentes motivações, as quais podem ser resultado de determinadas circunstâncias, como as características da personalidade do genitor alienador, as dificuldades de relacionamento entre os pais ou a busca por algum tipo de vingança contra o antigo cônjuge (Utida & Santos, 2016; Vassilou & Cartwright, 2001).

A alienação parental compreende uma ampla variedade de comportamentos associados à alienação da criança por um dos cuidadores. Esse fenômeno abrange a reação do filho em rejeitar o relacionamento com um dos pais (Brenet, 2008; Brockhausen, 2012; Nunes, 2015). A resistência em relação às visitações de um dos genitores, contudo, pode estar relacionada a diversos fatores, e não necessariamente à alienação parental. Durante um processo de desenvolvimento típico, as crianças são capazes de experienciar uma preferência por um dos pais, a qual pode mudar com o decorrer do tempo e ainda oscilar entre os adultos, dependendo do estágio do desenvolvimento infantil (Brenet, 2008). Há situações em que a criança ou adolescente demonstra-se incomodado com o responsável que iniciou o divórcio, julgando que somente este seria o culpado pela separação. O hábito de criticar o outro progenitor na frente dos filhos é comum entre os adultos que estão no contexto de alienação parental, sendo que as crianças podem acreditar nessas denúncias e acabarem, de alguma forma, alienados por estes responsáveis.

As crianças tendem, também, a se tornar alienados em razão de terem vivenciado abusos físicos, emocionais, sexuais ou situações de negligência (Gardner, 2002). As práticas alienantes podem ser dirigidas a outras pessoas, como em circunstâncias em que o responsável demonstra comportamentos antissociais, narcisistas ou de dependência química. Dessa forma, uma parentalidade debilitada viabiliza a ocorrência da alienação parental direcionada aos filhos. Essas manifestações, porém, não se equivalem à Síndrome da Alienação Parental, na qual as críticas ao outro pai levam à exclusão completa do convívio com a criança.

O QUE DEVE SER AVALIADO?

A *American Psychological Association* publicou orientações para psicólogos que conduzem avaliações nos contextos de disputa de guarda (Ackerman, 1994). Foram destacados alguns fatores que devem ser considerados ao avaliar o melhor interesse das crianças, os quais consideram todos os integrantes familiares. Incluem-se: (a) a avaliação das capacidades parentais dos adultos, considerando seus conhecimentos e habilidades ou a falta deles; (b) uma análise das necessidades funcionais e psicológicas de cada criança, assim como os desejos delas; (c) antever se as habilidades funcionais de cada pai correspondem às necessidades dos filhos, considerando a interação entre eles. Também devem ser avaliados os valores relevantes para a parentalidade de cada genitor, a habilidade de planejar as futuras necessidades dos menores, a capacidade de propiciar um lar amoroso e estável, assim como qualquer comportamento inapropriado em potencial que possa influenciar os filhos.

Posteriormente, a *American Academy of Child and Adolescent Psychiatry* (1997) publicou os Parâmetros Práticos para a Avaliação de Guarda, que considerou a alienação parental em suas recomendações. Sugeriu-se que, diante desse fenômeno, é importante que o profissional responsável pela avaliação construa hipóteses acerca das origens e significados dos comportamentos e consequências envolvidas. Considerou-se que às vezes sentimentos negativos em direção a um dos genitores podem ser catalisados e nutridos pelo outro pai e, em outros casos, eles são o resultado de sérios problemas no relacionamento com o genitor rejeitado, e prévios à situação do divórcio. Nesses casos, os comportamentos dos filhos não caracterizam a alienação parental.

Constata-se no contexto brasileiro a falta de instrumentos e técnicas de avaliação específicos para o âmbito forense, o que aponta uma demanda emergente para a realização de estudos de adaptação ou construção de testes psicológicos (Lago et al., 2010; Rovinski, 2007). Diante dessa lacuna, Lago e Bandeira lançaram em 2013 o Sistema de Avaliação do Relacionamento Parental (SARP), que corresponde a um conjunto de técnicas para avaliar a qualidade do relacionamento entre crianças e seus responsáveis. O SARP originalmente se dispunha a subsidiar recomendações para processos de disputa de guarda e regulamentação de visitas; contudo, o construto de relacionamento parental pode englobar diferentes demandas decorrentes de processos nas Varas de Família e Juizados da Infância e da Adolescência. As autoras identificaram o conceito de relacionamento parental como "a capacidade dos pais em atender às necessidades de cuidados, proteção, afeto, educação e lazer de seus filhos" (p. 20). Essa definição aproxima-se da compreensão do que seria a competência parental, de forma que ambos os construtos correspondem às potencialidades dos pais para contribuir com o desenvolvimento saudável e o bem-estar de seus filhos (Budd, 2005; Pereira & Alarcão, 2011).

O SARP parte teoricamente dos pressupostos da Teoria Familiar Estrutural, de acordo com a qual as características de um sujeito estão relacionadas às formações dos processos de interação familiar. Dessa forma, para avaliar o relacionamento parental e, consequentemente, a alienação parental, faz-se necessário considerar os padrões transicionais da família (Minuchin, 1982). Evidenciam-se três construtos fundamentais nessa compreensão: estrutura, subsistemas e fronteiras (Nichols & Schwartz, 2007). A estrutura corresponde aos padrões de interação organizados entre os integrantes da organização familiar. Os subsistemas representam a disposição de características como geração, gênero e interesses em comum, formando assim, os subsistemas conjugal, parental e fraternal. As fronteiras são as barreiras responsáveis pela regulação da interação entre os sujeitos, subsistemas e a família enquanto um todo.

Devido à possibilidade de utilização do SARP[35] em diferentes casos, pode ser aplicado em outros contextos de avaliação em que se objetiva investigar a relação parental, como casos de adoção, de perda do poder familiar, parentalidade socioafetiva e de alienação parental. Essas utilizações, contudo, necessitam passar por modificações e adaptações da Entrevista SARP e do "Meu Amigo de Papel". O objetivo desse capítulo é apresentar um caso de perícia de disputa de guarda com suspeita de alienação parental que será utilizada para elucidar como o SARP pode auxiliar na avaliação de alienação parental. As análises apresentadas consideraram as descrições dispostas no

35 O SARP é composto por três técnicas: Entrevista SARP, protocolo de avaliação infantil *Meu Amigo de Papel* e Escala SARP. Para mais informações sobre o instrumento, vide Capítulo 5 desta obra.

manual do SARP e as apreciações da literatura sobre as características desse fenômeno. Dessa forma, a discussão será feita somente dos itens da escala SARP que estão diretamente relacionados a este contexto.

CASO DE GABRIEL E ANDRESSA

Gabriel e Andressa eram casados, e dessa união tiveram dois filhos, Matheus e Fernando, com 14 e 10 anos, respectivamente. Os genitores se separaram devido à existência de conflitos conjugais, sendo inicialmente determinado que Matheus ficaria sob os cuidados do pai e Fernando, com a mãe. Diante de denúncias de que Andressa estava sendo negligente em relação à educação do filho, Gabriel assumiu a guarda provisória dos jovens. A realização de uma perícia psicológica foi solicitada mediante a abertura de um processo, por parte do pai, para a determinação da guarda unilateral ao seu favor. Nessa avaliação, foi realizada a Entrevista SARP com ambos os genitores, a aplicação do protocolo *Meu Amigo de Papel* com Fernando e uma entrevista com Matheus.

Durante a Entrevista, o genitor contou que conheceu Andressa através de amigos em comum. Acreditava que havia um bom relacionamento entre ele e a esposa, porém reconheceu que somente a gravidez do primeiro filho foi planejada. Ao falar disso, culpabilizou a genitora pela segunda gravidez, ponderando que na época estavam com dificuldades financeiras. Avaliou que não houve mudanças na vida do casal após o nascimento dos filhos, tendo dificuldade para falar do seu envolvimento com a rotina e as necessidades das crianças enquanto estava casado. Desqualificou o cuidado materno ao dizer que, após o divórcio, Andressa ficou com Fernando, porém não auxiliava a criança com as tarefas escolares. Nessa época, o jovem não frequentava a casa do genitor, sendo que o entrevistado alegou que não quis entrar em contato com Andressa para exercer seu direito às visitas. Após a denúncia de negligência, Fernando passou a ficar sob a responsabilidade do pai. Gabriel explicou que permitiria que os filhos visitassem a genitora, porém isso não estava acontecendo porque eles teriam medo de ser agredidos por ela. O pai não tinha uma comunicação com Andressa acerca dos assuntos referentes aos filhos, sendo que tomava as decisões referentes aos jovens unilateralmente. Durante a entrevista demonstrou convicção de que ficaria com a guarda de Matheus e Fernando, não reconhecendo outra pessoa que poderia se responsabilizar por eles.

Andressa confirmou que conheceu Gabriel por meio de amigos em comum, mas considerou que o período em que estiveram juntos foi desagradável devido aos comportamentos agressivos do companheiro. Disse que solicitou o divórcio sem o consentimento do marido, explicando que sofria agressões físicas e verbais constantemente, que também eram direcionados aos filhos. Relembrou que a segunda gravidez não foi planejada, sendo que após o nascimento de Fernando o marido foi intolerante em relação às necessidades do filho. Por exemplo, recorda que na época ela tinha que dormir na sala, pois ele não queria ouvir o choro da criança. Ao falar das práticas parentais de Gabriel, contou que ele impunha castigos aos meninos e não deixava que eles brincassem com os amigos em casa porque não gostava do barulho. Relatou ser a principal responsável pelo cuidado dos filhos, acreditando que eles deveriam estar sentindo a sua falta. Após o evento em que Fernando foi morar com o pai, não teve mais contato com os filhos. Fez algumas tentativas de visitá-los, de acordo com o combinado no acordo de divórcio e definição da guarda das crianças, porém eles recusaram sua companhia. Em alguns episódios, tentou combinar com o ex-marido um horário para ver os jovens, mas eles saíam de casa nesses momentos. Confirmou que não havia diálogo entre ela e Gabriel. Ponderou que gostaria de ficar com a guarda dos filhos e de saber se eles estão tendo suas necessidades atendidas, porém, caso isso não seja possível, deseja ter o direito às visitas para poder conviver com eles.

Matheus e Fernando falaram pouco durante a avaliação, mencionando somente os cuidados e situações presenciados na companhia do genitor. Fernando quis descrever os momentos em que esteve somente com o pai e o irmão, referindo que não via a mãe e que não fazia nada com ela. Ao ser estimulado a falar sobre Andressa, o jovem reagia com aversão, dando resposta curtas e depreciativas. Matheus também manifestou que não tinha interesse em retomar o convívio com a genitora, destacando o irmão como uma figura de referência de afeto.

DISCUSSÃO DO CASO A PARTIR DOS ITENS DA ESCALA SARP

A escala SARP compreende oito dimensões: "Relação interparental"; "Características afetivoemocionais"; "Cuidados básicos"; "Proteção frente a riscos reais"; "Sistema de normas e valores"; "Segurança emocional"; "Desenvolvimento da identidade"; e "Educação e laze"r. A dimensão

"Relação interparental" abrange itens da Entrevista SARP que investigam aspectos do subsistema conjugal que influenciam diretamente o sistema parental. Concebe-se, portanto, que o relacionamento entre os genitores influencia o relacionamento entre pais e filhos (Erel & Burman, 1995). Dentre os seis itens avaliados na dimensão da "Relação interparental", quatro podem contribuir especificamente para avaliações em casos de suspeita de alienação parental: Conflito conjugal pré-separação; Comunicação com o outro genitor; Flexibilidade em relação aos contatos do filho com o outro genitor; e Comportamentos de desqualificação parental.

O item "Conflito conjugal pré-separação" corresponde aos possíveis prejuízos que emergem na relação parental em decorrência das desavenças vivenciadas no subsistema conjugal. A literatura aponta a grande presença desses atravessamentos em contextos de alienação parental, sendo que os atritos decorrentes da separação dos adultos podem ser transpostos aos filhos em ações como a realização de campanhas de difamação (Brockhausen, 2012; Fonseca, 2006; Gardner, 2002). Esse item se relaciona diretamente com os itens "Comunicação com o outro genitor" *e* "Flexibilidade em relação aos contatos do filho com o outro genitor", pois há uma proporcionalidade entre a intensidade do conflito entre os responsáveis e a fragilidade da comunicação entre eles (Peck & Manocherian, 2001). O não compartilhamento de informações referentes aos aspectos da vida dos filhos, como escola, saúde e amigos, dificulta a realização de combinações entre os progenitores, de forma que comumente só um dos responsáveis realiza as decisões em relação à criação do filho.

A "Flexibilidade em relação aos contatos do filho com o outro genitor" é outro item característico das dinâmicas de alienação parental, quando evidenciada uma pontuação baixa, ou seja, inadequada ao relacionamento parental. No contexto da alienação parental, é esperado que um dos responsáveis dificulte o convívio entre o antigo cônjuge e a criança, como consequência das desavenças da separação. É relevante salientar que, embora existam determinações judiciais referentes ao direito de convivência e à guarda, deseja-se que as combinações entre os adultos considerem o melhor interesse da criança. Exemplo: um casal acordou que as visitas dos filhos ao pai ocorreriam quinzenalmente, mas em determinado ano a data do dia dos pais caiu no final de semana da mãe. Esta demonstrou-se irredutível em relação aos filhos passarem o dia dos pais com ele, mesmo havendo a solicitação das crianças para ficar o pai.

Outro forte indicativo para a identificação de alienação parental seria uma alta pontuação no item "Comportamentos de desqualificação parental". Os contextos de separação litigiosa, em que há a presença de ressentimentos e mágoas entre os adultos, podem colocar em risco o desenvolvimento psicológico dos filhos, quando estes são colocados em conflitos de lealdade (Wallerstein & Kelly, 1980). Exemplos desses comportamentos seriam as tentativas de enfraquecimento do contato do filho com o outro responsável, através da recusa de informações sobre a criança ou da desvalorização do outro genitor.

No caso previamente descrito, observa-se a existência de informações pertinentes aos itens da dimensão "Relação interparental". Andressa relatou que havia conflitos conjugais entre ela e Gabriel, destacando que teria vivenciado agressões físicas e psicológicas. Apesar do genitor não falar sobre a existência de desavenças entre ele e a ex-esposa, em diversos momentos da entrevista ele a desqualificou. Matheus e Fernando tiveram dificuldade em falar sobre a mãe, sendo possível inferir que esse distanciamento poderia estar relacionado com o comportamento do pai de difamá-la. A comunicação entre os genitores era inexistente, sendo que Gabriel não incentivava o convívio de Andressa com os filhos.

A dimensão "Características afetivoemocionais" considera os itens: Interferência do estado emocional do genitor na relação parental; e Manifestações de afeto do genitor. Para avaliar suspeitas de alienação parental, é relevante enfatizar o item "Interferência do estado emocional do genitor na relação parental". Evidencia-se que o período que compreende o divórcio suscita um estado mais elevado de vulnerabilidade emocional nos envolvidos, permeado por estresse, depressão, ansiedade e ambivalência (Peck & Manocherian, 2001). Assim sendo, mágoas, estresse e rancores da relação conjugal podem interferir na relação pais-filhos, sendo uma característica evidenciada no fenômeno da alienação parental. A inexistência de diálogo entre Gabriel e Andressa pode indicar a existência de sentimentos negativos entre eles, sendo possível observar a interferência do subsistema conjugal na funcionalidade do subsistema parental.

A dimensão "Cuidados básicos" busca compreender como cada genitor participa das atividades cotidianas dos filhos. Os quatro itens que compõem essa dimensão podem auxiliar na compreensão do fenômeno da alienação parental, sendo possível obter parâmetros de como era o comprometimento dos adultos com as crianças antes e após o divórcio. Divergências entre os dados dos itens "Envolvimento nas atividades diárias do filho antes da separação" e "Envolvimento nas atividades diárias do filho depois da separação" podem elucidar a existência de um quadro de alienação, quando há a diminuição na participação de um dos genitores nos cuidados, em razão da obstacularização, por parte do alienador, de contato entre alienado e filho (Gardner, 2002). A perícia permitiu verificar que, durante o casamento, Gabriel era pouco ativo em relação às atividades diárias dos filhos, sendo que Andressa era a principal responsável. Após a separação, o genitor demonstrou maior interesse em se responsabilizar pelas necessidades dos filhos, passando a menosprezar a participação da mãe nas atividades escolares de Fernando.

A escala SARP possibilita a análise da participação dos pais nos cuidados dos filhos, considerando tanto o envolvimento quanto o conhecimento dos eventos cotidianos da criança. O item "Conhecimento acerca dos cuidados básicos do filho" permite que sejam considerados os casos em que os cuidadores não podem participar efetivamente da rotina das crianças, devido a suas atividades laborais ou ao fato de estes não deterem a guarda. Dessa forma, pontuações altas nesse item permitem compreender a implicação dos pais em relação aos filhos, mesmo quando o contato diário não é possível, assim como evidenciam a existência de uma boa comunicação com o outro responsável.

A dimensão "Segurança emocional" avalia a adequação das práticas parentais voltadas ao desenvolvimento e à socialização das crianças através dos itens "Consistência parental"; "Manifestações de afeto do filho para com o genitor"; e "Comunicação com o filho". O desenvolvimento infantil demanda dos cuidadores o estabelecimento de limites e, ao mesmo tempo, autonomia, através de um ambiente que provenha autoridade parental e segurança (Minuchin & Fishman, 2003). O primeiro item a ser observado nessa dimensão é "Consistência parental", que considera a importância da comunicação, integrando o cumprimento de combinações e promessas. Esse comportamento contribui para o estabelecimento de segurança emocional dos filhos. Uma análise qualitativa da pontuação desse item pode caracterizar comportamentos de alienação parental. Exemplo: o genitor não guardião combina uma visita com o filho, mas não cumpre com isso. A responsável, então, comunica para a criança que o pai não virá. Essa situação difere daquela em que o progenitor combina uma visita com a criança, mas a genitora não permite a concretização disso, e conta para o filho que o pai não cumpriu o combinado.

Os itens "Manifestações de afeto do filho para com o genitor" e "Comunicação com o filho", quando pontuados como inadequados, demonstram indícios consideráveis para a existência de uma dinâmica alienante. O relacionamento da criança com o genitor alienado tende a ser prejudicado em decorrência da campanha difamatória do genitor alienador (Brenet, 2008; Madaleno & Madaleno, 2014). Este pode modificar as lembranças e percepções prévias da criança em relação ao outro cuidador, de forma que o repúdio ao convívio com ele adquire um forte teor emocional.

O "Desenvolvimento da identidade" é uma dimensão que considera a importância de a criança ser reconhecida pelos genitores. O item dessa dimensão que interessa para avaliação da alienação parental é "Identidade pessoal". O desenvolvimento da identidade depende da cooperação dos pais. Os filhos demandam diferentes cuidados parentais ao longo de seu desenvolvimento, sendo necessário o acompanhamento das mudanças e adequação das responsabilidades parentais (Nichols & Schwartz, 2007). Os sentimentos de aceitação, dessa forma, são cruciais para o estabelecimento da autonomia da criança. O contexto de alienação parental interfere nesse processo, pois as crianças podem não se sentir aceitas pelo genitor alienado (Madaleno & Madaleno, 2014). Dessa forma, uma baixa pontuação no item "Identidade pessoal" pode indicar a existência desta dinâmica.

A dimensão "Educação e lazer" engloba os itens "Educação formal"; "Participação nas atividades escolares"; e "Atividades recreativas". A integração da criança ao ambiente escolar demanda a participação dos cuidadores, exigindo que a família desenvolva estratégias para acompanhar as tarefas escolares e seguir as regras desse novo sistema (Minuchin & Fishman, 2003). Essa participação é fundamental, pois influencia a dedicação e o desempenho dos filhos nos estudos. Além da educação formal, é necessário que os genitores participem de atividades recreativas junto aos filhos, o que facilita o desenvolvimento cognitivo, o ajustamento interpessoal e o desempenho escolar. No caso das avaliações de alienação parental, destacam-se baixas pontuações nos itens "Participação nas atividades escolares" e "Atividades recreativas", quando a não participação é consequência de outros indícios averiguados no restante da escala.

CONSIDERAÇÕES FINAIS

Objetivou-se, por meio da discussão de alguns itens da Escala SARP, elucidar aspectos relevantes de serem investigados quando diante de uma suspeita de alienação parental. O presente capítulo explorou alguns itens da Escala SARP que possuem relevância teórica para a compreensão das dinâmicas familiares presentes nesses casos. Embora derivados de uma escala usada como uma medida quantitativa para avaliar o relacionamento parental, resta evidente a importância da análise qualitativa de cada item apontado, considerando-se as especificidades de cada família. A dinâmica familiar envolvida em cada caso merece uma avaliação minuciosa e contextualizada, investigando aspectos que perpassam o histórico do casal, a ruptura da relação conjugal e, consequentemente, a qualidade da relação pais-filhos no momento em que essa família se apresenta para uma perícia psicológica. Diante da complexidade envolvendo esses casos, sugere-se que os profissionais responsáveis por essas avaliações se mantenham atualizados acerca dos padrões legais vigentes e dos fenômenos psicológicos envolvidos nessa dinâmica. Na medida em que ocorre a familiarização com esse aporte teórico, os psicólogos poderão analisar as especificidades dos casos atendidos e discernir quais itens da Escala SARP podem ser úteis para a compreensão da dinâmica familiar em questão. Por fim, vale destacar que as autoras não entendem a alienação parental como um diagnóstico, mas sim como um processo, que abrange diferentes etapas e caracteriza-se por um conjunto de comportamentos e intenções, derivados de relações familiares tumultuadas.

REFERÊNCIAS

Amato, P. R. (2014). The consequences of divorce for adults and children: An update. *Društvena istraživanja: časopis za opća društvena pitanja*, *23*(1), 5-24.

American Academy of Child and Adolescent Psychiatry. Practice parameters for child custody evaluation. (1997). *Journal of the American Academy of Child and Adolescent Psychiatry*, *36*, 57–68.

Ackerman, M. J. (1994). American Psychological Association Guidelines for Child Custody Evaluations in Divorce Proceedings. *AM. J. FAM. L.*, *8*, 129-34.

Baker, A. J. (2007). Knowledge and attitudes about the parental alienation syndrome: A survey of custody evaluators. *The American Journal of Family Therapy*, *35*(1), 1-19.

Bernet, W. (2008). Parental Alienation Disorder and DSM-V. *The American Journal of Family Therapy*, *36*, 349-366.

Brasil. (2010). *Lei 12.318 de Agosto de 2010.* Institui o Código Civil. Brasília: Senado Federal.

Brockhausen, T. (2012). Alienação parental: caminhos necessários. *Psicologiaciência e profissão, 9*, 15-16.

Erel, O. & Burman, B. (1995). Interrelatedness of marital relations and parente-child relations: a meta-analytic review. *PsychologicalBulletin, 118*(1), 108-132.

Fonseca, P. M. P. C. da. (2006). Síndrome de alienação parental. *Pediatria (São Paulo), 28*(3), 162-8.

Gardner, R. A. (1985). Recent trends in divorce and custody litigation. *Academy forum, 29*(2), 3-7.

Gardner, R. A. (2002). Parental Alienation Syndrome vs. parental alienation: which diagnosis should evaluators use in child-custody disputes? *American Journal of Family Therapy, 30*(2), 93-115.

Lago, V. M.; Amaral, C. E. S.; Bosa, C. A.; & Bandeira, D. R. (2010). Instrumentos que avaliam a relação entre pais e filhos. *Revista Brasileira de Crescimento e Desenvolvimento Humano, 20*, 330-341.

Madaleno, R.; Madaleno, A. C. (2014). *Sindrome de alienação parental: a importância de sua detecção com seus aspectos legais e processuais.* Rio de Janeiro: Forense.

Minuchin, S. (1982). Um modelo familiar. In S. Minuchin. *Famílias: funcionamento e tratamento,* (pp. 52-69). Porto Alegre: Artes Médicas.

Minuchin, S.; Fishman, C. (2003). Técnicas de terapia familiar. Porto Alegre: Artes Médicas.

Nichols, M. P.; & Schwartz, R. C. (2007). Terapia familiar estrutural. In M. P. Nichols, & R. C. Schwartz, *Terapia Familiar: conceitos e métodos*, (pp. 181-204). Porto Alegre: Artmed.

Nunes, R. S. (2015). A importância da psicologia nos litígios que envolvem atos de alienação parental. *Psicologia e Saúde em debate, 1*(2), 46-54.

Peck, J. S.; & Manocherian, M. S. (2001). O divórcio nas mudanças do ciclo de vida familiar. In B. Carter, & M. McGoldrick, *As mudanças no ciclo de Vida Familiar: umaestrutura para a terapia familiar*, (pp. 291-320). Porto Alegre: Artmed.

Rocha, J. S. C. F.; Rocha, R. F.; & Cury, P. J. S. (2015). Breve ensaio sobre família: da pré-história à contemporaneidade. *Jus Populis, 1*(1), 243-268.

Utida, F. M. M.; & Santos, J. R. O. (2016). A família sob o olhar da alienação parental. *Revista Uningá Review, 28*(2).

Vassiliou, D., & Cartwright, G. F. (2001). The lost parents' perspective on parental alienation syndrome. *American Journal of Family Therapy, 29*(3), 181-191.

Walker, L. E., & Shapiro, D. L. (2010). Parental alienation disorder: why label children with a mental diagnosis?.*Journal of child custody, 7*(4), 266-286.

Wallerstein, J.; Kelly, J.B. (1980). *Surviving the breakup: How children and parentes cope with divorce.*New York: Basic Books.

Parte 3
Práticas nas Varas de Família

9. CONSIDERAÇÕES SOBRE O TRABALHO INTERDISCIPLINAR NAS VARAS DA FAMÍLIA DO JUDICIÁRIO CATARINENSE: OS ESTUDOS PSICOSSOCIAIS

Carmem Lúcia da Silva
Leda Pibernat Pereira da Silva

As reflexões tematizadas neste artigo têm como alicerce o trabalho interdisciplinar de assistentes sociais e psicólogos do Poder Judiciário de Santa Catarina. Para tanto, retratar um breve histórico da inserção desses profissionais no aparato da Justiça catarinense foi o ponto de partida para contextualizar o universo sobre o qual nos debruçamos, especialmente os concernentes às Varas da Família, cuja problematização desse "sujeito" se fez necessária para dimensionar de quem estamos falando.

Atuando na dimensão da vida privada dos sujeitos, a Justiça operacionaliza sua intervenção por meio de determinações judiciais que chamam à cena do processo os profissionais de Serviço Social e Psicologia para desvendarem, sob o olhar específico de suas áreas, as complexidades da subjetividade apresentadas nos autos. A fronteira dessa atuação mereceu um recorte neste documento que, ao mesmo passo em que grifa semelhanças, trata das diferenças inerentes às áreas de atuação, bem como a problematização do trabalho interdisciplinar e a regulamentação dos Conselhos de cada categoria profissional sobre a temática. Ainda nessa esteira, destaca-se a relevância técnica e ética na elaboração dos documentos inseridos aos autos, na perspectiva de salvaguardar os sujeitos envolvidos, filtrando o que de fato é relevante ao processo. E, por fim, refletimos sobre a ausência de equipes multiprofissionais nas comarcas, contrariando várias normativas que apontam a necessidade dessa estruturação, cujas repercussões incidem diretamente no atendimento da população, que tem o acesso à Justiça de forma precarizada.

CONTEXTUALIZANDO A INSERÇÃO DAS EQUIPES TÉCNICAS NO JUDICIÁRIO CATARINENSE E O "SUJEITO" DA INTERVENÇÃO NAS VARAS DA FAMÍLIA

O trabalho em equipes multiprofissionais no Poder Judiciário Catarinense é recente e ainda restrito a algumas comarcas, considerando que apenas contemplam esse quadro profissionais do Serviço Social e Psicologia, cuja história na instituição foi sendo desenhada distintamente. Os assistentes sociais contam com uma história de quase 50 anos de inserção nesse órgão de Justiça (o cargo foi criado pela Lei 4.549 de 1970), com a distribuição de duas vagas para a capital (Florianópolis), com a intenção de auxiliar o juiz nas demandas da antiga "Vara de Menores". Posteriormente, houve a inserção de uma assistente social para atuar na Vara da Família, o que ocorreu em 1981, também na capital. Atualmente, esse profissional está inserido em todas as 111 comarcas do estado.

A respeito da inserção da Psicologia no Poder Judiciário Catarinense, sua história é mais recente. Somente em 2006, por meio da Lei Complementar 366, foram criadas as primeiras vinte vagas para o cargo de psicólogo, cuja nomeação dos primeiros profissionais, após concurso público, se deu apenas em 2009. Ou seja, no Judiciário Catarinense o trabalho interdisciplinar entre psicólogos e assistentes sociais nas Varas da Família completou recentemente uma década, e tem uma cobertura muito restrita, visto que apenas 19 das 111 comarcas do estado contam com psicólogo em seu quadro funcional, o que representa apenas 17% das comarcas do estado.

Desta feita, para além da existência desses dois profissionais atuando na mesma comarca, o caminhar conjunto numa perspectiva da interdisciplinaridade é algo incipiente, que merece um debruçar mais atento a fim de qualificar os atendimentos destinados às famílias, cujas complexidades da demanda requerem cada vez mais aprofundamentos e estudos. Afinal de contas, o sujeito "família" tem sofrido várias transformações ao longo da existência, e os padrões de relacionamento anteriormente estabelecidos como "naturais" tornaram-se difusos e os laços esgarçados (Sarti, 2003). Laços que são construídos por meio dos diferentes processos, por meio dos quais a família vem se (re)desenhando, desde as distintas formas de reprodução da espécie, não necessariamente vinculadas à relação sexual, passando também pelas novas conotações do sistema econômico-político e cultural em que estamos inseridos, e que afiança a inserção dos membros da família na construção de estratégias de sobrevivência. Para Sarti (2003, p. 21):

> Vivemos uma época como nenhuma outra, em que a mais naturalizada de todas as esferas sociais, a família, além de sofrer importantes abalos internos tem sido alvo de marcantes interferências externas. Estas dificultam sustentar a ideologia que associa a família à ideia de natureza, ao evidenciarem que os acontecimentos a ela ligados vão além de respostas biológicas universais às necessidades humanas, mas configuram diferentes respostas sociais e culturais, disponíveis a homens e mulheres em contextos históricos específicos.

Embora a família na contemporaneidade apresente novas configurações, ainda é por meio desse espaço privilegiado que se materializa um canal de aprendizado dos afetos e vínculos – "ela continua sendo, para o bem ou para o mal, a mediação entre o indivíduo e a sociedade" (Sawaia, 2003, p. 40), além das relações sociais, independentemente dos distintos desenhos e constituições desse grupo. Nessa toada, é a família o "primeiro sujeito que referencia e totaliza a proteção e socialização dos indivíduos" (Carvalho, 2002, p. 93).

Nesse caminhar, as famílias se reconstroem, e os laços consanguíneos passam a ser elementos secundários na definição de quem, de fato, pertence a esse grupo. Para Mioto (2000), os grupos familiares podem ser categorizados como núcleos de pessoas que convivem em um determinado local, durante um lapso de tempo, além de serem marcadas por relações de gênero e/ou de gerações, e que estão vinculados dialeticamente com a estrutura social em que estão inseridos.

Os reflexos desse caminhar, na maioria das vezes não harmônico, se configuram objetos de ações nas Varas da Família, em que se processam questões relacionadas à divisão de bens e de responsabilidades com a prole, no exercício dos papeis parentais após a dissolução do casamento ou da união estável. Para Ribeiro, citado por Sousa (2010, p. 21):

> em muitos casos, embora tenha havido a separação de fato do casal, não foi efetuada a separação emocional. O ex-casal continua vivenciando sentimentos de raiva, traição, desilusão com o casamento, e uma vontade consciente, ou não, de se vingar do outro pelo sofrimento causado.

Nesse contexto, vêm à tona situações-limite, materializadas pela ausência de condições em responderem satisfatoriamente as contendas acirradas com o rompimento da relação. As famílias buscam a proteção e intervenção judicial porque os demais recursos foram exauridos. Desta feita, geram a expectativa de que um agente "externo" – a Justiça – lhes dê guarida aos seus descontentamentos e insatisfações intervindo no espaço privado de suas vidas, fornecendo a resposta que tanto almejam. Esse pano de fundo resulta em demandas pertinentes a disputas de guarda, regulamentação do direito de convivência, negatória ou reconhecimento de paternidade e alienação parental, entre outras situações que traduzem minimamente os conflitos familiares nos quais psicólogos e assistentes sociais forenses são chamados a responder tecnicamente numa dada realidade. Somadas a essas questões de ordem prática, observa-se que, modernamente, outras demandas de natureza eminentemente afetivas também vêm sendo direcionadas ao Judiciário, chamadas por alguns magistrados e estudiosos de "judicialização do afeto"; por exemplo, a busca por responsabilização civil em casos de abandono afetivo.

DESENHANDO O FAZER PROFISSIONAL NOS JUÍZOS DE FAMÍLIA

Está posto um dos desafios do Poder Judiciário, que é lidar com a complexidade do mundo contemporâneo, considerando, por exemplo, as mudanças nas configurações familiares, relações de gênero e de geração, que redefinem a própria família (CFP, 2010). Por esse motivo, entende-se que as equipes interprofissionais são indispensáveis ao sistema de Justiça, cuja intervenção em temáticas tão emblemáticas ampliará o olhar sobre o sujeito "família" e suas complexidades. Nesse sentido, o trabalho dos psicólogos e assistentes sociais forenses está pautado na doutrina de proteção integral da criança e do adolescente, a fim de garantir seus direitos constitucionais e aqueles previstos no Estatuto da Criança e do Adolescente, além dos princípios ético-políticos que norteiam as respectivas profissões.

Nos últimos anos, o Conselho Nacional de Justiça vem editando atos acerca desse tema. A Recomendação n. 2 de 2006 aconselhou aos Tribunais de Justiça a implantação de equipe interprofissional em todas as comarcas do estado, de acordo com o que preveem os arts. 150 e 151 do Estatuto da Criança e do Adolescente. Já a Recomendação n. 5 de 2006 enfatizou aos Tribunais Estaduais e do Distrito Federal a importância da realização de estudos sobre a conveniência, viabilidade e eventual implantação ou efetivação de Varas especializadas em Família, Sucessões, Infância e Juventude.

Em Santa Catarina há um movimento bastante profícuo em direção à mediação de conflitos no âmbito familiar[36], pois entende-se que

> além de auxiliar as partes a resolverem suas disputas com elevado grau de satisfação, proporciona um aprendizado até então não encontrado no processo civil ou penal. Os resultados colhidos em alguns projetos-piloto de mediação forense no Brasil demonstram que, após serem submetidas a esse processo autocompositivo, a maioria das partes acredita que a mediação as auxiliará a melhor dirimir outros conflitos futuros. (Favreto, 2009, p. 17)

Porém, nem todas as situações são passíveis de serem atendidas pela mediação e, nesses outros casos, o trabalho das equipes técnicas é requisitado com frequência. Algumas dessas intervenções são direcionadas à questão pericial, realização de avaliações psicológicas e sociais, que são estudos especializados com as pessoas envolvidas nas demandas judiciais, em busca do desvendamento daquela realidade suscitada.

A função pericial é regulamentada no Novo Código de Processo Civil (Lei n. 13.105 de 2015), e é requisitada quando a demanda em análise depende de conhecimento técnico especializado, ou seja, funciona como prova para assistir ao juiz na tomada de decisão. Ainda que o magistrado, por meio do livre convencimento, não precise ficar adstrito às conclusões apresentadas pelos técnicos forenses, quando a perícia trata de questões subjetivas, como nos conflitos familiares, é comum que se dê à prova pericial um valor substancial.

No campo específico do Serviço Social, segundo Fávero (2009, p. 3), mas que se aplica por analogia também ao campo da Psicologia:

> A instrução social faz parte da instrução processual, ou seja, conhecimentos da área do Serviço Social, registrados em um informe, um relatório, um laudo ou um parecer, servem de referência ou prova documental que vai contribuir para formar o processo, para informar a ação sobre a qual o magistrado decide.

36 A proposta da mediação busca a cooperação e a colaboração entre os ex-cônjuges, em vez de privilegiar o lado adversarial da disputa, comum nos processos judiciais no Direito de Família. A técnica da mediação caracteriza-se por fortalecer a capacidade de diálogo, a fim de se chegar a uma solução negociada dos conflitos. Conforme Dal-Bó (2009), o advento da mediação no campo jurídico contribuiu sobremaneira para o trabalho interdisciplinar porquanto essa prática alargou ações conjuntas e introduziu palavras de ordem na nova visão e na nova estrutura do trabalho que se desenhava, sintonizado com o espírito da interdisciplinaridade, tais como: cooperação, consenso, conciliação, comunicação e negociação, entre outros.

Nesse giro, no campo do Serviço Social o estudo/perícia social tem como característica o entendimento das complexidades das expressões da questão social existentes nas situações que materializam o objeto da disputa judicial, para os quais o assistente social é chamado a atuar (Gois & Oliveira, 2019). Nessa toada, no sistema de justiça, o estudo social é realizado com a intencionalidade de instruir o processo na área específica do Serviço Social, recebendo por vezes a denominação de perícia social. O documento proveniente desse estudo ou perícia é materializado por meio de um relatório social – laudo social – cuja responsabilidade técnica é atribuição privativa do assistente social, conforme a Lei n. 8.662 (7 de junho de 1993) que regulamenta a profissão.

Em relação à demanda pela atuação do psicólogo no judiciário catarinense, Peixoto, Eidt, Silva, Garcia e Rabuske (2013) observaram, em pesquisa realizada no âmbito do Poder Judiciário Catarinense, que a forma como os magistrados se referem à atuação do psicólogo forense dá-se, prioritariamente, através da determinação de "Avaliação Psicológica", e com menor frequência do uso da expressão "Perícia Psicológica", embora o rigor ético, técnico e teórico a ser utilizado no trabalho pelo psicólogo será o mesmo para atender a demanda judicial. Para além da perícia judicial, estudo social ou avaliação psicológica, os magistrados têm requisitado a elaboração de outros documentos, visando dar celeridade aos processos, sem com isso desqualificar a demanda, como a confecção de Relatórios Situacionais e Pareceres Técnicos, por exemplo.

Independentemente do tipo de intervenção requisitada, é por meio da inserção de documentos técnicos especializados nos autos que os magistrados fundamentam suas decisões, conforme pesquisas de Rodrigues, Couto e Hungria (2005) e Peixoto et al. (2013), que identificaram um percentual significativo de sentenças e decisões judiciais em consonância com as conclusões apresentadas pelos profissionais forenses. A pesquisa de Rodrigues, Couto e Hungria (2005) apontou que em 94% dos casos avaliados, a sentença demonstrou que o laudo psicológico pericial contribuiu para a decisão judicial. Desse total, 13% das sentenças continham trechos dos referidos laudos para fundamentar a decisão do magistrado, numa clara menção ao acolhimento do trabalho do psicólogo. Dados semelhantes foram encontrados na pesquisa de Peixoto et al. (2013), este realizado por psicólogas servidoras do Poder Judiciário de Santa Catarina. Em 80% dos casos analisados, houve consonância entre as conclusões da perícia psicológica e a decisão judicial. Em torno de 45% das sentenças ainda houve a citação de trechos do laudo psicológico para fundamentar a decisão do magistrado. Esse dado por si só já é capaz de demonstrar a importância do trabalho de psicólogos e assistentes sociais atuando no judiciário, notadamente nas Varas da Família, e demonstra que a interdisciplinaridade não deve ocorrer somente entre a Psicologia e o Serviço Social. É necessário abarcar também a área do Direito, uma vez que as duas áreas citadas atuam dentro do sistema jurídico e precisam ter conhecimento acerca de onde irão operar.

DESVENDANDO A INTERDISCIPLINARIDADE

As áreas do Serviço Social e da Psicologia aplicadas ao campo jurídico têm muitas similaridades. São os técnicos forenses que mergulham na complexidade e subjetividade dos conflitos judicializados, que buscam entender as dinâmicas familiares subjacentes, trazendo aos autos processuais, de forma técnica e confiável, aquilo que extrapola o entendimento e o referencial dos operadores do Direito.

Esses dois campos de saberes adquirem um poder decisivo para as questões judiciais, implicando compromissos sociais e políticos para com as pessoas atendidas e a construção da cidadania. Ao adotar procedimentos técnicos para a realização das avaliações – entrevistas, observações, visitas assistidas, visitas domiciliares e institucionais, contatos com todos aqueles que estão implicados no litígio judicial, entre outros – psicólogos e assistentes sociais atuam diretamente nos conflitos familiares, em contato com as emoções, posto que não se "trabalha com fragmentos da vida social, mas com indivíduos sociais que se constituem na vida em sociedade e condensam em si a vida social" (Iamamoto, 2008, p. 272).

Para além das semelhanças, não podemos esquecer as particularidades envolvidas em cada uma dessas áreas do saber, cuja formação profissional delimita os espaços de atuação que, para o Serviço Social, se traduzem nas deflagradas expressões da questão social, que é dinâmica e histórica e está inserida na trama das relações vigentes na sociedade. Para tanto, o assistente social é instigado a se renovar e mudar em resposta a esse contexto, que não é estagnado. Para Yazbek (2009, p. 137):

> à medida que novas situações colocam para a profissão novas exigências, o Serviço Social é obrigado a atualizar-se, redefinindo estratégias e procedimentos, adequando-se a novas demandas e requisições do mercado de trabalho. Isso sem deixar de lado algumas características historicamente persistentes de sua intervenção.

A "matéria prima" da atuação profissional do assistente social são os sujeitos nas suas complexidades, que não estão dissociados do mundo. Ao contrário, são resultados dele e, por si só, das fragilidades e incertezas, especialmente da nova ordem do capital, que singulariza o que é coletivo e criminaliza o indivíduo – resultado da mazela da intervenção inócua do Estado.

É neste trilho que o assistente social tem pautado sua intervenção e, no espaço do Judiciário, esse caminhar não é distinto. Em outras palavras, embora os processos aparentem demandas "individuais", são representações de uma conjuntura que deve ser apreendida pelo profissional. E o foco é "ultrapassar a imediaticidade, a generalização e a interpretação dos litígios como algo pontual e 'problema' daquele indivíduo ou família" (Gois, Oliveira, 2019, p. 49).

Nesse giro, ao desvelar a vida dos indivíduos, o profissional de Serviço Social pode oferecer ao magistrado importantes subsídios às decisões que lhe são privativas, na perspectiva de possibilitar o acesso das famílias aos seus direitos, bem como acumular um conjunto de informações sobre as expressões contemporâneas da questão social, por meio dos instrumentais técnicos adotados.

De outra banda, com relação às particularidades envolvidas no campo de saber psicológico, relacionado com sua atuação nos processos judicias das Varas da Família, podemos destacar as avaliações de personalidade, de desenvolvimento infantil, psicopatologias, funções cognitivas e formação de vínculos, entre outros. Tais aspectos devem sempre ser avaliados naquilo que é pertinente à demanda judicial; no caso, relações familiares, uma vez que o trabalho do psicólogo no campo jurídico difere de uma atuação clínica tradicional (diagnóstico e tratamento clínico).

Ao abordarmos a questão das semelhanças e particularidades entre essas duas áreas de conhecimento, entramos na questão da interdisciplinaridade.[37]

37 Dal-Bó (2009, pp. 342-343) conceitua brevemente o que comumente se confunde com interdisciplinaridade, cabendo aqui identificá-los: "Disciplinaridade: exploração científica especializada de determinado domínio homogêneo de estudo.

Nesse aspecto, concordamos com Marques da Silva (2010) quando aponta que não existe uma verdade absoluta, mas diversas que podem somar. Nesse sentido, fazer interdisciplinaridade não significa borrar fronteiras, mas ter bem claros os limites e os alcances desse trabalho em conjunto. Ainda nessa esteira, Gusdorf, citado por Japiassu (1976), aponta que a interdisciplinaridade impõe que cada especialista transcenda sua própria especialidade, tomando consciência de seus próprios limites, para acolher as contribuições das outras disciplinas. Essa compreensão é distinta da ideia de que esse trabalho em equipe gera uma identidade única dos técnicos, que resulta na diluição das particularidades profissionais. Para Iamamoto (2008, p. 291– grifo da autora) "são as diferenças de especializações que permitem atribuir unidade à equipe, enriquecendo-a e, ao mesmo tempo, preservando aquelas diferenças. Em outros termos, *a equipe condensa uma unidade de diversidades*".

Dal-Bó (2009, p. 346) também destaca que:

> o trabalho interdisciplinar não diminui nem ameaça a independência das profissões, mas se esforça para reconhecer nestas as diferenças e as especificidades, convivendo com elas e se complementando nesses mesmos aspectos. Contudo, é imprescindível que se respeite os limites de cada uma para que a interlocução aconteça e o trabalho se torne mais rico, produtivo e fortalecedor. Para tanto, os profissionais que as representam devem estar seguros quanto aos limites de cada profissão, quanto a sua independência e, principalmente, quanto a sua interdependência.

Nessa toada, os profissionais que atuam sob a luz da interdisciplinaridade agregam qualidade interventiva, embora empreendam ações conjuntas, mantêm a identidade profissional, seja no olhar especializado sobre a respectiva realidade, seja na forma de encaminhar ações específicas sobre tal demanda. Em síntese, "o trabalho coletivo não impõe a diluição de compe-

---

Multidisciplinaridade: uma gama de disciplinas, ligadas principalmente pelo diálogo entre os especialistas, mas sem relação entre si. É a observação de um objeto sob diversos ângulos, sem pressupor um acordo ou um rompimento de fronteiras entre as disciplinas. A solução de um problema exige informação de várias ciências ou setores do conhecimento, sem que as disciplinas envolvidas estejam imbricadas. Pluridisciplinaridade: é a justaposição de diversas disciplinas, interligadas entre si. Transdiciplinaridade: é a coordenação de todas as disciplinas, com uma finalidade comum dos sistemas. Interdisciplinaridade: conexão entre disciplinas, provocando integração de várias disciplinas ou setores heterogêneos. A mesma ciência conduz a interações reais, a uma certa reciprocidade no intercâmbio, levando a um enriquecimento mútuo: um grupo de disciplinas se conecta para atingir objetivos comuns".

tências e atribuições profissionais. Ao contrário, exige maior clareza no trato dessas e o cultivo da identidade profissional, como condição de potenciar o trabalho conjunto" (Iamamoto, 2008, pp. 291-292).

PROBLEMATIZANDO OS ESTUDOS PSICOSSOCIAIS

Nos desafios postos de incorporar na prática a interdisciplinaridade, tem-se o resultado desse trabalho, ou seja, a elaboração de documentos, muitos deles expressos nas determinações judiciais, quanto à elaboração de estudos psicossociais. Em pesquisa realizada por Peixoto et al. (2013) acerca da atuação dos psicólogos nas Varas da Família, Infância e Juventude do Estado de Santa Catarina, constatou-se que em ao menos 5% das determinações judiciais para a realização de estudos técnicos constava o termo "Estudo Psicossocial", quando a demanda é encaminhada para a atuação dos dois profissionais que compõem as equipes técnicas: psicólogo e assistente social. Mesmo quando não havia a utilização do termo agregado (psicossocial), na maioria das situações havia a determinação de realização das duas avaliações: social e psicológica, o que evidencia que o melhor para a elucidação do caso é que ele seja avaliado por diferentes saberes.

Com relação especificamente ao modo como tais estudos podem se dar na prática, várias possibilidades têm sido experimentadas. Uma delas entende que, por questão de organização de trabalho e otimização de tempo, tanto das partes envolvidas nas ações quanto dos profissionais destacados para efetuarem as avaliações, os técnicos realizam intervenções conjuntas (entrevistas, visitas domiciliares, institucionais, observações, entre outros), restringindo-se a atuações unilaterais naquilo que é privativo da atuação de cada um (por exemplo, aplicação de testes psicológicos).

Nesse caso, compreende-se que a realização das intervenções conjuntas enriquece a coleta de dados, uma vez que há dois profissionais com formações complementares atuando simultaneamente, dois olhares diferentes observando enfoques distintos de um mesmo complexo. Questões que talvez não fossem aprofundadas por um dos técnicos são de interesse do outro, e assim ambos vão mergulhando mais a fundo na dinâmica das famílias envolvidas. Para as pessoas que são parte da ação judicial, essa abordagem conjunta evita a repetição de informações e otimiza o tempo que precisam despender à Justiça.

Nessa esteira, cada estudo é planejado a partir de uma análise cuidadosa da situação familiar que se apresenta no processo judicial, sendo os procedimentos adotados definidos caso a caso, de acordo com as características de cada família. Ou seja, o primeiro procedimento adotado é a leitura minuciosa dos autos, a partir de onde se planejam as demais intervenções, que estão em constante revisão conforme o andamento dos procedimentos. Em geral, quando acessíveis, prioriza-se o atendimento dos sujeitos do processo por meio de entrevistas individuais ou conjuntas (dependendo de cada caso), atendimento das crianças e adolescentes envolvidos, bem como contato com membros das famílias extensas, escola e outros serviços que se observar serem necessários para a compreensão do caso em particular (Dal Pizzol, 2001; Rovinski, 2007).

Uma vez coletados os dados necessários, passa-se para a etapa seguinte, que é a construção do documento técnico que irá compor os autos do processo judicial, servindo de prova. A valoração dos documentos técnicos como meio de prova é muito forte, o que aumenta a responsabilidade profissional quanto ao comprometimento ético e ao embasamento técnico dos trabalhos. A respeito da construção desse documento, não podemos perder de vista as referências e recomendações de cada área profissional: Psicologia e Serviço Social.

Com relação especificamente aos documentos psicológicos, o Conselho Federal de Psicologia (CFP) editou recentemente a Resolução n. 06/2019, que institui regras para a elaboração de documentos escritos produzidos pela(o) psicóloga(o) no exercício profissional, revogando resoluções anteriores sobre o tema e especificando como devem ser produzidos os seguintes documentos: Declaração; Atestado; Relatório; Laudo; e Parecer. Nessa resolução são indicadas as diretrizes que devem nortear o trabalho escrito do psicólogo, tanto sob o aspecto do manejo da língua portuguesa como também sob os cuidados éticos e técnicos que devem se fazer presentes nesses documentos. Uma das grandes inovações da Resolução CFP n. 06/2019 em relação à normativa que a precedeu (Resolução CFP n. 07/2003) foi atentar para a inserção do psicólogo em equipes multiprofissionais e estabelecer a previsão formal quanto à escrita de documentos oriundos de avaliações realizadas por equipes interprofissionais ao instituir dentre as modalidades de documentos psicológicos o "Relatório Multiprofissional".[38] Este consiste em um documento que, assumindo as mesmas características do relatório psicológico (nos termos do art. 11 da Resolução CFP n. 06/2019), é produzido quando as (os) psicólogas (os) atuam em contexto em que há uma demanda multiprofissional, ocasião em que o relatório pode ser produzido em conjunto com outros profissionais, havendo consenso e ausência de impedimentos ético-profissionais.

Por outro lado, alguns anos antes, em 2009, o Conselho Federal de Serviço Social (CFESS) publicou uma resolução referente a esse tema, enfocando a questão da inserção dos assistentes sociais em equipes multiprofissionais, porém, vedando a possibilidade de produção de documentos assinados em conjunto por profissionais de áreas diversas. Trata-se da Resolução CFESS n. 557/09, a qual "dispõe sobre a emissão de pareceres, laudos, opiniões técnicas conjuntas entre o assistente social e outros profissionais", que aponta várias considerações relevantes, como a crescente inserção do assistente social em espaços profissionais que demandam uma intervenção multidisciplinar com competência técnica, teórica-metodológica e ético-política.

E nesse contexto, é inviável juridicamente que haja manifestações de profissionais de diferentes áreas sem que se delimite o objeto de intervenção profissional de cada uma delas, bem como as atribuições privativas de cada profissão. Nesse norte, é fundamental ater-se que o assistente social é profissional graduado em Serviço Social, inscrito no Conselho Regional de Serviço Social, tendo suas atribuições e competências privativas definidas na Lei 8.662/93, vedando que profissional de outra área subscreva seu entendimento técnico em matéria de Serviço Social, mesmo que seja na atuação destes em equipe multiprofissional. Nessa perspectiva, fica definido que:

> Art. 4º. Ao atuar em equipes multiprofissionais, o assistente social deverá garantir especificidade de sua área de atuação.
> Parágrafo primeiro – O entendimento ou opinião técnica do assistente social sobre o objeto da intervenção conjunta com outra categoria profissional e/ou equipe multiprofissional, deve destacar a sua área de conhecimento separadamente, delimitar o âmbito de sua atuação, seu objeto, instrumentos utilizados,

38 Conforme art. 12 da Resolução n. 06/2019 do CFP: O relatório multiprofissional é resultante da atuação da(o) psicóloga(o) em contexto multiprofissional, podendo ser produzido em conjunto com profissionais de outras áreas, preservando-se a autonomia e a ética profissional dos envolvidos.

> análise social e outros componentes que devem estar contemplados na opinião técnica. Conforme o que já foi discutido neste capítulo, entende-se que a intervenção de uma equipe interprofissional implica reconhecer o indivíduo como um sujeito singular, conhecendo o conjunto de suas características pessoais e sociais, a partir da especificidade da atuação de cada profissão. Dessa forma, os questionamentos recaem no momento de construção e apresentação do documento escrito com as conclusões dos pontos de vista social e psicológico de cada dinâmica avaliada.

Em artigo de Shine e Strong (2005), anterior à publicação da Resolução CFP n. 06/2019 que normatiza os Relatórios Multiprofissionais, os autores analisaram tais questões, concluindo pela necessidade de rigor teórico desse tipo de documento. Segundo os referidos autores, o "Laudo Psicossocial" seria o fruto de uma atuação conjunta de psicólogos e assistentes sociais, que enfeixa as conclusões a que chegaram os profissionais que trabalharam no caso. É descrito como o resultado do esforço conjunto de dois profissionais de áreas distintas, portanto, um empreendimento interdisciplinar. Trazem uma série de questionamentos acerca desse tipo de documento:

> tal laudo seria mera justaposição de dados, realizados em função da demanda de serviço e economia de tempo? Um modismo que retira a especificidade de ambos os campos tornando mais problemática a questão da identidade profissional em uma instituição cuja inserção é recente? (Shine & Strong, 2005, p. 193)

Outra colocação bastante pertinente dos autores é que, na hipótese de construção de um documento conjunto entre os profissionais de Serviço Social e Psicologia, que este pudesse ser realizado sem ferir nenhum dos requisitos mínimos necessários e recomendados por cada uma das categorias. Shine e Strong (2005) já apontavam que as resoluções de ambos os Conselhos profissionais a respeito de normas para a escrita de documentos convergiam em diversos pontos: partem de uma introdução, na qual se apresentam a demanda e objetivos do estudo, descrevem a identificação dos sujeitos, apresentam a metodologia empregada, fazem um relato analítico e apresentam uma conclusão ou parecer que sintetiza o que foi avaliado. Nesse sentido, os autores constataram que os tópicos percorrem as mesmas pessoas e conteúdos, e questionavam porque não os unir em um único documento psicossocial. Ademais, justificavam que quando as conclusões de ambos os profissionais fossem convergentes, a composição de um laudo único traria economia de tempo. Certamente que na hipótese de divergência de opiniões não haveria outra saída senão a redação de dois laudos distintos.

Esse ponto de vista contrasta com a posição apresentada pelo CFESS, que argumenta pela impossibilidade da emissão de parecer assinado pelos dois profissionais, uma vez que isso equivaleria a reconhecer que ambos os profissionais pudessem adentrar a área do outro e se responsabilizar por aquele entendimento técnico que é privativo de cada área. Como alternativa para essa questão, sugerem Shine e Strong (2005) que poderia a avaliação ser realizada de forma conjunta, bem como todos os outros encaminhamentos sobre uma determinada situação, o que caracteriza o trabalho interprofissional, porém a conclusão ou diagnóstico manifestado por escrito deve ter seu limite em cada área profissional.

Dessa forma, apesar de um corpo de texto todo comum, seriam apresentados dois pareceres ou conclusões ao final do texto: um sob o ponto de vista social e outro sob o ponto de vista psicológico, solução que guarda semelhança com a que foi posteriormente apresentada pelo CFP em 2019, quando institui o documento denominado “Relatório Multiprofissional”, orientando que nesses casos cada profissional faça sua análise separadamente, identificando o subtítulo com o nome e a categoria profissional, como forma de resguardar o que é específico de cada área de conhecimento, podendo a conclusão do relatório ser realizada em conjunto.

Nessa perspectiva, segue o esboço de uma proposta de estudo psicossocial a ser utilizado no âmbito forense, com adequações à Resolução n. 06/2019 do CFP pertinentes à prática profissional e que estaria salvaguardando as questões éticas e técnicas de cada área profissional:

> RELATÓRIO MULTIPROFISSIONAL
> 1. DADOS DE IDENTIFICAÇÃO
> Autos n.
> Ação:
> Requerente:
> Requerido:
> Solicitante: Exmo. Sr. Juiz de Direito xxx
> Finalidade (descrição da razão ou motivo do pedido)
> Nome dos autores:
> XXXX - Psicóloga – CRP 0000
> XXXX - Assistente Social -CRESS 0000
> 2. DESCRIÇÃO DA DEMANDA
> Descrição de informações sobre o que motivou a busca pelo processo de trabalho multiprofissional, indicando quem forneceu as informações e as demandas que levaram à solicitação do documento (CFP, 2019).
> 3. PROCEDIMENTOS

Devem ser apresentados o raciocínio técnico-científico que justifica o processo de trabalho realizado pela equipe multiprofissional e todos os procedimentos realizados, por exemplo: entrevistas, visitas domiciliares, contatos com colaterais etc., especificando o referencial teórico que fundamentou as análises e interpretações (CFP, 2019).

4. IDENTIFICAÇÃO DAS PARTES

Nome:

Filiação:

Naturalidade:

Data de Nascimento:

Idade:

Estado Civil:

Profissão:

Grau de Instrução:

Endereço Residencial:

Telefone para contato:

5 .DADOS DA FAMÍLIA DE CADA UMA DAS PARTES:

5.1 - Tempo de Casamento/Convivência:

5.2 - Composição Familiar:

6 - IDENTIFICAÇÃO DA(S) CRIANÇA(S) ADOLESCENTE(S):

Nome:

Filiação:

Naturalidade:

Data de Nascimento:

Idade:

Escolaridade:

Endereço Residencial:

7 - HISTÓRICO FAMILIAR:

Breve histórico para situar momento atual da família. Exemplo: tempo de casamento ou convivência, número de filhos, tempo desde a separação, situação que determinou a presente ação judicial.

8 - DADOS COLETADOS:

8.1 - Entrevista com a requerente: (principais dados apresentados pela parte requerente que são importantes para a questão em apreço).

8.2 - Entrevista com o requerido: (principais dados apresentados pela parte requerida que são importantes para a questão em apreço).

8.3 - Entrevista com os filhos (crianças-adolescentes): (principais dados apresentados pela parte interessada que são importantes para a questão em apreço).

8.4 - Demais dados (informações coletadas com outras fontes, por exemplo, outros familiares, contatos com instituições, com serviços que atendem a família em apreço, entre outros).

Estas informações podem ser organizadas como uma história narrada pelos diferentes autores, não necessariamente segregando as intervenções.

9 – ANÁLISE:

9.1 – Análise social – nome do profissional

Orienta-se que cada profissional faça sua análise separadamente; neste item devem constar, de forma descritiva, narrativa e analítica as principais características e evoluções do trabalho realizado; deve apresentar fundamentação teórica e técnica (CFP, 2019).
9.2 – Análise psicológica– nome do profissional
Orienta-se que cada profissional faça sua análise separadamente; neste item devem constar, de forma descritiva, narrativa e analítica as principais características e evoluções do trabalho realizado; deve apresentar fundamentação teórica e técnica (CFP, 2019).
10. CONCLUSÃO
A conclusão do relatório multiprofissional pode ser realizada em conjunto; pode conter encaminhamentos, orientações e sugestões (CFP, 2019).
Cidade, data
Assinaturas com respectivo registro profissional

Aqui apresentamos um exemplo de construção de documento escrito em conjunto entre psicólogo e assistente social (dados mínimos que devem ser elencados), adaptando o modelo de "Relatório Multiprofissional" apresentado pela Resolução CFP n. 06/2019, de modo a atender as especificidades das demandas oriundas do contexto forense, mais especificamente das Varas de Família, foco do nosso trabalho. Esse documento compreende um corpo de informações comuns acerca da família abordada em determinada ação judicial, porém, as análises são apresentadas de forma individualizada (uma do ponto de vista social e outra do ponto de vista psicológico). Entende-se que, dessa maneira, os profissionais estão delimitando o objeto e os limites de seu campo de conhecimento, emitindo uma opinião técnica somente a respeito daquilo que é sua área de atuação.

Peixoto et al. (2013) analisaram laudos psicológicos produzidos no âmbito do Judiciário Catarinense e observaram que estes, mesmo que contemplassem todos os itens mínimos da Resolução CFP n. 07/2003, vigente na época da pesquisa, também continham adaptações e inclusão de itens não previstos, concluindo que a estrutura apresentada naquela resolução não contemplava a necessidade de organização dos dados que precisam ser explicitados no contexto forense. Rovinski (2007, 2019) também aponta no sentido de que os modelos de laudos apresentados pelo Conselho Federal de Psicologia são genéricos e não específicos para a área forense, merecendo uma revisão das normativas.

SALVAGUARDANDO A INTERVENÇÃO ÉTICA

Se de um lado a interdisciplinaridade é uma alternativa de atuação de diferentes áreas profissionais, de outro ainda instiga um debruçar na perspectiva de gerar metodologias de atuações que agreguem valores, não apenas frente às realidades apresentadas, mas, sobretudo, na qualificação das intervenções que irão incidir diretamente na vida das pessoas com as quais o assistente social e o psicólogo são chamados a atuar. É com foco nesses sujeitos que o trabalho deve ser estruturado, pois é no espaço da Justiça que buscam a resolução de seus conflitos privados, e o papel do profissional é fundante nesta leitura, pois:

> é necessário extrapolar o universo para melhor entendê-lo como um braço do poder de Estado, que tem a função de codificar as relações sociais e arbitrar conflitos, mas cuja elucidação é tributária da compreensão da trama da vida em sociedade, fonte dos reclamos e terreno sobre o qual se materializa o atendimento efetuado no âmbito do Poder Judiciário. (Iamamoto, 2008, p. 294)

E, nesse contexto, a responsabilidade na confecção dos documentos técnicos é crucial, pois compreende-se que, embora a sentença judicial finalize o processo no âmbito jurídico, nem sempre encerra o conflito familiar judicializado. Pelo contrário, muitas vezes o acirra, fazendo com que mais e mais ações sejam propostas, como num círculo vicioso. Nesse sentido, entende-se que os documentos psicossociais produzidos, para além de assessorarem os magistrados em suas decisões, são também registros de momentos da história dos sujeitos envolvidos, que poderão ter acesso a esses documentos em diferentes etapas de sua vida.

Aqui uma reflexão fundamental precisa ser feita: a história não é linear e com um único registro, mas tem seu movimento e interpretações.Cada um a entende de um jeito genuíno, dependendo do lugar que ocupa. Sair do foco negativo dessas narrativas é fundamental para ampliar olhares e perspectivas, como bem contribui a nigeriana Adiche (2019, p. 26-27),

> insistir só nas histórias negativas é simplificar minha experiência e não olhar para as muitas outras histórias que me formaram.
> A história única cria estereótipos, e o problema com os estereótipos não é que sejam mentira, mas que são incompletos. Eles fazem com que uma história se torne a única história.
> A consequência da história única é esta: ela rouba a dignidade das pessoas. Torna difícil o reconhecimento da nossa humanidade em comum. Enfatiza como somos diferentes, e não como somos parecidos.

Nessa vertente, compreende-se que um dos cuidados a ser tomado na redação dos documentos oriundos de perícias judiciais é evitar seu efeito iatrogênico, acirrando ainda mais os conflitos familiares. Uma forma bastante comum de alcançar esse efeito acontece quando os profissionais que subscrevem os documentos focam suas observações nos pontos negativos de uma das partes, ou polarizam a questão, colocando os sujeitos em lados opostos numa visão maniqueísta de mundo ("mocinhos x vilões"), nutrindo a contenda e reforçando o modelo adversarial, típico da esfera judicial. Ou seja, faz-se imprescindível retratar a integridade das pessoas e enfatizar o sujeito como um todo. O cuidado para a não "rotulação", bem como para não enfatizar somente os aspectos negativos parece estar de acordo com os princípios éticos e básicos das profissões (Shine & Strong, 2005; Rovinski, 2019).

A elaboração do documento solicitado, que materializa as distintas intervenções técnicas, não deve se esquivar do objeto pelo qual o profissional foi chamado a atuar. No entanto, os elementos trazidos "secundariamente" às intervenções também devem ser ponderados, nem sempre como informações para compor o documento, mas possivelmente em encaminhamentos distintos do que a judicialização preconiza. Afinal de contas, estão em cena situações de dores, sofrimentos, desencantos de um ideal construído e que não prosperou, não devendo ser fomentado num laudo técnico.

Uma escrita cuidadosa e criteriosa, dirigida não apenas aos operadores do Direito, mas principalmente aos sujeitos envolvidos na ação judicial em curso, tem o poder de auxiliar a romper com a belicosidade instalada, traduzir o conflito e implicar os sujeitos na busca de soluções. Outras recomendações não menos importantes, e talvez óbvias, sejam a utilização de linguagem clara, redação estruturada e ordenação de pensamentos de modo a permitir a compreensão do leitor, leigo nas áreas técnicas.

APONTANDO OS DESAFIOS E INQUIETAÇÕES PROFISSIONAIS

Os olhares, cautelas, compromisso ético e político de cada profissão que compõe o quadro do Poder Judiciário, na perspectiva do trabalho interdisciplinar, foram traduzidos neste capítulo. Porém, por mais que se reconheça a importância das equipes multidisciplinares que assessoram os juízes a encaminharem questões complexas como aquelas envolvidas em conflitos familiares, observa-se que os Tribunais do país não dão o devido valor a essas equipes, vide o número reduzido de assistentes sociais e psicólogos nos quadros do Poder Judiciário como um todo.

Pensar o atendimento interdisciplinar no campo do Judiciário vai para além do recorte pontual e minimalista, pois exige uma leitura do direcionamento adotado pelo país na fragilização das políticas públicas e das instituições que representam o Estado, independentemente da esfera de atuação. Nesse aspecto, o Judiciário não está dissociado dessa lógica de minimização do Estado e de maximização do mercado, por meio da comercialização dos direitos e valorização do capital, somado com a responsabilização da sociedade civil, materializadas em instituições sem fins lucrativos com a finalidade de "servir" aos que não se inserem neste mundo restrito. Para Iamamoto (1997, p. 21):

> O discurso neoliberal tem a espantosa façanha de atribuir título de modernidade ao que há de mais conservador e atrasado na sociedade brasileira: fazer do interesse privado a medida de todas as coisas, obstruindo a esfera pública, a dimensão ética da vida social pela recusa das responsabilidades e obrigações sociais do Estado.

É nesse modelo que o Judiciário vem fundamentando suas ações, não priorizando a constituição de equipes multiprofissionais, contrariando as normatizações legais que apontam a relevância desses técnicos nos atendimentos à população que busca na Justiça a resolução de seus conflitos, posto que as tentativas de os resolver foram frustradas. Portanto, esse processo perpetua a ausência ou insuficiência de apoio institucional a essas famílias, cujos reflexos são perceptíveis em três domínios, definidos por Hespanha (2001, p. 41): "uma sistemática subavaliação das necessidades reais das pessoas; uma insuficiente capacidade de resposta; e uma incompatibilidade dos serviços oferecidos com as necessidades e as condições da população".

Dessa maneira, vivemos tensionamentos importantes na busca da conceituação de novos valores, sob a prerrogativa da demonização do Estado e da política, associada à ideia da desnecessidade do público. Para Nogueira (2001, p. 65):

> Justamente porque estamos inseridos numa época de fragmentação, apatia e confusão, que parece eternizar o presente mediante o cancelamento de toda ideia de construção do futuro, é indispensável fazer a defesa da política. Fazer isso é defender a "política com muita política". É, em boa medida, defender a ideia de que, sem política, tornam-se menores as chances de uma transição que nos retire da quase barbárie em que vivemos e nos projete numa cidadania autorregulada, capaz de se organizar com autonomia, inteligência e justiça.

É na defesa da garantia do direito que está a motivação do grupo de profissionais, muito aquém do quantitativo necessário, mas imensamente preocupado em superar as abordagens conservadoras de intervenção às famílias, a fim de atendê-las nas suas complexidades explicitadas nas diversas expressões da questão social. Esse enfoque compreende a amplitude do simbolismo da família, considerando-a, ao mesmo tempo, como público-alvo e parceira, imprimindo um inaudito compromisso com resultados que não culminem somente no atendimento das situações emergenciais e na elaboração de um documento. Mas, sobretudo, que oportunizem um espaço de potencialização e implementação de ações emancipadoras junto a esses segmentos, com a garantia de seus direitos.

Nesse contexto, os desafios estão colocados, certamente num contexto deveras adverso, mas cujas palavras inspiradoras de Carlos Drummond de Andrade, portador de uma vital mensagem de esperança, nos renovam para a batalha cotidiana quando dizem:

> Não serei poeta de um mundo caduco.
> Também não cantarei o futuro.
> Estou preso à vida e olho meus companheiros.
> Estão taciturnos mas nutrem grandes esperanças.
> Entre eles, considero a enorme realidade.
> O presente é tão grande, não nos afastemos.
> Não nos afastemos muito, vamos de mãos dadas.
> Não serei cantor de uma mulher, de uma história
> Não direi os suspiros ao anoitecer, a paisagem vista da janela,
> Não distribuirei entorpecentes ou cartas suicidas,
> Não fugirei para às ilhas, nem serei raptado por serafins.
> O tempo é a minha matéria, o tempo presente, os homens presentes,
> A vida presente.

REFERÊNCIAS

Adiche, C. N. (2019). *O perigo de uma única história*. São Paulo: Companhia das Letras.

Carvalho, M. C. B. (2002). A priorização da família na agenda da política social. In S. M. Kaloustian (Org.), *Família brasileira: a base de tudo* (pp. 93-108). São Paulo-SP: Cortez

Conselho Federal de Psicologia (2003). *Manual de elaboração de documentos decorrentes de avaliações psicológicas*. Resolução 07/2003. Brasília, DF: CFP.

Conselho Federal de Psicologia (2010). *Referências técnicas para atuação do psicólogo em varas de família*. Brasília, DF: CFP.

Conselho Federal de Psicologia (2019). *Institui regras para elaboração de documentos escritos produzidos pela(o) psicóloga(o) no exercício profissional e revoga a Resolução CFP nº. 15/1996, a Resolução CFP n. 07/2003 e a Resolução CFP n. 04/019*. Resolução 06/2019. Brasília, DF: CFP.

Conselho Federal de Serviço Social (2009). Resolução 557/2009: *Dispõe sobre a emissão de pareceres, laudos, opiniões técnicas conjuntos entre o assistente social e outros profissionais.*

Conselho Nacional de Justiça (2006a). *Recomenda aos Tribunais de Justiça a implantação de equipe interprofissional em todas as comarcas do Estado, de acordo com o que preveem os arts. 150 e 151 do Estatuto da Criança e do Adolescente (Lei nº 8.069/90).* Brasília, DF: CNJ.

Conselho Nacional de Justiça (2006b). *Recomenda o estudo da viabilidade da criação de varas especializadas em direito de família, sucessões, infância e juventude, e de Câmaras ou Turmas com competência exclusiva ou preferencial sobre tais matérias.* Brasília, DF: CNJ.

Dal Pizzol, A. (2001). O estudo social e a perícia social – um estudo em construção. In *O serviço social no poder judiciário de Santa Catarina*: Construindo indicativos (pp. 32-44). ACASPJ.

Dal-Bó, A. M. M. (2009). Trabalho Interdisciplinar - Psicologia e serviço social: uma vantajosa parceria. In *O serviço social no poder judiciário de Santa Catarina* (pp. 341-348) ACASPJ.

Fávero, E. T. (2009). Instruções sociais de processos, sentenças e decisões. In Conselho Federal de Serviço Social (CFESS), Associação Brasileira de Ensino e Pesquisa em Serviço Social – ABEPSS (Orgs.). *Serviço Social: direitos sociais e competências profissionais. Unidade 5: Atribuições privativas e competências do assistente social* (pp. 610-636). Brasília-DF: CFESS/ ABEPSS.

Favreto, R. (2009). A implantação de uma política pública. In A. G. Azevedo (Org.), *Manual de Mediação Judicial.* Brasília/DF: Ministério da Justiça e Programa das Nações Unidas para o Desenvolvimento – PNUD.

Gois, D. A. & Oliveira, R. C. S. (2019). *Serviço Social na justiça de família: demandas contemporâneas do exercício profissional.* São Paulo: Cortez.

Hespanha, P. & Carapinheiro, G. (2002). A globalização do risco social: uma introdução. In P. Hespanha, & G. Carapinheiro (Orgs.), *Risco social e incerteza: pode o estado social recuar mais?* (pp. 13-23) Porto: Afrontamento.

Iamamoto, M. V. (1997). *O serviço social na contemporaneidade: dimensões históricas, teóricas e éticos-políticas.* CRESS/CE.

Iamamoto, M. V. (2008). Questão social, família e juventude: desafios do trabalho do assistente social na área sociojurídica. In M. A. Sales, M. C. Matos, & M. C. Leal (Orgs.), *Política social, família e juventude: uma questão de direitos* (pp. 261-298). São Paulo-SP: Cortez.

Japiassu, H (1976). *Interdisciplinariedade e patologia do saber.* Rio de Janeiro, RJ: Imago.

Marques da Silva, E. Z. (2010). Os desafios do judiciário e a interdisciplinariedade. In Conselho Regional de Psicologia da 6ª Região (Org), *Psicólogo judiciário nas questões de família. A ética própria da psicologia: mudanças na relação assistente técnico e perito.* São Paulo: CRPSP.

Mioto, R. C. T. (2000). Cuidados sociais dirigidos à família e segmentos sociais vulneráveis. In *Capacitação em serviço social e política social: módulo 4: o trabalho do assistente social e as políticas sociais* (pp. 215-224). Brasília-DF Centro de Educação Aberta, Continuada a Distância.

Nogueira, M. A. (2001). *Em defesa da política.* São Paulo: SENAC.

Peixoto, K. E. B. G.; Eidt, H. B.; Silva, L. P. P.; Garcia, M. H. de M.; & Rabuske, M. M. (2013). Perícia psicológica nas Varas de Família e nas Varas de Infância e Juventude de Santa Catarina: Análise de laudos psicológicos. *Revista de Administração Judiciária, 1*(1), 431-485.

Rodrigues, M. C.; Couto, E. M.; & Hungria, M. C. L. (2005). A influência dos laudos psicológicos nas decisões judiciais das varas de família e sucessão do fórum central da capital de São Paulo. In S. Shine (Org.), *Avaliação psicológica e a lei: adoção, vitimização, separação conjugal, dano psíquico e outros temas* (pp. 19-36). São Paulo, SP: Casa do Psicólogo.

Rovinski, S. L. R. (2007). *Fundamentos da perícia psicológica forense.* São Paulo: Vetor.

Rovinski, S. L. R. (2019). A elaboração de documentos no contexto da rede de proteção e justiça. In S. L. R. Rovisnki, & C. Pelisoli, *Violência sexual contra crianças e adolescentes: testemunho e avaliação psicológica* (pp. 231-249). São Paulo: Vetor.

Sarti, C. A. (2003). Famílias enredadas. In A. R. Acosta, & M. A. F. Vitale (Orgs.), *Família: redes, laços e políticas públicas* (pp. 21-36). São Paulo-SP: IEE/PUCSP.

Sawaia, B. B. (2003). Família e afetividade: a configuração de uma práxis ético-política, perigos e oportunidades. In A. R. Acosta, & M. A. F. Vitale (Orgs.), *Família: redes, laços e políticas públicas* (pp. 39-50). São Paulo-SP: IEE/PUCSP.

Shine, S. & Strong, M. I. (2005). O laudo pericial e a interdisciplinariedade no Poder Judiciário. In S. Shine (Org.), *Avaliação psicológica e a lei: adoção, vitimização, separação conjugal, dano psíquico e outros temas* (pp. 19-36). São Paulo, SP: Casa do Psicólogo.

Sousa, A. M. (2010). *Síndrome da alienação parental: um novo tema nos juízos de família.* São Paulo, SP: Cortez.

Yazbek, M. C. (2009). O significado sócio-histórico da profissão. In CFESS/ABEPSS (Orgs.), *Serviço Social: direitos sociais e competências profissionais* (pp. 125-139). Brasília-DF: CFESS/ABEPSS.

10. VISITAS ASSISTIDAS: UMA RECOMENDAÇÃO VIÁVEL?

Fabiana da Motta Damiani
Roberta Stefanini Machemer

Paulo e Ana conheceram-se muito jovens, em uma festa de carnaval, e se relacionaram por cerca de dois meses. O relacionamento foi bastante superficial, no entanto, Ana engravidou sem planejamento e não obteve auxílio emocional nem financeiro de Paulo, recorrendo a sua mãe para acompanhá-la durante o pré-natal e o parto. Paulo passou a conviver com a filha logo após o nascimento, com a concordância e incentivo de Ana. As visitas foram regulamentadas judicialmente. Com cerca de três anos de idade, a menina começou a apresentar uma série de comportamentos sexualizados, chamando a atenção da equipe técnica da escola de educação infantil que frequentava. A mãe foi chamada e ficou assustada quando a escola a questionou sobre um possível abuso sexual. Ao conversar com a criança, obteve a informação de que ela e o pai trocavam carícias íntimas. Diante dessa situação, Ana fez uma denúncia aos órgãos competentes e a criança foi afastada do convívio com o genitor, preventivamente. As avaliações realizadas esbarraram na tenra idade da criança, que ainda desenvolvia a linguagem. Dessa forma, as perícias foram inconclusivas para a hipótese de abuso sexual. Nesse caso, o juiz determinou ao setor de Psicologia da comarca a realização da convivência em ambiente monitorado. No entanto, resta o questionamento: seria essa uma recomendação viável?

Casos como esse[39] são um desafio para os psicólogos que atuam no contexto forense, mas, ao mesmo tempo, são situações diárias dessa prática profissional. Para refletir sobre a atuação nesse tipo de situação, torna-se im-

39 A vinheta apresentada foi inspirada em um caso real, preservando a identidade dos envolvidos.

portante contextualizar as demandas do ponto de vista teórico, bem como refletir sobre a prática nas Varas de Família. Para os fins deste capítulo, objetiva-se tecer enlaçamentos teórico-práticos embasados na experiência das autoras e que tenham em vista uma reflexão sobre a viabilização das visitas monitoradas.

CONTEXTUALIZANDO AS DEMANDAS

As novas configurações familiares do mundo atual se apresentam das mais diferentes formas (Cúnico & Arpini, 2013), gerando novas demandas aos operadores da lei, que precisam tomar decisões diretamente ligadas à dinâmica familiar. Do ponto de vista legal, diversas atualizações são pensadas, repensadas, teorizadas e propostas em cartilhas, estatutos e, inclusive, na própria Constituição quando o assunto diz respeito às crianças.

O Estatuto da Criança e do Adolescente promove a necessidade de prioridade absoluta do interesse das crianças e dos adolescentes, abrangendo uma série de disposições com foco na proteção. Ele possui a colaboração de inúmeros saberes para além do direito e, em suas últimas atualizações, mais especificamente no capítulo sobre o direito à convivência familiar e comunitária (art. 19), instrumentaliza processos litigiosos nas Varas de Família. Entre seus delineamentos, constam a igualdade de deveres e responsabilidades compartilhadas no cuidado e na educação da criança, e a ideia de que a carência de recursos financeiros não constitui motivo suficiente para a perda ou a suspensão do poder familiar. A Lei 13.058/2014, que dispõe sobre a guarda compartilhada, surge como uma das modalidades de proteger a criança e garantir que esta se desenvolva com as figuras parentais presentes e igualmente atuantes.

Com a imensa singularidade existente no seio de cada constituição familiar, nem sempre se consegue garantir, mesmo com as novas alterações, a primazia do interesse das crianças; inclusive, as próprias alterações acarretam novas dúvidas e demandas. Existem lacunas importantes nas quais o que acontece no mundo real não se faz acompanhar pelos delineamentos propostos na legislação. A existência de dúvidas quanto à viabilidade da manutenção vincular paterno-filial ou materno-filial, em situações de suspeita de abuso, por exemplo, abarca uma dessas lacunas. Casos como o citado na apresentação deste capítulo são comumente encontrados nas Varas de Família e geram dúvidas e anseios quanto à garantia dos direitos e a viabilização dessa garantia no seio das famílias. Como fazer com que a menina do exemplo conviva com seu pai, sem expô-la a possíveis riscos e sem causa-la maior sofrimento?

Atualmente, tem-se feito presente nas recomendações das Varas de Família o ingresso do psicólogo como mediador da convivência paterno/materno-filial. Essa participação dos psicólogos surgiu como alternativa frente ao sofrimento psíquico causado por separações litigiosas envolvendo filhos pequenos. As acusações entre os genitores litigantes frequentemente envolvem problemas relacionados ao manejo com os filhos e, não raras vezes, os tornam objeto de disputa, dificultando a livre convivência do genitor que não possui a guarda de seu filho.

FILIAÇÃO E SEPARAÇÃO LITIGIOSA

A forma como os pais lidam com a separação conjugal pode gerar as consequências no psiquismo de seus filhos em um momento tão delicado. O rompimento da conjugalidade através de disputas altamente conflitivas tem sido pesquisado por autores das mais variadas correntes teóricas (Brito, 2008; Escudero, Aguilar, & Cruz, 2008; Ramirez, 2004; Sousa & Brito, 2011). Em qualquer separação, as crianças sofrem por perder a imagem de pai e mãe como um casal, precisando tolerar uma série de mudanças que são complexas e alteram a configuração não só da família de origem, mas também a família extensa, a rede social e a infraestrutura na vida de todos. Observa-se que o litígio costuma provocar dores e sofrimentos que surgem em virtude da separação e podem se tornar intermináveis, acompanhados por uma série de discussões e desentendimentos (Brito, 2008; Ramires, 2004).

Tais momentos, frequentemente, acontecem no lar do casal e, não raras vezes, com as crianças na "plateia". Conforme Verrocchio, Marchetti e Mario Fulcheri (2015), os pais em litígio não raras vezes colocam seus filhos no meio da discórdia, utilizando-os como mensageiros de mensagens hostis, prejudicando o outro genitor ou lhes proibindo de mencionar o outro em sua presença. Muitas vezes, ainda, os conflitos são amplificados por disputa de interesses, questões envolvendo patrimônio, sentimentos de raiva, vingança, entre outros (Cruz, Maciel, & Ramires, 2005).

Segundo Souza (2010), estando em processo de litígio, a guarda da criança geralmente fica submetida a um dos genitores – na maioria dos casos, à mãe. Com isso, a criança pode perder o referencial paterno/materno, devido ao genitor que ficou com a guarda dificultar o contato. Recentes pesquisas, cujo foco foi investigar as condições de vulnerabilidade e resiliência no contexto do divórcio, abrangem as diversidades nos ajustamentos parentais e as mudanças nas adaptações em função da separação (Célia, 2002; Guédeney, 2002; Ramires, 2004). Esses estudos apontam para a urgência de reconhecermos a importância da continuidade de vínculos significativos com ambos os pais após a separação. Além disso, também apontam como fator importante para a maior ou menor vulnerabilidade das crianças a qualidade do vínculo constituído com os genitores. Bowlby (1979/1997) postulou a existência de uma tendência inata do ser humano para vincular-se com outros seres humanos, e acreditava em uma implicação direta entre a relação da criança com seus pais e sua posterior capacidade de estabelecer vínculos afetivos, assim como no surgimento de possíveis psicopatologias (Ramires, 2004).

No contexto das separações altamente conflitivas, o fenômeno da alienação parental, muitas vezes, encontra-se presente. Para Richard Gardner (2001), a alienação parental é um fenômeno que ocorre com crianças e adolescentes envolvidos em situações de disputa de guarda. Esse fenômeno é decorrente de uma campanha difamatória, normalmente feita por parte do genitor que ficou com a guarda da criança e que a utiliza como objeto de disputa. O fenômeno descrito por Gardner desenvolve-se a partir de uma programação realizada por um genitor para que a criança rejeite o outro, sem uma justificativa aparente ou real. Segundo Damiani (2012), os pais que possuem a conduta alienadora têm dificuldades em reconhecer as necessidades da criança, demonstrando dificuldade em distinguir a realidade do filho e seus verdadeiros desejos. Dessa forma, fazem uso da criança para atingir seu objetivo: ferir o ex-cônjuge.

Nas Varas de Família, surgem diversas demandas nas quais solicita-se que o psicólogo avalie casos em que exista a suspeita de alienação parental, pautando-se nas bases teóricas da Psicologia. A legislação específica que abarca casos de alienação parental foi sancionada em agosto de 2010, e prevê sanções ao genitor que causar impedimentos à convivência do(s) filho(s) com o outro responsável. No entanto, o lapso de tempo entre o início do afastamento de um dos pais e a constatação de alienação parental, em um processo judicial, podem acarretar rompimentos importantes entre os vínculos familiares e inúmeros sintomas nas crianças. Alguns estudos sobre a temática chegam a comparar a alienação parental a uma forma de maus-tratos psicológicos (Guardiola, 2006; Segura, Gil, & Sepúlveda, 2006).

Baker (2005) realizou uma pesquisa qualitativa longitudinal sobre os efeitos da alienação parental no psiquismo dos filhos, e constatou, a longo prazo, indicadores do desenvolvimento de depressão, consumo de álcool e drogas, vergonha e culpa em relação ao genitor alienado. Damiani (2012) pesquisou as características de personalidade dos envolvidos em casos de alienação parental e percebeu, nas crianças, um funcionamento psicodinâmico permeado por características regressivas, baseadas em uma relação fusional com o alienador, assim como características de inibição, passividade, dependência e controle da expressão afetiva. As implicações da não manutenção vincular com ambos os genitores, assim como a convivência direta com um alienador, podem provocar inúmeras consequências não só no funcionamento do antigo casal, mas também nos filhos, a curto e a longo prazo. Sendo assim, uma criança que passou meses, ou até anos, com uma imagem negativa do genitor com o qual não convive, além de não desejar vê-lo, poderá sentir raiva, medo e ansiedade ao receber a notícia de que voltará a visitá-lo. Os conhecimentos teóricos para compreender tais conflitivas requisitam um novo olhar da Psicologia, fortalecendo parcerias entre esta ciência e os operadores da lei.

CENTROS DE VISITAÇÃO MONITORADA

A Psicologia Jurídica é uma constante construção de conhecimentos, que se torna mais complexa à medida em que surgem novas demandas. Especificamente nas Varas de Família, a atuação de psicólogos vem se popularizando, tornando-se essencial para a compreensão de fenômenos psicológicos que influenciam nos processos judiciais. Lago, Amato, Teixeira, Rovinski & Bandeira (2009) explicam que, no contexto da Psicologia Jurídica, existe uma predominância das competências do psicólogo relacionadas a atividades de cunho avaliativo e de subsídio aos magistrados. Tradicionalmente, o auxílio do psicólogo nos processos judiciais se faz por meio de documentos escritos que elucidam ao magistrado fenômenos do campo psicológico.

Ao final do momento avaliativo, não raras vezes resta a necessidade de acompanhamento, intervenções, aconselhamentos para que o que no laudo foi indicado seja de fato operacionalizado. O que acontece entre a marca da lei e o mundo real pode não ser viabilizado à medida em que uma sentença é proferida. Por exemplo, a presença de um genitor abusivo com relação à ex-companheira, a existência de uma doença mental agravada, o envolvimento com drogadição de um dos genitores ou até a não possibilidade de verificação das acusações deixa uma lacuna entre o direito de convivência familiar e a convivência na vida real.

Segundo Silverman et al. (2004), expor de forma contínua crianças a genitores abusivos aumenta consideravelmente o risco de preocupações com relação à saúde delas. Filhos de mulheres abusadas pelos seus maridos estão em um alto risco de serem abusadas pelos mesmos abusadores maternos (Ross, 1996). Diversas pesquisas relacionadas ao assunto indicam a necessidade de uma profunda reestruturação do sistema legal, na qual seriam priorizados movimentos de intervenção com relação à proteção de mulheres e crianças em situações de vulnerabilidade à violência doméstica (Lemon, 1999; Pagelow, 1993).

Segundo Parker et al. (2008), os Centros de Visitação Supervisionadas têm se desenvolvido rapidamente nos Estados Unidos. Esses centros auxiliam nos diversos casos de violência doméstica em que a corte designa a manutenção do contato entre a criança e o genitor que não permaneceu com a guarda. Essa manutenção, no entanto, nem sempre garante a proteção da criança, e dela surge a necessidade de espaços que permitam esse encontro. O pouco material encontrado com relação à convivência em ambiente monitorado relaciona-se aos EUA, onde existem diversos centros especializados na viabilização dessa modalidade.

Nos EUA, a prática da convivência supervisionada não é algo recente (Parker et al., 2008; Scaia & Connelly, 2010). Essa modalidade de convivência tem sido realizada há anos por profissionais responsáveis pela proteção de crianças como uma forma de manter o contato entre pais e crianças, sempre atentando à manutenção do vínculo e aos direitos parentais (Sheeran & Hampton, 1999). Esses serviços podem incluir a supervisão dos encontros fora dos centros, contato telefônico supervisionado, visitas em grupos multifamiliares, sessões individuais e sessões terapêuticas (Center for Families, Children and the Courts, 2000; Thoennes & Pearson, 1999). Entre as mais frequentes causas, nos EUA, para o encaminhamento a essa modalidade, estão a violência doméstica, a doença mental do genitor afastado, abuso de substâncias, ameaça de sequestro e o reinício da convivência após um longo período afastados pelo processo judicial.

Parker et al. (2008) descrevem em seu artigo algumas das lições aprendidas em 18 meses de planejamento e implementação em um Centro de Visitação Supervisionada, desenvolvido especialmente para servir famílias em situação de violência doméstica. Dentre as mais diversas conclusões do seu experimento, perceberam a alta singularidade envolvendo famílias em situação de abuso e maus-tratos, não havendo uma única demanda e um único modelo a ser seguido.

De qualquer forma, Parker et al. (2008) acharam significativas conclusões com relação ao seu trabalho nos Centros de Visitação Assistida, sendo elas: (1) as genitoras nem sempre percebem os centros como aliados da sua segurança, percebendo-os como uma extensão do judiciário; (2) o litígio pode se manter em formas mais explícitas e em formas mais sutis, mesmo durante as visitas, o que exige da equipe maior vigilância e preparação; (3) comunicação clara, consistente e documentada desde o começo com todos os envolvidos é essencial quando se trabalha com perpetradores de violência doméstica; (4) uma equipe bem treinada e habilidosa e que seja, da mesma forma, sensível aos problemas relacionados à violência doméstica e às estratégias dos perpetradores de violência são um componente significativo no sucesso dos centros; (5) o sucesso desses centros faz parte de uma ampla e coordenada responsabilidade comunitária com relação à violência doméstica, que permite que mães, filhos e genitores acessem uma gama de serviços e intervenções necessárias para alcançar a segurança das famílias.

Ellen Pence foi diretora executiva da International Praxis, nos EUA, e trabalha problematizando o que intersecta a temática de visitação monitorada e violência (Scaia & Connelly, 2010). Segundo ela, as visitas assistidas e o treinamento das equipes atuantes nos centros voltavam-se especialmente a fornecer um local seguro para as crianças visitarem seus genitores por algum motivo afastados, atribuindo a neutralidade do conflito como principal metodologia de ação aos profissionais. Ellen pesquisou a temática entrevistando mães, pais, crianças, juízes e profissionais, e concluiu seu estudo pela necessidade de uma mudança na abordagem à problemática. Para Ellen, a argumentação de "colocar as crianças em primeiro lugar" não exige a posição neutra frente ao conflito. Essa posição frequentemente coloca as vítimas da violência em uma competição desnecessária com seus filhos para proteção, o que resulta em mais prejuízo que transformação (Pence & McMahon, 2008).

Esses centros de convivência em ambiente assistido não são uma prática atuante no cenário brasileiro, o que não significa que seja desnecessário um trabalho interventivo com famílias em situação de violência doméstica. O que se vê como demanda do judiciário brasileiro para a convivência em ambiente assistido não se volta exclusivamente para situações violência doméstica, mas sim para todas as situações nas quais haja a dúvida com relação ao risco da criança no convívio com um dos genitores, algo também pontuado por Parker et al. (2008).

RELATO DE EXPERIÊNCIA DAS AUTORAS

A prática de visitas assistidas, originalmente operacionalizada pelo projeto inicial das autoras, ocorreu no Foro do Sarandi, em Porto Alegre. Outras formas de convivência monitorada que podem ocorrer se dão através de parentes próximos, vizinhos ou, e não raras vezes por babás. Sendo o terceiro um familiar, inúmeras vezes há a dificuldade de encontrar um nome neutro, alguém de confiança dos genitores, mas que não represente nenhuma tendência ou favoritismo frente à demanda que se discute. O poder judiciário não tem um trabalho específico de convivência monitorada organizado nas comarcas gaúchas. Dessa forma, cada equipe técnica atua de forma individual perante essa atividade.

Pensando em atender às situações como as descritas nesse capítulo, iniciou-se um projeto com a ideia de viabilizar visitas assistidas em um ambiente seguro e acolhedor, através de um termo de cooperação com uma Vara de Família da cidade de Porto Alegre. O projeto intitulado simplesmente "Visitas Assistidas" teve início em 2013, através de uma parceria entre a Fundação Universitária Mário Martins e a Vara de Família do Foro Regional do Sarandi. A intervenção foi elaborada no intuito de promover a convivência com o genitor que não possuía a guarda de seu filho, mas que por algum motivo necessitava de monitoração, através de encontros mediados por um profissional da área da psicologia.

Os primeiros casos encaminhados foram decorrentes de ações judiciais em que havia acusações de abuso sexual. Alguns já haviam passado por perícia psicológica cuja conclusão indicava a maior participação do genitor afastado e a forte possibilidade de alienação parental. Os técnicos responsáveis pela perícia concluíram seus trabalhos na forma de laudos, e através de suas conclusões percebia-se a necessidade da continuidade de um trabalho qualificado. Como alternativa viável, naquele momento, indicaram encontros com o familiar afastado.

Dessa forma, novos profissionais, com experiência tanto na área, como na área da psicologia jurídica foram convidados a elaborar uma forma de viabilizar esses encontros, com o objetivo de priorizar o bem-estar das crianças. Foi então iniciado um projeto inicial, primeiramente com a apropriação de conhecimentos sobre a temática, visto que o tema se constitui em uma lacuna na literatura especializada. Na viabilização do projeto inicial, objetivou-se propiciar um ambiente seguro, acolhedor e lúdico, que protegesse a criança de qualquer inadequação durante os encontros. Trabalhar a visita, sem sofrimento para a criança, era o aspecto mais relevante para o trabalho. Os recursos físicos foram organizados em uma sala "multifuncional" com mesa e cadeiras para crianças, cadeiras e sofás para os pais, brinquedos, material gráfico, computador e televisão.

Inicialmente, os envolvidos com o projeto inicial realizaram diversas tentativas de contato com outras profissionais que também trabalharam com o tema. No entanto, o foco destas era não interventivo. Com a pouca literatura e experiência clínica e jurídica, iniciou-se o mapeamento de metodologias a serem empregadas nos encontros, combinando aspectos relevantes de teorias empregadas em outras formas de intervenção já amplamente estudadas. Foi pensado inicialmente um tempo de seis meses, realizando as visitas no molde inicial para então analisar e repensar a viabilização da visitação sob tais moldes. Seis meses foi um tempo idealizado por haver relatos de psicoterapias vinculares breves com avanços significativos em poucos encontros (Prado et al., 2009). Dentro desse período, esperava-se avaliar e acolher todas as famílias encaminhadas ao serviço.

Ao final desse período, alguns aspectos foram discutidos e repensados em reunião de equipe. Um deles relacionava-se ao intenso sofrimento familiar gerado pelo litígio, a dificuldade da grande maioria das crianças de estar em contato com o genitor afastado, e a necessidade de encaminhamentos simultâneos aos encontros, como, por exemplo, psicoterapia familiar, individual, perícia social e perícia psicológica, entre outros. Com o resultado de nossas considerações iniciais, os envolvidos passaram a enfatizar a avaliação minuciosa dos encaminhamentos, para somente então acolher e dar início a um processo de visitação monitorada. Muitos casos, se bem avaliados, poderiam ser encaminhados a outros serviços primordialmente. Com essas considerações sobre o projeto inicial, novas formas de viabilizar as visitas seguiram sendo alvos de reflexão.

Atualmente, tendo o projeto se popularizado, a prática nesses moldes acontece em alguns Fóruns de Porto Alegre. A abordagem atual difere de uma simples observação, pois também tem caráter avaliativo e interventivo. O psicólogo se dispõe a brincar junto, propor atividades adequadas, mediar o surgimento de situações inadequadas e/ou constrangedoras para a criança. Conforme Damiani, Xavier, Borba e Machemer (2015) a equipe, ao viabilizar a convivência, segue com a premissa idealizada na hipótese inicial de que um dos principais objetivos da uma visita assistida é que aquele momento seja bom para a criança, tentando protegê-la de maiores sofrimentos e frustrações.

Com isso, não se espera ajudar a falsear uma imagem boa dos pais quando esta não existe, mas, sim, ajudar uma família a conviver e auxiliar o filho a ressignificar a imagem equivocada de um pai ou de uma mãe. Alguns autores psicanalíticos referem a importância de manter a imagem integrada dos pais para o desenvolvimento emocional, compreendendo tanto suas partes más quanto as boas, que geralmente ficam obscurecidas em casos como esses (Klein, 1948/1934; Shengold, 1999). Um pai que abusa de substâncias, por exemplo, ainda que não tenha condições em dado momento de conviver com o filho fora da visitação monitorada, pode ser uma pessoa amável e carinhosa quando contido por um ambiente seguro.

As intervenções são breves, com encontros de uma hora cada. O objetivo inicial é avaliar as particularidades caso a caso, para então realizar um plano interventivo. Dessa forma, não é estabelecida uma frequência rígida de encontros, podendo ser semanal, quinzenal e, em alguns casos, mensal. Dentro da experiência das autoras, o ideal é contar com a presença de dois profissionais atuando juntos (Borba & Machemer, 2015; Parker et al. 2008), podendo um ficar responsável pela criança, caso haja a necessidade de maiores intervenções individuais, o que não é incomum. Dessa forma, havendo situações complexas a manejar, como brigas ou qualquer intercorrência que possa prejudicar a criança, um psicólogo pode intervir com os genitores, enquanto o outro zela pela criança, que é acompanhada e acolhida pelo técnico.

O profissional, nesse caso, também estará focado na investigação sobre os vínculos familiares e as possibilidades de autogestão da visita. A realização dessa intervenção mescla teorias interventivas e avaliativas, incluindo recursos terapêuticos. Utiliza-se para tal diversos componentes da avaliação psicológica, entre eles os que se originam do Psicodiagnóstico Interventivo. Para Heck e Barbieri (2016), o Psicodiagnóstico Interventivo objetiva, para além de diagnosticar, entender e intervir na problemática em questão.

Tal avaliação utiliza, concomitantemente, a investigação e a atuação. As autoras sugerem a terminologia "avaliação terapêutica" e acreditam que esta se fundamenta nos princípios do psicodiagnóstico compreensivo (Trinca, 1984) e nas consultas terapêuticas de Winnicott (1971/1984). Especificamente nas consultas terapêuticas, Winnicott aborda a importância do funcionamento familiar para a estruturação do psiquismo infantil, e propõe avaliar, durante os encontros, a qualidade do ambiente em que as crianças vivem, para então poder realizar inferências sobre ela.

Uma significativa diferença entre as técnicas da visitação monitorada e as adotadas em psicoterapia baseia-se na própria motivação. Geralmente, em virtude do litígio, as partes apresentam motivações distintas, dificultando a manutenção do vínculo e a operacionalização da convivência na modalidade assistida (Parker et al. 2008). Rovinski (2007) pontua inúmeras diferenças entre o contexto pericial e o clínico. Torna-se importante, também na visitação monitorada, a necessidade de saber claramente quem é o cliente. Ainda que o foco esteja no bem-estar da criança, no trabalho de visitação assistida vinculado ao judiciário a solicitação se dá por um juiz e será a ele endereçado o relatório final. Essa solicitação, no entanto, nem sempre vem acompanhada de um objetivo claro de trabalho, acontecendo diversos encaminhamentos de demandas que não se adequam à intervenções desse tipo.

Segundo a prática das autoras, a avaliação no contexto de visitas assistidas aborda, primordialmente, a avaliação pormenorizada da demanda. Quando há indicação, realiza-se a avaliação geral dos vínculos familiares envolvidos com a criança, com foco especial para o vínculo de quem se deseja acompanhar. Inicialmente, é fundamental fazer a leitura do processo judicial de forma minuciosa, com o intuito de formular hipóteses iniciais sobre a família e sobre as intervenções. Com frequência, existem perícias psicológicas prévias ao início dos encontros, documentos que facilitam a compreensão da intensidade do litígio familiar e/ou do caso. Em seguida, as partes são convidadas para entrevistas individuais sem a presença das crianças. Nessa etapa, observa-se os recursos dos genitores e avalia-se o tempo de afastamento, as práticas parentais, a qualidade do vínculo, os motivos para a ruptura, as motivações para o restabelecimento vincular e o engajamento para dar início ao acompanhamento.

Por exemplo, um genitor sem motivação para a visitação, não disposto a brincar e não engajado na tarefa, dificilmente se beneficiará desse tipo de intervenção. Já presenciamos situações em que genitores concordaram em participar das visitas monitoradas e não aceitaram bem as intervenções, não eram assíduos e tinham a preferência por manter um discurso litigioso em relação à outra parte, ao invés de aproveitar o momento com o filho. Parker, Rogers e Collins (2008) pontuam sobre a atitude de alguns genitores frente às visitas, tentando obter informações sobre a outra parte, expondo a criança a riscos e tentando manipular o técnico a reportar sua conduta como ótima.

Outro importante inviabilizador dos encontros com o genitor afastado é o grau de sofrimento que a criança sente ao estar em contato com ele. Mesmo que o sentimento negativo venha de uma situação de alienação parental, a criança sente-se obrigada a estar no mesmo ambiente em que está sua maior fonte de ansiedade. Nesses casos, não aceitamos a demanda e indicamos, como medida de proteção à saúde psíquica da criança, frequência assídua à psicoterapia, para que nela possam ser trabalhadas, em seu devido tempo, as figuras parentais.

Um recurso teórico utilizado é a Hora de Jogo Diagnóstica (Efron, Fainberg, Kleiner, Sigal, & Woscoboinik, 2009). Ela é definida como a comunicação da criança por meio da atividade lúdica, de modo a retratar e conceituar a sua realidade psíquica. Através dos encontros iniciais, observa-se a criança e sua forma de brincar, aproveitando para estabelecer o vínculo inicial, essencial para bom o andamento dos encontros. Esse período de avaliação compreende aspectos variados, mas que geralmente seguem um padrão, incluindo entrevista com todos os responsáveis e momentos lúdicos com a criança (Efron et. al., 2009; Krug, Bandeira, & Trentini, 2016). É também nesses momentos individuais com a criança que se avalia a adequação da demanda e busca-se excluir, naquele momento, casos com prognósticos desfavoráveis. Essa adequação ou não da demanda geralmente é informada ao juiz através de um relatório, e sem haver outra forma que melhor comunique essa avaliação, ela é redigida em formato muito similar a um laudo pericial voltado à possibilidade ou não de visitação assistida naquele momento.

Segundo Borba e Machemer (2015), estudar e compreender o modo como os vínculos se formam e como podem se desconstituir é pressuposto teórico fundamental para que o profissional possa auxiliar a reconstruir ou constituir formas mais saudáveis de relacionamento. Ramires (2004) afirma que os modelos de vínculo são como construções ativas e podem ser reestruturados. Portanto, parte-se do pressuposto que, mesmo com um rompimento vincular significativo, provocado pelo alto litígio entre os genitores, ainda pode existir uma possibilidade de reconstruí-lo. Essa etapa de reconstituição vincular se inicia após a avaliação da demanda, e nela são feitas intervenções cujo objetivo é sensibilizar os genitores e, não raras vezes, mediar, como uma pessoa em quem a criança confia, os primeiros contatos com o familiar afastado. Por vezes, brinca-se junto dos dois, propõem-se brincadeiras e limitam-se assuntos inadequados de forma sensível.

É através de pequenos movimentos que duas pessoas geralmente ansiosas e amedrontadas com a situação podem passar a desenvolver uma brincadeira e iniciar um vínculo. Para além de pequenas intervenções durante as brincadeiras, pensa-se no processo de parentalidade dentro contexto de sistemas familiares. Através desse olhar, reflexões e apontamentos quanto à implicação nos sintomas clínicos dos filhos na existência de competição parental, práticas de intrusividade e na exposição ao conflito parental e conjugal (Mosmann et al., 2018).

Dificilmente tal intervenção acontece sem o encaminhamento da criança para psicoterapia, pois a visitação monitorada difere e não exclui a relevância do trabalho clínico terapêutico. Mesmo que as crianças não estejam em um grau de sofrimento desestruturante, elas com frequência apresentam algum grau de ansiedade com os encontros, seja por conflitos de lealdade (Trindade, 2009), seja pelo medo da convivência com a figura paterna/materna. Assim, a convivência monitorada não parece ser o fim das possibilidades em um processo.

Quando a família entra em um movimento de autogestão, conseguindo ensaiar uma comunicação sem litígio, havendo uma brincadeira sem a necessidade de intervenção e tendo o magistrado concluído pela viabilização dos encontros fora de ambientes protegidos, pode-se pensar em formas de viabilizar a convivência sem um técnico. Geralmente, sugere-se, em um documento complementar, outras formas de convivência, que podem iniciar gradualmente até se tornarem mais frequentes.

Tendo em vista a necessidade de certa estruturação no processo de reconstituição vincular, há a necessidade de certa sistematização das intervenções. Na maioria dos casos em que há a indicação para a intervenção, espera-se o cumprimento de alguns passos, como: (1) leitura dos autos processuais; (2) entrevistas iniciais com os genitores; (3) entrevistas lúdicas com a criança; (4) avaliação da demanda; (5) elaboração de um planejamento interventivo; (6) início da convivência e intervenções; (7) avaliação do grau de autonomia da família; (8) busca de recursos para viabilizar a convivência fora do ambiente monitorado; (9) relatório final; e (10) encerramento da convivência em ambiente monitorado.

Essa estrutura adotada como metodologia para o nosso trabalho é adaptada conforme as peculiaridades de cada família, e demanda intensamente do profissional que se disponibiliza a atuar com visitação assistida. Cada processo encaminhado à intervenção é bastante único, bem como as demandas dele decorrentes. Com a experiência, percebe-se bastante diferença entre as demandas, ainda que sejam famílias com a mesma conflitiva. Uma mesma família pode, inclusive, ter momentos em que se beneficia das visitas monitoradas e outros momentos em que ela se mostra inviável.

REFLEXÃO SOBRE A PRÁTICA DAS AUTORAS

A lente teórica da psicologia apresenta o embasamento para a operacionalização da reconstituição vincular no ambiente forense, mas pouco se sabe quanto à sua real significância em processos litigiosos. O ilustrado caso de Ana e Paulo é um exemplo de demanda frequentemente atendida no projeto citado neste capítulo. Paulo sofreu acusações que dificultam a viabilização do vínculo com a filha; porém, não se fazem suficientes para decisões pontuais. As possibilidades, nesse caso, apontam para alienação parental ou para a veracidade das acusações, situação limítrofe que preocupa qualquer operador da lei quanto a uma abertura para livre interação com a filha.

Então, o que pode ser feito para de fato viabilizar esse vínculo em um ambiente seguro? Como garantir os direitos e, ao mesmo tempo, proteger a criança? Uma psicoterapia familiar? Um espaço específico para isso? De modo geral, percebe-se no cenário atual posições dicotomizadas em relação à operacionalização de visitas assistidas através desses moldes. Alguns técnicos acreditam que não é papel do psicólogo realizar esse trabalho ou, ainda, acreditam que ele pouco ajuda se for atrelado ao contexto pericial. Outros profissionais, principalmente operadores da lei, reconhecem a demanda como algo extremamente atual e necessário, pois é um espaço em que a família que litiga é não somente avaliada, como também investida, possibilitando uma forma de proteção da criança e comunicação direta com o judiciário.

Ao receber um novo processo, cujo encaminhamento seja para visitação monitorada, há necessidade de muita reflexão sobre o pedido. Não raras vezes, recebe-se recomendações para frequentar a casa de algum dos genitores, permanecer tardes observando a interação ou ainda para realizar psicoterapia. Por isso, também, importa a avaliação constante da demanda e o compromisso ético de, através de documentos fundamentados, justificar os motivos para a não viabilização das visitas nesses moldes, assim como, se necessário, sugerir os devidos encaminhamentos.

Com isso em mente, torna-se importante refletir quanto ao papel mais adequado do psicólogo nesse contexto. Seria ele um perito? Qual é a implicação da função que o psicólogo exerce ao atender uma família, nesse contexto, com o intuito avaliativo e interventivo? No contexto clínico, a existência de uma aliança terapêutica entre o psicólogo e o paciente pressupõe a existência de possibilidades de trabalho (Horvath & Luborsky, 1993; Ojeda, 2010; Safran et al., 2011; Oliveira & Benetti, 2015). Atuando com convivência monitorada, assim como em terapia, deseja-se a ocorrência de insights e transformações, mesmo que singelos, e a existência de uma espécie de aliança terapêutica, por mais diferente que seja do mundo clínico, precisa existir. Porém, não raras vezes, essa relação rompe-se quando o primeiro documento técnico é emitido. Nele, podem constar apontamentos sobre inadequações e dificuldades dos genitores, algo que, quando pontuado pessoalmente, pode ser semelhante a uma intervenção terapêutica. Mas, quando exposto em um processo, pode aumentar o litígio e romper o vínculo de confiança com o técnico, que passa a se tornar, na visão de quem se saiu prejudicado, um aliado da outra parte, ou um membro de decisão do judiciário (Parker et al. 2008). Rovinski (2007) adverte sobre algumas problemáticas envolvendo o papel terapêutico em uma função pericial mediante intervenções que procuram gerar mudanças. Assim, como ela pontua, não raras vezes existem nas visitações monitoradas "conflitos éticos de difícil solução, principalmente quanto ao nível de confidencialidade" (Rovinski, pp. 42).

Em função disso, há um esforço para esclarecer às partes envolvidas sobre a produção dos documentos vinculados à convivência assistida e sobre o papel desempenhado naquela situação. No entanto, algumas vezes, o tempo do processo judicial não acompanha o tempo de *insights* e mudanças nas constituições vinculares, algo que limita o trabalho do técnico nessa posição e indica que a continuação do trabalho seja feita em um ambiente clínico. Terapias vinculares, familiares e individuais têm sido fontes frequentes de encaminhamento, tanto concomitantes às visitas monitoradas quanto tendo um fim nelas.

Atualmente, o seguimento do projeto de visitas assistidas parte do pressuposto que a presença de um psicólogo pode possibilitar a mediação do vínculo nas situações de convivência assistida. No entanto, resta com essa reflexão o seguinte questionamento: como trabalhar em um ponto de intersecção entre fazer parte da equipe pericial do magistrado e intervir com as famílias? Mesmo com as dificuldades que perpassam o papel de "perito viabilizando vínculos", atualmente não se encontram espaços com propostas similares. Do mesmo modo, se faz importante a apresentação dessa intervenção com as devidas inferências ao magistrado, que, por vezes, precisa desses recursos técnicos para fundamentar suas decisões. Talvez, a resposta ideal para alguns conflitos éticos seriam lugares especializados, assim como os Centros de Visitação Supervisionada existentes nos EUA, que poderiam viabilizar o espaço entre o judiciário e o consultório, onde a família se sentiria mais vinculada à equipe, mas não menos protegida. Esses centros, porém, não fazem parte da nossa realidade, e ainda eles referem dificuldades similares às presentes na reflexão deste trabalho.

Toda experiência pode contribuir para uma mudança e, nesse caso, com a intenção de garantir os direitos das crianças de crescerem com a presença dos seus pais, mesmo que estes se encontrem em alto litígio (Borba & Machemer, 2015). Pensando nisso, assim como Verrocchio et al. (2015), acredita-se que intervenções em famílias em litígio deveriam ser mais difundidas entre os juízes dos tribunais de família, a fim de viabilizar ações que promovam o melhor interesse da criança, sejam elas através de visitas assistidas ou de qualquer outra proposta bem-intencionada que se proponha a ser avaliada e estudada.

Assim sendo, conclui-se a pergunta inicial deste capítulo reconhecendo as inúmeras limitações e dificuldades de atuar com famílias em conflito. Porém, frisa-se a ideia de que a Psicologia muito pode viabilizar a essas famílias e ao poder judiciário, se conseguir atuar para além dos espaços já reconhecidos. Assim, acredita-se que a possibilidade de atuação com visitas assistidas possa ser merecedora de investimento se novos profissionais se propuserem a estudá-la e a pensá-la, para que a sua viabilidade ou não seja baseada em evidências científicas.

CASOS[40]

A seguir serão apresentados alguns casos inspirados nos atendimentos em visitas monitoradas pelas autoras com o intuito de apresentar ao leitor os dilemas e os avanços deste molde de intervir.

Pouco a pouco, o leitor deste capítulo familiariza-se com a atuação nesses moldes, mas não há dúvidas de que ainda devam restar inúmeras interrogações no imaginário de quem o lê. Talvez a descrição de outros casos, para além dos nossos já conhecidos "Paulo e Ana", possam auxiliar o interessado a sanar algumas inquietações. Serão apresentados dois casos: um em que a convivência em ambiente assistido obteve resultados positivos e outro em que pouco se alcançou com a modalidade de convivência nestes moldes. Pensa-se que desta forma há a possibilidade de uma maior aproximação à realidade do trabalho no dia a dia, não colorindo casos e problematizando seus porquês de terem dado ou não resultados.

CASO 1

Antônio e Mariana foram casados por cerca de dois anos e, em função de uma traição de Antônio, separaram-se de forma litigiosa. Entre idas e vindas, Mariana descobriu a gravidez, tida como uma surpresa para os dois,

40 Os casos foram escolhidos em meio aos documentos redigidos e às anotações das psicólogas que atuam conforme esses moldes. Os nomes são fictícios e as histórias não representam um único processo, mas fazem parte de uma união de histórias muito similares.

que decidiram reatar o relacionamento por mais um ano após o nascimento da filha. Romperam em função da descoberta de um filho de Antônio, da mesma idade de Carolina, filha do casal. Nos três anos seguidos da separação, Carolina conviveu com o genitor de forma relativamente tranquila, pois se viam quando a mãe permitia; na época, quinzenalmente. Nessas visitas, Carolina e Antônio permaneciam o final de semana juntos, e a menina retornava à casa da mãe na segunda-feira pela manhã. Certo dia, Carolina recebeu uma mensagem de *Whatsapp* do ex-marido, solicitando-a a assinar os papéis do divórcio, pois ele tinha o desejo de casar novamente.

Nesse período, Carolina, com quatro ano e meio, passou a apresentar alguns sinais e sintomas, assim como medos intensos de ir ao banheiro, dificuldades de interação social na escola e agressividade com os colegas. Passou a voltar da casa de Antônio bastante desorganizada, acentuando sua agressividade na escola nos dias seguintes ao retorno. Também verbalizou à mãe não ter o desejo de dormir na casa paterna. Preocupada, Mariana passou a questionar a filha, perguntando-a sobre a rotina na casa do pai, sobre o que os dois faziam juntos, sobre a hora do banho e, finalmente, obteve como resposta ao questionar como o pai a dava banho: "O papai dá banho em mim pelada". A genitora questionou à filha se o pai também entrava no banheiro com ela e se ele a tocava, o que a menina responde afirmativamente.

Preocupada com os sinais e com o que poderia estar acontecendo na casa paterna, Mariana levou Carolina até uma delegacia, sendo encaminhada a uma equipe especializada em depoimento especial (Pelisoli, Veleda, & Dell'Aglio, 2014). As perícias foram inconclusivas com relação à hipótese de abuso sexual, porém Mariana nunca mais sentiu-se segura em deixar a filha sob os cuidados paternos, o que gerou um processo judicial de disputa de guarda com pedido de regulamentação de visitas. Logo nas primeiras audiências, o magistrado encaminhou a família à perita responsável pela viabilização da convivência em ambiente monitorado. Nesse momento, intimou-se a profissional responsável através de um e-mail e, após aceito o encargo, foram designadas cópias do processo à técnica.

De forma minuciosa, a técnica leu os dados obtidos até o momento e agendou horários individuais com Mariana, Antônio e Carolina. Realizadas as entrevistas individuais, obteve-se um panorama geral do funcionamento familiar e levantou-se a hipótese de alienação parental, que deveria ser encaminhada à uma perita responsável para suprir tal demanda. Outra questão que pôde se levantar foi a necessidade de tratamento psicoterápico para Carolina, que de fato apresentava componentes agressivos significativos no seu brincar e dificuldades com relação à figura paterna, referindo medo intenso de estar na presença de Antônio. Assim sendo, foi redigido pela técnica um laudo inicial, explicando, de forma breve, os procedimentos, as entrevistas individuais, a análise do que até então se obteve e a conclusão. Nesse caso, concluiu-se pela possibilidade da convivência em ambiente assistido com o devido encaminhamento da menina à psicoterapia.

Pouco depois, deu-se início ao processo, que foi bastante desafiador, exigindo flexibilidade e experiência da psicóloga responsável pelo caso. Foram feitas pequenas intervenções para aproximar pai e filha, propiciando espaços lúdicos e sugerindo ao pai condutas com relação à aproximação. Inicialmente, a técnica vinculou-se bem com a menina, que, mesmo temendo a imagem paterna, conseguia brincar com ele se a psicóloga estivesse brincando junto. Os encontros eram semanais, de uma hora cada, e, tendo passado seis encontros, a menina e o pai já conseguiam conversar e interagir sem a necessidade de a técnica estar constantemente junto à brincadeira. A hora de se retirar da brincadeira e o modo como o fez dependeu da sensibilidade da psicóloga, que passou a perceber pequenos sinais de melhora do vínculo, assim como olhares prolongados entre os dois, cumprimentos e despedidas tímidas. Esses sinais evoluíram, ao passo em que a técnica se retirava do campo relacional, para brincadeiras entre pai e filha, abraços na entrada e na saída e até a verbalizações da menina sobre seu desejo de seguir brincando com o pai.

Mariana, sempre apreensiva com o contato pai-filha, também tinha o seu espaço de escuta e intervenção, mesmo que de forma breve. Foram marcados três horários individuais para ela durante o processo, onde se tentou sensibilizar a genitora com relação à importância da sua comunicação com Antônio e do vínculo entre ele e a menina. A responsável pelo caso levantou hipótese de que o que mais flexibilizou a conduta materna não foram os espaços de escuta, mas a convivência no Fórum com Antônio, mesmo que somente o observando cumprimentar a filha. Também se acredita que, ao ver a menina feliz interagindo com o pai e ao compreender a importância desses momentos, formou-se em Mariana um novo imaginário sobre a parentalidade de Antônio, modificando antigos conceitos.

A perícia realizada durante a convivência em ambiente monitorado concluiu por indicadores de alienação parental, o que corroborou com a hipótese inicial da psicóloga responsável pela convivência assistida. Assim sendo, passou-se a preparar a família para se autogerir, convidando os genitores a conversar em frente à técnica sobre horários, dias, formas de comunicação etc. Em seguida, redigiu-se o laudo final, analisando o processo como um todo e concluindo pelo início gradual dos encontros entre pai e filha. Também nele foi reforçada a importância da manutenção do tratamento individual de Carolina, que ainda convive em um ambiente pouco amistoso. Mesmo obtendo avanços e flexibilizações na conduta parental de Mariana e Antônio, ainda existem problemas do âmbito conjugal, assim como ciúme e questões financeiras, que atravessam a comunicação entre os dois quando o assunto é a filha.

Acredita-se que o tratamento psicoterápico, com a presença ativa dos dois genitores, é uma possibilidade de amenizar tais condutas e fortalecer os recursos da menina. Dessa forma, encerrou-se o trabalho de visitação assistida e Antônio e Carolina passaram a conviver, com frequência semanal, independentes do judiciário. Esse foi um caso inspirado em famílias cuja demanda assemelhava-se em quase todos os aspectos. Grande parte do sucesso das intervenções, sem dúvida, baseou-se na capacidade de resiliência dos membros desta família.

CASO 2

Gabriela e Ricardo viveram em uma união estável por cerca de quatro anos. Gabriela já possuía uma filha de outro relacionamento, Rafaela, que residia com o casal. Rafaela e Ricardo nunca tiveram um bom relacionamento, algo que, ao iniciar a adolescência da menina, acentuou a relação tumultuada. Ricardo e Rafaela costumavam brigar em função de tarefas da casa, pois Ricardo solicitava tarefas à menina, assim como lavar a louça, fazer as camas e limpar a cozinha, tornando-se, por vezes, agressivo verbalmente durante essas brigas. Gabriela engravidou, aferindo por planejamento exclusivo dela, pois Ricardo não tinha o desejo de filhos. Bruno e Stephanie, gêmeos, nasceram em meio a muitas brigas e discussões entre Gabriela e Ricardo. Ricardo, segundo Gabriela, passou a ser agressivo verbal e fisicamente com ela depois do nascimento dos bebês e suas brigas com Rafaela acentuaram-se.

Gabriela, depois de dois conturbados anos, resolveu separar-se de Ricardo, mudando-se com os três filhos para a casa de sua mãe. Concordou com visitas livres do genitor aos gêmeos, e eles passaram a frequentar a casa do pai em dias esporádicos. Três anos passaram-se e as crianças, com cerca de cinco anos, começaram a apresentar comportamentos sexualizados na escola. Inicialmente, Gabriela achou normal, acreditando que seria uma fase, no entanto, após ser chamada pela escola, começou a se preocupar com os filhos. Stephanie, certo dia, ao ver televisão, pediu à mãe que deitasse em cima dela, pois o pai às vezes o fazia. Gabriela tentou questionar a filha, mas não conseguiu muitas respostas com relação à colocação. Levou então a menina para avaliação em centro de referência especializado para ser escutada, concluindo pela falta de indicadores que sustentassem a hipótese de abuso sexual.

Sendo assim, Gabriela, não satisfeita, ingressou com uma ação contra Ricardo, no intuito de impedi-lo de ver a menina. Ricardo, em sua defesa, solicitou que, enquanto averiguadas as denúncias, pudesse conviver com a filha, mesmo que com algum familiar observando. Não tendo familiares dispostos a colaborar, o magistrado optou por solicitar que uma psicóloga viabilizasse as visitas monitoradas. Gabriela, nesse período, encontrava-se com muita raiva do genitor, acreditando fortemente na hipótese de Stephanie ter sofrido abuso sexual. Antes das visitas, haviam sido realizadas inúmeras perícias, inconclusivas quanto às hipóteses levantadas de alienação parental e abuso sexual.

Agendadas as entrevistas iniciais, na modalidade individual, com os genitores e com as crianças, pode-se corroborar com os achados das perícias prévias. Era de fato uma situação complexa, pois as crianças manifestavam o desejo de ver o pai, porém, a genitora referia que não deixaria a convivência acontecer. Os primeiros encontros entre pai e filhos foram bastante tranquilos – os três brincaram sem haver maiores interferências da técnica. Dessa forma, redigiu-se um laudo, no qual constava a possibilidade de trabalho nesses moldes e indicava o pai como adequado nas brincadeiras e na convivência com as crianças. Também foi sugerido tratamento psicológico à genitora, que sofria demasiadamente nos encontros, chorando, gritando ou até discutindo com Ricardo em frente aos filhos.

O laudo foi emitido e, tendo a genitora tido acesso ao documento, passaram a ocorrer inúmeras faltas e atrasos aos encontros combinados. A genitora também se recusava a conversar com a psicóloga, falando que estava levando os filhos para a "desgraça". Ricardo era, por vezes, inadequado, ora aceitando as provocações de Gabriela, ora conseguindo se controlar, mas, não raras vezes, brigavam em frente às crianças. Stephanie, que até então brincava naturalmente com o pai, passou a não suportar entrar no mesmo local em que ele estava, chorando muito e correndo para fora da sala. Bruno entrava e brincava de forma mais tímida, o que fez com que os encontros fossem indicados apenas para ele, enquanto Stephanie seria encaminhada para um tratamento psicológico no qual mãe e pai tinham indicação de participar com assiduidade. Poucos encontros aconteceram somente entre Bruno e seu pai, pois logo o menino passou a não desejar entrar na sala com Ricardo, também chorando e correndo para fora da sala em direção à mãe.

Foram realizadas mais algumas tentativas, como, por exemplo, Bruno vir acompanhado de outro familiar e os encontros acontecerem em uma pracinha do Fórum com o familiar próximo, mas nada surtiu efeito. A técnica optou por encerrar os encontros, pois as crianças entravam em contato com muito sofrimento ao estarem com a figura paterna. Independentemente de ter havido ou não algum tipo de abuso, os gêmeos passaram a acreditar que de fato foram abusados, e Stephanie, em especial, não suportava estar nem no mesmo prédio que o genitor. No laudo final, a técnica emitiu um parecer desaconselhando a modalidade de convivência monitorada dessa forma, e aconselhando psicoterapia aos envolvidos.

Em casos como esses, muito se problematiza sobre o que possivelmente não saiu conforme o esperado. Aqui, percebeu-se que os poucos ganhos regrediram após a emissão do laudo inicial, o que fez com que a genitora passasse a ver a psicóloga como uma aliada da outra parte ou como um membro de decisão do judiciário. Talvez se as mesmas pontuações tivessem permanecido apenas no âmbito clínico, ainda se poderia ter seguido com as visitas nesses moldes. Dentro do contexto forense, no entanto, torna-se importante apresentar os achados ao magistrado, que é quem decidirá sobre o futuro das pessoas envolvidas. Outra hipótese foi de que a mãe, ao ver os filhos interagindo bem com o pai, temia a liberação dos encontros fora do judiciário, o que pode ter iniciado uma campanha materna colocando os filhos contra Ricardo. Ainda, jamais exclui-se as dificuldades com relação à aferição da denúncia de abuso sexual, o que limita as possibilidades de atuação em casos como este.

A descrição desses casos, compilados em dois, um com efeitos positivos e outro não, mostra alguns dos limites e algumas possibilidades viabilizadas pela convivência mediada por um psicólogo no âmbito do judiciário. São casos que aproximam o leitor da realidade vivida pela nossa equipe durante esses anos de trabalho, permitindo que o interessado viva a experiência, através da leitura, não somente dos momentos em que as intervenções são frutíferas, mas também dos momentos em que nos surgem conflitos, inquietações e dúvidas com relação à viabilização de convivência assistida.

REFERÊNCIAS

Baker, A. J. L. (2005). The long-term effects of parental alienation on adult children: A qualitative research study. *American Journal of Family Therapy*, 33(4), 289-302. doi: 10.1080/01926180590962129

Borba, A. E., & Machemer, R. S. (2015). Reconstituição vincular através da convivência monitorada. In J. Trindade, & F. Molinari (Eds.), *Temas de psicologia forense.* Porto Alegre: Imprensa Livre.

Brasil. (1990). *Estatuto da criança e do adolescente.* Lei n. 8.069/90. Recuperado de http://www.planalto.gov.br/ccivil/Leis/L8069.htm

Brito, L. M. T. (2008). Alianças desfeitas, ninhos refeitos: mudanças na família pós-divórcio. In L. M. T. Brito (Ed.), *Famílias e separações: perspectivas da psicologia jurídica* (pp.17-48). Rio de Janeiro: Ed. UERJ.

Carter, B., & McGoldrick, M. (1995). *As mudanças no ciclo de vida familiar: uma estrutura para a terapia familiar.* 2a. ed. Porto Alegre: Artmed.

Célia, S. (2002). A capacitação da resiliência e a formação da pele psicossocial. In L. Corrêa Filho, M. E. Corrêa, & P. S. França (Eds.), *Novos olhares sobre a gestação e a criança até os 3 anos* (pp. 494-502). Brasília: L. G. E. Editora.

Center for Families, Children and the Courts. (2000). *Supervised visitation: A look at the research literature (research update).* San Francisco: Author.

Cruz, R. M., Maciel, S. K., & Ramirez, D. C. (Eds.) (2005). *O trabalho do psicólogo no campo jurídico.* São Paulo: Casa do Psicólogo.

Cúnico, S. D, & Arpini, D. M. (2013). A família em mudanças: desafios para a paternidade contemporânea. *Pensando famílias*, 17(1), 28-40. Recuperado de http://pepsic.bvsalud.org/scielo.php?script=sci_arttext&pid=S1679-494X2013000100004&lng=pt&tlng=pt

Damiani, F da. M., Xavier, M. A. M., Borba, A. E de, & Machemer, R. S. (2015). Visitas assistidas junto ao poder judiciário: uma possibilidade de restabelecer vínculos rompidos. In *III Simpósio Sul-Brasileiro de Psicologia Jurídica.* Porto Alegre, RS.

Damiani, F da. M. (2012). *Características de estrutura de personalidade de pais, mães e crianças envolvidas no fenômeno da alienação parental* (Dissertação de mestrado, Unisinos, São Leopoldo). Recuperado de http://biblioteca.asav.org.br/vinculos/000008/0000080E.pdf

Efron, A. M., Fainberg, E., Kleiner, Y., Sigal, A. M., & Woscoboinik, P. (2009). A hora do jogo diagnóstica. In M. S. L. Ocampo, M. E. G. Arzeno, & E. G. Piccolo (Eds.), *O processo psicodiagnóstico e as técnicas projetivas.* São Paulo: Martins Fontes. Originalmente publicado em 1979.

Ellis, E., & Boyan, S. (2010). Intervention strategies for parent coordinators in parental alienation cases. *Am. J. Fam. Ther, 38*, 218–236. doi: 10.1080/01926181003757074

Escudero, A., Aguilar, L., & Cruz, J. (2008). La lógica del síndrome de la alienación parental de Gardner (SAP): "terapia de la amenaza". *Revista de la Asociación Española de Neuropsiquiatria, 102*(28), 263-526.

Gardner, R. (2001). *Basic facts about the parental alienation syndrome.* Recuperado de http://www.rgardner.com/refs/pas_intro.htm

Guardiola, M. G. T. (2006). Maltrato psicológico. *Cuad. Med. Forense, 43*, 103-116.

Guédeney, A. (2002). O apego e a resiliência: teoria, clínica e política social. In L. Corrêa Filho, M. E. Corrêa, & P. S. França (Eds.), *Novos olhares sobre a gestação e a criança até os 3 anos* (pp. 503-511). Brasília: L. G. E. Editora.

Heck, V. S., & Barbieri, V. (2016). Psicodiagnóstico interventivo. In C. S. Houtz, D. R. Bandeira, C. M. Trentini, & J. S. Krug (Eds.), *Psicodiagnóstico.* (pp.184-193). Porto Alegre: Artmed.

Horvath, A. O., & Luborsky, L. (1993). The role of the therapeutic alliance in psychotherapy. *Journal of Consulting and Clinical Psychology, 61*(4), 561-573.

Houtz, C. S, Bandeira, D. R., & Trentini, C. M. (2015). *Psicometria.* Porto Alegre: Artmed.

Klein, M. (1948). A contribution to the psychogenesis of manic-depressive states. In M. Klein, *Contributions to psycho-analysis.* London: Hogart Press. (Trabalho original publicado em 1934).

Krug, J. S., Bandeira, D. R., & Trentini, C. M. (2016). Entrevista lúdica diagnóstica. In C. S. Houtz, D. R. Bandeira, C. M. Trentini, & J. S. Krug, (Orgs.), *Psicodiagnóstico.* (pp.73-98). Porto Alegre: Artmed.

Lago, V. de M., Amato, P., Teixeira, P. A., Rovinski, S. L. R., & Bandeira, D. R. (2009). Um breve histórico da psicologia jurídica no Brasil e seus campos de atuação. *Estudos de Psicologia (Campinas), 26*(4), 483-491. doi:10.1590/S0103-166X2009000400009.

Lemon, N. K. D. (1999). The legal system's response to children exposed to domestic violence. *Future Child, 9*, 67–83.

Ojeda, M. (2010). Origen y evolución de la alianza terapéutica. *Revista GPU, 6*(3), 284-295.

Mosmann, C., Costa, C. B., Silva, A. G. B., Luz, S. K., Mosmann, C., Costa, C. B. da, & Luz, S. K. (2018). Filhos com sintomas psicológicos clínicos: papel discriminante da conjugalidade, coparentalidade e parentalidade. *Temas Em Psicologia*, *26*(1), 429–442. Recuperado de https://doi.org/10.9788/TP2018.1-17Pt

Oliveira, N. H., & Benetti, S. P. da C. (2015). Aliança terapêutica: estabelecimento, manutenção e rupturas da relação. *Arquivos Brasileiros de Psicologia*, *67*(3), 125-138. Recuperado de http://pepsic.bvsalud.org/scielo.php?script=sci_arttext&pid=S1809-52672015000300010&lng=pt&tlng=pt.

Pagelow, M. D. (1993). Justice for victims of spouse abuse in divorce and child custody cases. *Violence Victims,* 69–83.

Parker, T., Rogers, K., & Collins, M. (2008). Danger zone: battered mothers and their families in supervised visitation. *Violence Against Women*, *14*(11), 1313-1325. doi: 10.1177/1077801208324531

Pelisoli, C., Dobke, V., & Dell'Aglio, D. da. (2014). Depoimento especial: para além do embate pela proteção das crianças e adolescentes vítimas de violência sexual. *Temas em Psicologia*, *22*(1), 25-38. https://dx.doi.org/10.9788/TP2014.1-03

Pence, E., & McMahon, M. (2008). On safety's side: Protecting those vulnerable to violence: Challenges to notions of neutrality in supervised visitation centers. Duluth, MN: *Praxis International.* Recuperado de http://www.praxisinternational.org

Prado, L. C., Gomes, A. G., Frizzo, G. B., Santos, C. A. dos, Schwenberger, D. D. de S., Lopes, R. S., & Piccinini, C. A. (2009). Psicoterapia breve pais-bebê: revisando a literatura. *Revista de Psiquiatria do Rio Grande Do Sul*, *31*(3), 1–13. https://doi.org/10.1590/S0101-81082009000400008

Ramires, V. R. R. (2004). As transições familiares: a perspectiva de crianças e pré-adolescentes. *Psicologia em Estudo,* *9*(2), 183-193. doi: 10.1590/S1413-73722004000200005

Ross, S. M. (1996). Risk of physical abuse to children of spouse abusing parents. *Child Abuse Neglect.* *20*, 589–598.

Rovinski, S. L. R. (2007). *Fundamentos da perícia psicológica forense.* 2ª.ed. São Paulo: Vetor.

Safran, J., Muran, J., & Carter, C. (2011). Repairing Alliance Ruptures. *Psychotherapy*, *48*(1), 80-87.

Scaia, M., & Connelly, L. (2010). With "equal regard": an overview of how ellen pence focused the supervised visitation field on battered women and children. *Violence Against Women.* *16*(9), 1022-1030. doi: 10.1177/1077801210379349

Segura, C., Gil, M. G., & Sepúlveda, M. A. (2006). El síndrome de alienación parental: uma forma de maltrato infantil. *Cuad. Med. Forense.* *12*, 43-44.

Sheeran, M., & Hampton, S. (1999). Supervised visitation in cases of domestic violence. *Juvenile and Family Court Journal*, *50*(2), 13-25.

Shengold, L. L. (1999). Maus tratos e privação na infância: assassinato da alma. *Psicoterapia da infância e adolescência*, *12*, 7–26.

Silverman, J. G., Mesh, C. M., Cuthbert, C. V., Slote, K., & Bancroft, L. (2004). Child custody determinations in cases involving intimate partner violence: a human rights analysis. *American Journal of Public Health, 94*(6), 951–957.

Sousa, A. M. (2010) *Síndrome da alienação parental: um novo tema nos juízos de família.* São Paulo: Cortez.

Sousa, A. M., & Brito, L. M. T. (2011). Síndrome de alienação parental: da teoria Norte-Americana à nova lei brasileira. *Psicologia: Ciência e Profissão, 31*(2), 268-283. doi: 10.1590/S1414-98932011000200006

Thoennes, N., & Pearson, J. (1999). Supervised visitation: A profile of providers. *Family and Conciliation Courts Review, 37*, 460-477.

Trinca, W. (1984). *Diagnóstico psicológico: a prática clínica.* São Paulo: EPU.

Trindade, J. (2009). *Manual de psicologia jurídica para operadores do direito.* Porto Alegre, RS: Livraria do Advogado.

Verrocchio, M. C., Marchetti, D., & Fulcheri, M. (2015). Perceived parental functioning, self-esteem, and psychological distress in adults whose parents are separated/divorced. *Frontiers in Psychology, 6*, 1760. doi: 10.3389/fpsyg.2015.01760

11. DESATANDO NÓS E CRIANDO LAÇOS: A PRÁTICA DA MEDIAÇÃO INTERDISCIPLINAR NOS CONFLITOS FAMILIARES

Conrado Paulino da Rosa

NOTAS INTRODUTÓRIAS

A dissolução das uniões conjugais e convivenciais, mesmo em casais que não tenham filhos, impõe aos profissionais que nela laboram um olhar diferenciado e sensível. O desfazimento dos laços relacionais não pode se transformar em verdadeiro "nó", sob pena de comprometimento de incontáveis danos a todos envolvidos, principalmente quando os filhos são utilizados como escudo e/ou armas de vingança por aqueles que deveriam lhes proteger.

Ao depois, a falta da implementação de uma cultura de pacificação – inclusive por ser tal realidade distante, por décadas, dos bancos acadêmicos – moldou o comportamento dos profissionais de carreira jurídica em um agir bélico, onde a existência de um processo judicial se transformava, infelizmente, em um catalizador de novos litígios. De modo que, por vezes, materializava àquele ex-casal uma substituição do vínculo conjugal pelo vínculo processual. Unidos pelo litígio, a manutenção dessa vinculação patológica sob vigília de todas as carreiras que intervinham no curso do processo judicial foi e ainda é protagonista de imensuráveis perdas (financeiras, temporais e psicológicas) nas Varas de Família.

Assim, o presente texto possui o escopo de apresentar a prática da mediação como um espaço fértil no tratamento dos conflitos familiares, principalmente, após a vigência do novo Código de Processo Civil (Lei 13.105/2015) e da Lei da Mediação (13.140/2015), e o papel dos profissionais do Direito, Psicologia e Serviço Social nesse ofício, especialmente se considerada a entrada em vigor dos novos diplomas legais mencionados.

"LEVA, TUDO AQUILO QUE EU DEI..."[41]: OS CONFLITOS FAMILIARES E A NECESSIDADE DE UMA INTERVENÇÃO DIFERENCIADA

O amor inicia na confusão saborosa da identidade de não pensar em outra coisa e termina na confusão desastrosa da identidade de não querer pensar no assunto por mais um dia sequer (Carpinejar, 2006). Assim, quando "os restos de amor forem levados ao judiciário" (Pereira, 2001), a belicosidade que se expressa nas causas da família torna-se cada vez mais preocupante, sendo de fundamental importância a preservação da saúde mental dos indivíduos que nela estão inseridos (Groeninga, 2007).

Na Justiça, deságuam as carências das áreas da saúde e social, o sofrimento do corpo, mas, principalmente, o sofrimento da alma humana, quando o litígio envolve questões ligadas ao direito de família (Azambuja, 2006). Nesse sentido, podemos considerar que o amor tem a potencialidade de nos fazer demonstrar o que temos de melhor, mas também, uma vez frustrados e machucados, esse sentimento pode trazer à tona nossas piores características (que, por certo, até então não estavam reveladas).

As disputas familiares, por definição, envolvem relacionamentos que precisam perdurar. A síndrome do perde-ganha dos tribunais provoca um verdadeiro desastre em uma família que se desfaz (Serpa, 1998). Uma das provas de ineficiência do sistema contencioso é o ajuizamento de inúmeras e sucessivas (talvez, até, intermináveis) ações judiciais envolvendo a mesma entidade familiar, quando sua dissolução não tiver, como norte, meios que verdadeiramente possam terminar com o conflito.

41 Leva, tudo aquilo que eu dei / Mas não leva tudo que eu podia dar / Leva, tudo aquilo que eu dei / Mas não leva tudo que eu podia dar / Leva o Van Gogh e o Buldogue de raça que eu criei / E a medalha que um jogo de malha nos aproximou / Leva o aparelho de jantar e a baixela de prata / E o retrato daquela mulata que o Lan desenhou / Leva a obra completa de Machado de Assis / Entre as curvas e retas, sua bissetriz / Leva o apartamento que está desocupado / Já que não quer mais viver ao meu lado / Então leva!..." (Baptista, L. C., 2009).

Ao nos depararmos com a separação de um casal, não estaremos tratando do patrimônio no sentido estrito do termo, mas sim, trabalhando, também, com as perdas emocionais, os lutos afetivos pela morte de um projeto a dois, pelos sonhos acalentados e não realizados, por tudo aquilo que cada indivíduo depositou em seu parceiro e que verificamos não ser nada além do reflexo de seu próprio desejo de completude. Nesse sentido, podemos considerar que:

> Cada um quer ser indenizado pelo "prejuízo" sofrido em nome do amor que acabou, e assim o dinheiro torna-se pleno de significações simbólicas. Transforma-se em prêmio e castigo que as pessoas feridas não hesitam em usar para dar razão às suas mais inconfessáveis emoções. (Motta, 2000, p. 46)

O profissional que menospreza essa conjuntura complexa corre o risco de, vaidosamente, deixar-se seduzir pelo papel de "salvador da pátria" e, de "espada em punho", assumir uma posição tão passional e emotiva quanto seu próprio cliente, fazendo do problema dele o seu (Lev, 2003). É imperioso conseguirmos distinguir dedicação, que deve ser o vetor determinante dos profissionais que laboram na causa, de um envolvimento emocional, tornando, invariavelmente, aqueles que precisariam ter um olhar técnico como mais um integrante da relação afetiva.

A tradição jurídica do ensino do Direito tem arraigada em sua prática e transmite, na grande maioria das situações, uma pedagogia do litígio sem que, por outro lado, os acadêmicos possam entender com o que estão trabalhando, ou seja, sem um necessário entendimento do funcionamento dos conflitos. Dessa forma, nota-se que, em grande parte dos processos judiciais que envolvem questões de família, o vínculo do ódio, da vingança e da perseguição pode arrastar-se durante anos, dificultando a ambos os parceiros o refazer da vida em outras direções, perpetuando a ligação em uma estranha forma de fidelidade (Maldonado, 2000). Substituem a vinculação conjugal por um "vínculo processual afetivo" (Zimeman, 2001, p. 64), cujas possibilidades de conflitos a se abrirem no âmbito da família são múltiplas, para regozijo dos(as) "viúvos(as) do vínculo", o que acaba por oferecer um farto manancial para o exercício da belicosidade (Santos, 2001, p. 73).

No final dessa verdadeira *via crucis*, caso algum dos cônjuges ou companheiros não tenha alguma decisão judicial em seu favor, poderá ainda recorrer da sentença a uma instância superior, "onde se realizará outra justiça a seu favor. Clientes e seus advogados sempre acreditam que existe um remédio para o que está errado; o errado está sempre na outra parte" (Gruspun, 2000, p. 51). Por trás de toda petição, há sempre uma repetição de uma demanda originária, que é de amor (Pereira, 2001). É a retaliação realizada, já que "o anel que tu me deste era vidro e se quebrou...".

Ao depois, a dor gerada nos filhos do casal que se separa não traduz apenas um sofrimento momentâneo, mas tem a possibilidade de provocar prejuízos emocionais que podem se estender pela vida toda (Cezar-Ferreira, 2007).

Assim, o papel dos profissionais que laboram nas dissoluções afetivas prescinde de uma participação efetiva de um saber interdisciplinar, principalmente em uma família com filhos, em razão da potencialidade de consequências desastrosas dos desdobramentos de tais questões.

O PRINCÍPIO CONSTITUCIONAL DA EFETIVIDADE DA PRESTAÇÃO JURISDICIONAL NOS LITÍGIOS FAMILIARES E A MEDIAÇÃO

A partir da Emenda Constitucional n. 45, promulgada em 2004, tivemos a inclusão do inciso LXXVIII no art. 5° da Constituição Federal, que elenca os direitos fundamentais do cidadão, com o seguinte enunciado: "A todos, no âmbito judicial e administrativo, são assegurados a razoável duração do processo e os meios que garantam a celeridade de sua tramitação". Portanto, a efetividade do processo não é somente um direito constitucional da parte que procura a efetiva prestação jurisdicional, mas também é um direito subjetivo da mesma na busca pela justiça (Milhoranza, 2010, p. 612).

Assim, partindo-se da conjugação do princípio em tela, em conjunto com o fato de que a Carta Magna de 1998 elenca, em seu art. 226, a família enquanto base da sociedade e, também, digna de "especial proteção do Estado", entendemos a criação de um novo princípio processual em nosso ordenamento jurídico a partir da Emenda Constitucional n. 45/2004: *o princípio constitucional da efetividade da prestação jurisdicional nos litígios familiares.* Dessa forma, se temos na Constituição Federal a entidade familiar reconhecida como base da sociedade e, por outro lado, temos no Estado – por meio do Poder Judiciário – o responsável pela gestão de todos os conflitos que envolvem o corpo social, devendo resolvê-los em tempo razoável, no momento em que as demandas familiares têm suas respostas carentes de atendimento célere, ao fim, está-se colocando em risco a própria base constitucional da estrutura social.

A melhor forma de possibilitar o atendimento de tal princípio é com a adoção da mediação, mostrando-se como um dever dos profissionais do Direito, da Psicologia e do Serviço Social, que laboram nos litígios familiares, a utilização dessa prática, para a construção de novas alternativas aos atores da vida familiar. Afinal de contas, considerando a construção de uma caminhada em conjunto ao longo de um casamento ou união estável, apesar da frustração do término relacional, nada melhor do que os próprios envolvidos trabalharem ativamente nas questões pendentes do que delegarem a terceiros, que não lhes conhecem, o poder de decisão de suas questões pessoais.

"Mediação" procede do latim *mediare*, que significa mediar, dividir ao meio ou intervir. Esses termos expressam o entendimento do vocábulo "mediação", que se apresenta como uma forma amigável e colaborativa de solução das controvérsias que busca a melhor solução pelos próprios envolvidos (Sales, 2003).

Enquanto no Poder Judiciário a solução do conflito de interesses é imposta pelo julgador, apesar de estar assentada no ordenamento jurídico, nem sempre a saída proposta será a mais adequada, justa e isenta de erro (Ruiz, 2005). Assim, a mediação é um processo que pode dar uma importante contribuição para a resolução pacífica das disputas (Moore, 1998). Ela surge, assim, como alternativa, substituindo o modelo conflitual apresentado pelo Poder Judiciário. A mediação se apresenta, destarte, como a elaboração de um conflito a serviço de um sujeito terceiro e imparcial que, em um contexto autônomo em relação ao procedimento judiciário, tende a garantir alguma (re)organização das relações (Zambrano, 2010).

O mediador é um tradutor que deve ficar no meio das linguagens diversas, deve conhecer duas línguas e servir de trâmite, de meio, entre uma e outra: quanto mais línguas, linguagens, culturas, mundos entram em contato, mais necessidade há de se transformar o conflito potencial em comunicação (Resta, 2004). Caracteriza-se por ser um profissional que prima pela autonomia e pela responsabilidade na tomada de decisão, apelando para a criatividade das pessoas no entendimento do conflito. O objetivo maior é a racionalidade comunicativa, não exclusivamente o alcance de um acordo para as suas querelas: é, sobretudo, proporcionar um contato frente a frente para cada um colocar seus descontentamentos, sem a necessidade de um representante. Ele privilegia a qualidade da relação interpessoal após o rompimento da relação conjugal (Avila, 2008).

O mediador tem formação específica para analisar os vários níveis da comunicação e dos conflitos, de forma a buscar uma equalização dos poderes, agindo como um catalisador das relações. O princípio metodológico é o de construção conjunta de conhecimento, uma reflexão que requer o reconhecimento e a valorização do ponto de vista dos integrantes do sistema e o respeito à autonomia do outro (Groeninga, 2007).

Processo informal, particular e confidencial, a mediação estabelece a negociação conduzida pelo mediador. Por sua vez, este levará os participantes a construírem seus próprios acordos, mutuamente aceitos, de maneira que permita, de forma criativa, que os envolvidos no conflito possam dar continuidade a um tipo de relacionamento construtivo, sem enfrentamentos, evitando-se condutas hostis, agressivas ou vingativas (Breitmann, 2001). As partes do conflito precisam resolver questões complexas, instauradas muito além do aspecto unicamente legal, e a mediação é uma forma de possibilitar momentos de comunicação entre o casal, resolvendo questões emocionais, que possibilitem uma separação ou um divórcio baseado no bom senso, e não na vingança pessoal (Braganholo, 2005).

Os mediandos não atuam como adversários, mas como corresponsáveis pela solução da disputa, contando com a colaboração do mediador (Vasconcelos, 2008). Essa proposta, assim, representa uma autocomposição assistida ou terceirizada, uma vez que são os próprios sujeitos em conflito que discutirão e comporão as controvérsias.

Luis Alberto Warat conceituava tal procedimento como uma forma ecológica de autocomposição. Primeiramente, porque pode ser considerado como uma forma de realização da autonomia, na medida em que educa, facilita e ajuda na produção das diferenças (produção do tempo com o outro), que modificam as divergências. A autonomia, como a democracia, o amor e o ódio são formas de convivência com a conflitividade, com a incompletude que a conflitividade existencial determina. O indivíduo autônomo precisa negociar com o outro a produção conjunta da diferença, o que implica, forçosamente, a mediação do simbólico. Em segundo lugar, a mediação é uma forma ecológica de autocomposição na medida em que, ao procurar uma negociação transformadora das diferenças, facilita uma considerável melhoria na qualidade de vida (Warat, 2004).

A substituição do paradigma bélico (resolução do conflito através de batalhas, das quais um sairá vencedor e outro, vencido) pelo paradigma da cooperação, por meio da trégua, faz-se necessária para que se possa levar os sujeitos em conflito a atuar pela busca da mudança, do crescimento e da evolução das relações. Cabe-nos, sim, ajudá-los a abrir clareiras, ao invés de trincheiras, a buscar tréguas, ao invés de incentivar batalhas ou guerrilhas, para que os auxiliemos a serem capazes de cooperar, individualmente, para a realização do todo (Motta, 2000).

Afinal, "o que se almeja no procedimento mediativo é uma postura de responsabilidade pelo projeto de futuro que vai nortear a vida daquelas pessoas vinculadas por relações de afeto e familiares" (Rosa, 2012, p. 281). Isso significa proporcionar às famílias a oportunidade de uma comunicação destinada a esclarecer mal-entendidos, com vistas a evitar rupturas desnecessárias e diminuir o desgaste e o sofrimento.

APONTAMENTOS SOBRE A PRÁTICA DA MEDIAÇÃO FAMILIAR COM A VIGÊNCIA DO NOVO CPC E DA LEI DA MEDIAÇÃO

A vigência do novo Código de Processo Civil (Lei 13.105/2015) e da Lei da Mediação (13.140/2015) apresentou um marco divisor na prática profissional ao implementar, de modo claro e por uma proposta definitiva, métodos consensuais de tratamento de conflitos como a regra, deixando a intervenção impositiva para a via residual. Nas ações de família, conforme estabelece o art. 694 do CPC de 2015, todos os esforços serão empreendidos para a solução consensual da controvérsia, devendo o juiz dispor do auxílio de profissionais de outras áreas de conhecimento para a mediação e conciliação. Tal previsão foi paradigmática, haja vista que, até então, esse papel era destinado de forma legislada tão somente em relação à figura do magistrado.

Outra novidade é que, a requerimento das partes, o juiz pode determinar a suspensão do processo enquanto os litigantes se submetem à mediação extrajudicial ou a atendimento multidisciplinar (parágrafo único do art. 694 do novo CPC). Dessa forma, apesar do estabelecimento, em definitivo, da prática mediativa no âmbito judicial, o diploma processual civil não afastou a sua utilização nos espaços privados, podendo tal pedido ser realizado em qualquer momento de tramitação. Além disso, a previsão legislativa também valorizou a necessidade do atendimento terapêutico aos participantes dos processos judiciais, sendo essa previsão inédita no ordenamento jurídico brasileiro.

As sessões de mediação – que, de forma equivocada, o Código de Processo Civil de 2015, em algumas oportunidades, denominou como audiência de mediação – poderão se dividir em tantas sessões quantas forem necessárias para viabilizar a solução consensual, sem prejuízo de providências jurisdicionais, para evitar o perecimento do direito (art. 696 do novo CPC).

Para facilitar o espírito consensual que deve nortear essa prática, a partir da vigência do CPC de 2015, quando a parte demandada toma conhecimento do processo por meio do oficial de justiça, o mandado de citação é desacompanhado da petição inicial do autor.[42] A ideia subjacente é a de que aquele que foi citado possa procurar um advogado que irá consultar o inteiro teor da petição protocolizada pela parte autora. Em seguida, de forma técnica e isenta, esse profissional auxiliará o demandado a traduzir as postulações e, considerando o espírito cooperativo que norteia a prática processual contemporânea[43], prepará-lo para os encontros de mediação.

Outro ponto importante da nova norma, com o escopo de dirimir as confusões terminológicas entre mediação e conciliação, o CPC positivou as diferentes especificidades de cada uma das metodologias. O conciliador, de acordo com o art. 165, parágrafo 2º, do novo CPC, atuará, preferencialmente, nos casos em que não houver vínculo anterior entre as partes (sendo, por consequência, descartada a possibilidade de sua aplicação nos procedimentos familiares). O profissional, em seu ofício, poderá sugerir soluções para o litígio, sendo vedada a utilização de qualquer tipo de constrangimento ou intimidação para que as partes conciliem.

Por sua vez o mediador, conforme estabelece o art. 165, parágrafo 3º, do novo CPC, atuará preferencialmente nos casos em que houver vínculo anterior entre os sujeitos, de modo a auxiliar os interessados a compreender as questões e os interesses em conflito. A ideia é a de que o mediador possa agir como colaborador para que os participantes da mediação possam, pelo restabelecimento da comunicação, identificar, por si próprios, soluções consensuais que gerem benefícios mútuos.

42 Artigo 695, parágrafo 1º, CPC: "O mandado de citação conterá apenas os dados necessários à audiência e deverá estar desacompanhado de cópia da petição inicial, assegurado ao réu o direito de examinar seu conteúdo a qualquer tempo" (Brasil, 2015).

43 Art. 6º do CPC: "Todos os sujeitos do processo devem cooperar entre si para que se obtenha, em tempo razoável, decisão de mérito justa e efetiva" (Brasil, 2015).

Nessa esteira, o ofício do mediador prescinde, necessariamente, de um agir interdisciplinar para que ele consiga colaborar para o estabelecimento de uma espécie de "revolução interna silenciosa" do *status quo* antes existente nos participantes das sessões de mediação. Para isso, é recomendável a participação de dois profissionais, sendo que um deles funcionará enquanto mediador e o outro como comediador. Dessa forma, recomenda-se, pela prática da mediação, que a dupla de profissionais possua formação distinta, ou seja, um(a) advogado(a) e um(a) assistente social, um(a) psicólogo(a) e um(a) advogado(a), por exemplo. A utilização da comediação possibilita uma efetiva troca de saberes entre as diferentes áreas de conhecimento. A Lei da Mediação (13.140/2014) também destacou tal possibilidade, vez que, a requerimento das partes ou do mediador, como estabelece o art. 15, poderão ser admitidos outros mediadores para colaborarem no mesmo procedimento, quando isso for recomendável, em razão da natureza e da complexidade do conflito.

Além disso, a utilização da comediação auxiliará na criação de um ambiente de conforto e diminuirá entraves na comunicação não verbal[44], ao permitir que a dupla de atendimento seja formada por mediadores de gêneros distintos. Dessa forma, em um ambiente onde exista um homem e uma mulher quando do início do atendimento, permitirá que ambos os participantes da mediação a respeito de uma dissolução de relacionamento heterossexual, sintam-se acolhidos e em paridade de olhares a respeito de seus sentimentos.

Distintamente do procedimento comum (CPC, art. 334, parágrafo §5º), nas ações de família não se permite às partes renunciar, aprioristicamente, à realização da audiência de mediação e conciliação. Sequer havendo petição de ambos os contendores será possível a dispensa do ato. A intenção é clara: fazer com que as partes tenham contato com o mediador, de modo a arrefecer os ânimos e perceber as vantagens da solução consensual (Neves, 2015). E, bem por conta dessa obrigatoriedade, invocando o que reza o parágrafo 8º do art. 334 do Código, a ausência da parte à audiência obrigatória pode ser sancionada com a aplicação de multa.

44 Embora, tradicionalmente, possamos imaginar que a comunicação somente ocorra de maneira verbal, ela é responsável tão somente por 7% de nossa vivência. O restante da comunicação ocorre de maneira não verbal, sendo 38% provenientes do tom da voz, e 55%, dos sinais da linguagem do corpo" (Savio, 2012, p. 8). Tradução nossa.

Destaca-se que tal postura não obriga os participantes do processo a serem submetidos à prática mediativa, até porque, invariavelmente, esse procedimento afetaria a autonomia da vontade, que é um dos princípios norteadores da mediação.[45] A obrigatoriedade diz respeito tão somente ao comparecimento ao encontro designado para que, por meio da explicação do mediador, o ex-casal possa ter acesso às explicações a respeito do procedimento mediativo e às vantagens de sua aplicação. A impossibilidade de renúncia à realização da audiência tem como norte, entre outros fatores, o desconhecimento da prática pelos profissionais de carreira jurídica e, também, o olhar ainda voltado a uma prática litigante que, em nosso sentir, o contato com essa prática pacificadora pode transformar.

Importante salientar que a aplicação da mediação no procedimento das demandas familiares, pelo Poder Judiciário brasileiro, experiência essa em franca expansão desde a Resolução 125/2010 do Conselho Nacional de Justiça, não afasta o trabalho exercido, de modo extrajudicial, por mediadores particulares. Inclusive, o ideal seria que, frente à nova cultura introduzida pelo novo diploma processual em que os métodos de solução consensual de conflitos devem ser estimulados por todas as carreiras jurídicas (art. 3º do novo CPC), os advogados pudessem encaminhar os casos para a mediação prévia, em caráter privado, de modo antecedente ao ajuizamento das demandas judiciais.

Na mediação prévia, que pode ser buscada por iniciativa própria dos litigantes ou por encaminhamento dos advogados constituídos pelo ex-casal, uma das principais vantagens é que, sem a judicialização da demanda, afasta-se o paradigma ganhador-perdedor. Outrossim, o espaço particular aumenta o respeito à privacidade dos envolvidos, bem como possibilita o acesso a profissionais que, em se tratando da aplicação da metodologia no espaço judicial, não estariam disponíveis para o atendimento do caso. Isso porque, atualmente, a remuneração para o atendimento das mediações judiciais inexiste ou é muito baixa, fazendo com que os profissionais de maior experiência e titulação não realizem mediações judiciais.

45 Art. 166 do CPC: "A conciliação e a mediação são informadas pelos princípios da independência, da imparcialidade, da autonomia da vontade, da confidencialidade, da oralidade, da informalidade e da decisão informada" (Brasil, 2015).

Sendo obtido o acordo na mediação privada, o termo resultante do atendimento, via de regra, é levado a homologação judicial, vez que, em se tratando de litígios familiares, são direitos indisponíveis que necessitam da intervenção do Juiz e do Representante do Ministério Público. Na hipótese do divórcio ou dissolução da união estável, sem que a mulher se encontre em estado gravídico e na ausência de filhos crianças, adolescentes ou incapazes, nada obsta de o termo de mediação ser levado pelos procuradores das partes ao Tabelionato de Notas para a lavratura de escritura pública, nos termos do art. 733 do Código de Processo Civil.

Aliás, desde março de 2018, por meio do Provimento n. 67, o Conselho Nacional de Justiça implementou a prática da mediação em Tabelionatos de Notas e em Cartórios de Registros Civis de Pessoas Naturais, apresentando-se como um novo espaço de aplicação dessa cultura pacificadora, também de forma antecedente e, acima de tudo, para evitar um processo judicial.

É notório que, tradicionalmente, não incentivamos uma educação para a paz e para o cuidado com os sentimentos, nos currículos dos cursos de Direito. Nossa tendência é seccionar o conhecimento: se chorar muito queremos de plano o encaminhamento para o atendimento psicoterapêutico; se demandar atendimento de necessidades básicas ou uma situação de vulnerabilidade, o encaminhamento para o serviço social deve ser imediato. Contudo, é chegada a hora de que o trabalho com outras áreas não seja tratado como espaço compartimentado do conhecimento, tal como se tratássemos o conhecimento em "caixas" isoladas.

O que se busca na contemporaneidade é o deslocamento do trabalho multidisciplinar para um trabalho que se quer interdisciplinar, reconhecendo, nas diversas áreas do conhecimento, seus espaços de entremeio, nos quais se confluem noções e teorias afins e de utilização comum. Enquanto no primeiro os profissionais atuam de forma isolada, no último o trabalho é realizado de forma conjunta, com as ciências trabalhando lado a lado.[46]

---

46 Segundo Olga Pombo (2008), quando estivéssemos a falar de pluridisciplinaridade ou de multidisciplinaridade, estaríamos a pensar naquele primeiro nível que implica por em paralelo, estabelecer algum mínimo de coordenação. A interdisciplinaridade, pelo seu lado, já exigiria uma convergência de pontos de vista. Quanto à transdisciplinaridade, ela remeteria para qualquer coisa da ordem da fusão unificadora, solução final que, conforme as circunstâncias concretas e o campo específico de aplicação, pode ser

Nesse sentido, a mediação é estruturada a partir dessa visão interdisciplinar. Por óbvio, ultrapassar a zona de conforto e caminhar em uma direção a um novo espaço requer o desprendimento de dogmas, a capacidade de assumir novas linguagens e aceitar novos horizontes para práticas que, até então, imaginávamos como única forma de agir.

Enquanto na lógica tradicional o juiz ou o árbitro ocupam um lugar de poder, "o mediador, ao contrário, ocupa um lugar de amor" (Warat, 2004, p. 65), isso porque, muito mais do que um acordo, a mediação preconiza o potencial de transformação das pessoas, pois representa a expressão de uma visão relacional, amparada na consideração e no respeito às diferenças (Breitmann & Strey, 2006). Possibilitar que a trama seja transformada em um desenlace é um novo comportamento que se espera daqueles que acolhem os envolvidos nos conflitos familiares. Trata-se de um novo agir na sociedade contemporânea, trazendo uma proposta de humanização do atendimento jurídico aos conflitos familiares.

CONSIDERAÇÕES FINAIS

A substituição da vinculação conjugal por um "vínculo processual afetivo" possibilita um sem número de consequências danosas aos integrantes das entidades familiares. Assim, a necessidade de um trabalho interdisciplinar, envolvendo profissionais de diversas áreas, como advogados, psicólogos, assistentes sociais, entre outros, para tratar de conflitos familiares, vem, cada vez mais, sendo enfatizada para proporcionar uma prestação de serviço mais adequada e eficaz às famílias que estão em conflito.

Trata-se de uma postura de responsabilidade pelo projeto de futuro que vai nortear a vida daquelas pessoas vinculadas por relações de afeto e familiares. Proporciona às famílias a oportunidade de uma comunicação

desejável ou não. Em algumas circunstâncias, poder-ser importante a fusão das perspectivas; noutras, essa finalidade pode ser excessiva ou mesmo perigosa. Isto é, não há na proposta qualquer intuito de apontar um caminho progressivo que avançasse do pior ao melhor. Pelo contrário, entre uma lógica de multiplicidades para que apontam os prefixos *multi* e *pluri* e a aspiração à homogeneização para que, inelutavelmente, aponta o prefixo *trans* enquanto passagem a um estágio qualitativamente superior, o prefixo *inter*, aquele que faz valer os valores da convergência, da complementaridade, do cruzamento, parece-me ser ainda o melhor (Pombo, 2008).

destinada a esclarecer mal-entendidos, evitando rupturas desnecessárias. Objetiva bem administrar o conflito real, e não se deter apenas ao aparente, pois assim estará sendo solucionado o verdadeiro problema, propondo-se a um trabalho de desconstrução do conflito, fazendo com que os mediados encontrem as reais motivações de suas controvérsias e as solucionem.

A vigência do novo Código de Processo Civil (Lei 13.105/2015) e da Lei da Mediação (13.140/2015) possibilita o alcance de novos modos de agir no tratamento dos conflitos familiares. Todavia, faz-se mister destacar que a efetivação de tal metodologia depende de uma mudança de comportamento de cada um dos profissionais que auxiliam os envolvidos na dissolução afetiva.

Advogados, membros do Ministério Público, magistrados, assistentes sociais e psicólogos que atuam em processos na área de família são conhecedores de que as carências dos integrantes do relacionamento conjugal e parental não são necessidades jurídicas, mas sim de cuidado, atenção e – acima de tudo – uma necessidade de escuta para as dores que não são físicas, mas na verdade, do "coração". Os profissionais que atuam nos conflitos familistas são uma espécie de "cardiologistas da alma", resignificando frustrações, projeções e mágoas – até outrora utilizadas como "munição" nas batalhas jurídicas – em mudanças firmes, perenes para que os machucados possam ser sarados e, não mais, eternizados.

Assim, a partir dessa inovadora visão que tem como proposta a mediação de conflitos, construiremos, por certo, uma Justiça mais humana, próxima do cidadão e, também, construindo um espaço de autonomia e resgate da cidadania. Da trama ao desenlace, onde poderemos "desatar os nós" existentes ao final dos relacionamentos afetivos, criando "novos laços" nas entidades familiares, onde o diálogo e o entendimento se façam presentes a cada dia.

REFERÊNCIAS

Avila, E. M. (2008). Mediação familiar: mitos realidades e desafios. *Revista de Direito Privado, 35*.

Azambuja, M. R. F. de. (2006). A ética nos processos desgastados pelo litígio. In I. M. C. C. de Souza. *Casamento: uma escuta além do Judiciário*. Florianópolis: Vox Legem.

Baptista, L. C. (2009). Então leva!. [Gravado por Zeca Pagodinho]. In *MTV Especial: Zeca Pagodinho - Uma prova de Amor ao Vivo*. EMI Music Publishing. (Gravado em 2009.).

Braganholo, B. H. (2005). Novo desafio do direito de família contemporâneo: mediação familiar. *Revista do Centro de Estudos Judiciários do Conselho da Justiça Federal, 29.*

Brasil. Lei 13.105 de 16 de março de 2015. *Código de Processo Civil.* Recuperado de http://www.planalto.gov.br/ccivil_03/_Ato2015-2018/2015/Lei/L13105.htm

Brasil. Lei 13.140 de 26 de junho de 2015. *Dispõe sobre a mediação entre particulares como meio de solução de controvérsias e sobre a autocomposição de conflitos no âmbito da administração pública; altera a Lei nº* 9.469, de 10 de julho de 1997, e o Decreto nº 70.235, de 6 de março de 1972; e revoga o § 2º do art. 6º da Lei nº 9.469, de 10 de julho de 1997. Recuperado de http://www.planalto.gov.br/ccivil_03/_ato2015-2018/2015/Lei/L13140.htm

Breitmann, S. G., & Porto, A. C. (2001). *Mediação familiar: uma intervenção em busca da paz.* Porto Alegre: Criação Humana.

Breitmann, S. G., & Strey, M. N. (2006). Gênero e mediação familiar: Uma interface teórica. *Revista Brasileira de Direito de Família, 36.*

Carpinejar, F. (2006). *O amor esquece de começar.* São Paulo: Betrand.

Cezar-Ferreira, V. A. da M. (2007). *Família, separação e mediação: uma visão psicojurídica.* São Paulo: Método.

Groeninga, G. C. (2007). Mediação interdisciplinar: um novo paradigma. *Revista Brasileira de Direito de Família, 40.*

Gruspun, H. (2000). *Mediação familiar: o mediador e a separação de casais com filhos.* São Paulo: LTr.

Lev, R. (2003). Equipe reflexiva interdisciplinar e o atendimento do advogado de Direito de Família. In M. E. Muzkat. *Mediação de conflitos: pacificando e prevenindo a violência.* São Paulo: Summus.

Maldonado, M. T. (2000). *Casamento: término e reconstrução.* São Paulo: Saraiva.

Milhoranza, M. G. (2010). Tempo, processo e efetividade da prestação jurisdicional. In G. C. Jobin (Ed.). *Tempestividade e efetividade processual: novos rumos do processo civil brasileiro.* Caxias do Sul: Plenum.

Moore, C. W. (1998). *O processo de mediação: estratégias práticas para a redução de conflitos.* Tradução de Magda França Lopes. 2a. ed.. Porto Alegre: Artmed.

Motta, M. A. P. (2000). Além dos fatos e dos relatos: uma visão psicanalítica do direito de família. In R. da C. Pereira (Ed.), *Anais do II Congresso Brasileiro de Direito de Família. A família na travessia do milênio.* Belo Horizonte: IBDFAM-OAB-MG.

Neves, D. A. A. (2015). *Novo Código de Processo Civil: inovações, alterações e supressões comentadas.* Rio de Janeiro: Forense.

Pereira, R. da C. (2001). *A sexualidade vista pelos tribunais.* 2a. ed. Belo Horizonte: Del Rey.

Pombo, O. (2010). Epistemologia da interdisciplinaridade. *Ideação. 10*(1). Recuperado de http://e-revista.unioeste.br/index.php/ideacao/article/view/4141/3187

Resta, E. (2004). *O direito fraterno*. Tradução de Sandra Regina Martini Vial. Santa Cruz do Sul: EDUNISC.

Rosa, C. P. da. (2012). *Desatando nós e criando laços: os novos desafios da mediação familiar*. Belo Horizonte: Del Rey.

Ruiz, I. A. (2005). A mediação e o direito de família. *Revista de Arbitragem e Mediação, 6*.

Sales, L. M. de M. (2003). *Justiça e mediação de conflitos*. Belo Horizonte: Del Rey.

Santos, L. F. B. (2001). Processo como forma de manutenção do vínculo. In Instituto Interdiciplinar De Direito De Família - IDEF. (Ed.), *Direito de família e interdisciplinaridade*. Curitiba: Juruá.

Savio, D. et al. (2012). *La mediazione nelle sucessioni ereditarie e nelle divisioni: tecniche - procedure - casi esplicati*. Dogana: Maggioli.

Serpa, M. de N. (1998). *Mediação de família*. Belo Horizonte: Del Rey.

Vasconcelos, C. E. de. (2008). *Mediação de conflitos e práticas restaurativas: modelos, processos, ética e aplicações*. São Paulo: Método.

Warat, L. A. (2004). *Surfando na pororoca: o ofício do mediador*. Florianópolis: Fundação Boiteux.

Zambrano, V. (2010). Conflitos familiares e técnicas de desincentivação da "litigation": a mediação familiar na experiência européia. Tradução de Fabiana Marion Spengler. In F. M. Spengler, & T. Spengler Neto (Eds.), *Mediação enquanto política pública: a teoria, a prática e o projeto de lei*. Santa Cruz do Sul: EDUNISC.

Zimerman, D. (2001). Processo judicial: forma de manutenção de vínculo? In Instituto Interdiciplinar de Direito de Família - IDEF. (Ed.), *Direito de família e interdisciplinaridade*. Curitiba: Juruá.

12. QUANDO OS LAÇOS AFETIVOS ULTRAPASSAM OS CONSANGUÍNEOS: A FILIAÇÃO SOCIOAFETIVA E O PAPEL DAS PERÍCIAS PSICOLÓGICA E SOCIAL EM SEU RECONHECIMENTO JURÍDICO

Cátula Pelisoli
Gabriela Peixoto

A fim de discorrer sobre as determinações de perícias sociais e psicológicas para a avaliação da filiação socioafetiva em processos vinculados às Varas de Família, neste texto inicialmente se abordará o conceito de família majoritariamente adotado pelos operadores do Direito no contexto atual, um conceito amplo pautado nos princípios constitucionais da carta magna de 1988. A discussão sobre o que caracteriza "família" na atualidade é polêmica, novas formas de sociabilidade geram novos arranjos familiares, de modo que a compreensão de família patriarcal já não é capaz de absorver todas as configurações familiares existentes.

Na medida em que a sociedade se transforma, novos conceitos e compreensões acerca da realidade surgem, demandando às instituições que norteiam a vida cotidiana adaptação às novas vivências sociais, na intenção de abranger a todos. O Poder Judiciário, como uma instituição que é, também necessitou adequar-se às mudanças sociais, e o reconhecimento da prevalência da paternidade socioafetiva sobre a paternidade biológica é mostra deste processo de adaptação.

A constatação da filiação socioafetiva em litígios nas Varas de Família se dará através de provas, sejam elas documentais, testemunhais ou periciais – aqui estão perícias sociais e psicológicas. É sobre tais perícias, psicológicas e sociais, como elementos de produção de prova para o reconhecimento da filiação socioafetiva, que este capítulo versará, na intenção de expor ao leitor quais elementos são buscados pelos peritos como probatórios de que determinada criança/adolescente goza do "estado de filho" de certo adulto – o que caracterizaria sua filiação socioafetiva.

O LUGAR DO AFETO NAS CONFIGURAÇÕES FAMILIARES: TRANSFORMAÇÕES SOCIAIS E RELACIONAIS NAS FAMÍLIAS E NO ORDENAMENTO JURÍDICO QUE AS REGE

A palavra família, se outrora remetia à tradicional representação marido-esposa-filhos, atualmente aponta para uma maior diversidade de configurações e entendimentos. Como um sistema de relações, a família possui hoje um entendimento mais dinâmico e contextual, podendo em sua configuração incluir tanto pessoas ligadas por parentesco quanto aquelas que se sentem pertencentes a um determinado contexto (De Antoni & Koller, 2000). A família é considerada uma instituição social básica, fundamental para a formação do indivíduo (Araújo, 2002), que propicia o desenvolvimento psíquico e a aprendizagem da interação social, a partir da transmissão de valores éticos, religiosos e culturais (Osório, 1997). É ela o primeiro grupo do qual o homem participa, sendo a principal responsável por sua sobrevivência biológica. Segundo Osório (1997), é exatamente por ser impossível a sobrevivência humana autônoma nos primeiros anos de vida que a família surge como grupo.

Como grupo social que é, as famílias tanto influenciam quanto são influenciadas pelas transformações sociais ocorridas nos meios em que se inserem. Assim sendo, é possível dizer que as transformações societárias desenvolvidas, sobretudo nos séculos XIX e XX, trouxeram consigo alterações nas organizações familiares, seja nas formas como os membros das famílias se relacionam, seja na maneira como se posicionam e interagem com o mundo externo. Os avanços capitalistas, as revoluções industriais e tecnológica, a abertura do mercado de trabalho para as mulheres, enfim, diferentes fatores alteraram sobremaneira o papel de cada ente no seio familiar e na sociedade de modo geral. Com o passar dos anos, as novas formas de inserção e interação das pessoas na sociedade, somadas aos avanços tecnológicos que encurtam o paralelo distância/tempo, por exemplo, levaram à construção de novas identidades sociais. Estas novas identidades, sob a influência da sociabilidade capitalista e do pensamento pós-moderno[47], são cada vez mais marcadas pelo individualismo e pela dinamicidade das relações interpessoais.

Segundo Dias (2007), o período pós-revolução industrial ensejou a passagem do modelo de família patriarcal - onde o papel de dominação do homem era central e a família funcionava como uma unidade produtiva perene sob a condução do patriarca - para um modelo de família calcado nos sentimentos de seus entes - ou seja, transmuta-se a base da união da questão patrimonial para a questão sentimental, mas ainda se presume a existência de uma "união" duradoura. Vê-se que mesmo diante de transformações importantes nas configurações familiares, a lógica do sentimento de pertencimento a um grupo permanece inalterado.

Ainda sobre essa evolução na organização familiar, que acompanha a evolução da sociedade em um contexto amplo, Dias & Souza (2008) referem que:

> As famílias modernas ou contemporâneas constituem-se em um núcleo evoluído a partir do desgastado modelo clássico, matrimonializado, patriarcal, hierarquizado, patrimonializado e heterossexual, centralizador de prole numerosa que conferia status ao casal. Neste seu remanescente, que opta por prole reduzida, os papéis se sobrepõem, se alternam, se confundem ou mesmo se invertem, com modelos também algo confusos, em que a autoridade parental se apresenta não raro diluída ou quase ausente. Com a constante dilatação das expectativas de vida, passa a ser multigeracional, fator que diversifica e dinamiza as relações entre os membros. (p. 4)

Esse remanescente da "família patriarcal" é o que se identifica hoje como "família nuclear". No entanto, mesmo essa forma de organização familiar, no contexto atual, cede espaço a outros arranjos familiares, menos rígidos, mais fluidos e dinâmicos, não necessariamente fruto de uniões duradouras - a dinamicidade das relações sociais, em tempos de avanços tecnológicos significativos, torna dinâmicas também as composições e relações familiares.

47 Na Modernidade o sujeito era concebido como sendo racional, pensante e consciente, situado no centro do conhecimento, que denominamos como o sujeito cartesiano. Era uma concepção de sujeito como tendo uma identidade fixa, estável e coerente. O sujeito pós-moderno pode se perder numa desordem ou em uma nova ordem, na qual os interesses individuais tendem a suplantar os interesses voltados ao bem-estar coletivo. Cada um estaria voltado para a busca de sensações prazerosas a despeito da organização coletiva". (Vieira & Stengel, 2012, p. 349)

Oliveira (2009) cita algumas dessas composições familiares contemporâneas: união entre pessoas divorciadas; união de pessoas do mesmo sexo; união de pessoas com filhos de outros relacionamentos; mães sozinhas com seus filhos, às vezes cada filho de um pai diferente; pais sozinhos com seus filhos; avós com os netos... Para a autora, "a tendência atual é de que a convivência familiar se torne socializada e visualizada como um local onde existe a mudança, evoluindo por meio do diálogo" (Oliveira, 2009, p. 69).

Diante dos "novos" arranjos familiares, ou diante da relativa aceitação social destes, a comunidade acadêmica e as pessoas de modo geral são chamadas a criar nomenclaturas que traduzam as diferentes composições familiares presentes em tais arranjos. Para exemplificar, ainda que não se deva restringir, Kaslow (2001, citado por Szymanski, 2002) cita nove tipos de arranjos familiares que poderiam ser considerados "famílias":

> 1) família nuclear, incluindo duas gerações com filhos biológicos; 2) famílias extensas, incluindo três ou quatro gerações; 3) famílias adotivas temporárias; 4) famílias adotivas, que podem ser bi-raciais ou multiculturais; 5) casais; 6) famílias monoparentais, chefiadas por pai ou mãe; 7) casais homoafetivos com ou sem crianças; 8) famílias reconstituídas depois do divórcio; 9) várias pessoas vivendo juntas, sem laços legais, mas com forte compromisso mútuo. (p. 10)

Na medida em que a sociedade se transforma, novos conceitos e compreensões acerca da realidade surgem, demandando às instituições que norteiam a vida cotidiana adaptação às novas vivências sociais, na intenção de abranger a todos. As instituições que sustentam o Estado democrático de direito, estejam elas vinculadas aos poderes legislativo, executivo ou judiciário, têm o papel de balizar as vivências sociais de modo a dirimir comportamentos tendentes a conflitos, desordem social e abalos do *status quo*. Ou seja, tais instituições necessitam readequar-se constantemente frente à dinamicidade das interações sociais. Afinal, essas instituições democráticas, ou esses pilares de sustentação para o regramento social por um lado traduzem-se em mecanismos de controle, e por outro são espaços de representação, ou seja, quanto mais amplas e representativas tais instituições forem, mais controle sobre a sociedade em geral elas exercerão.

No Brasil o direito ao divórcio foi promulgado em 1977, o que significa dizer que houve um reordenamento jurídico, promovido por instituições sustentadoras do Estado democrático de direito, com o objetivo de adaptar as instituições à realidade social. Iniciou-se, a partir de então, o caminho da ampliação do arcabouço legal, rumo à inclusão de muitas formas de relações familiares. Formas essas que a sociedade gradativamente já vivenciava, ainda que não fossem legitimadas e que estivessem, por conseguinte, apartadas do regramento social vigente: fosse o fim de relacionamentos conjugais, fosse a existência de novas uniões por parte de pessoas "desquitadas".

Ainda no cenário brasileiro, é com a Constituição de 1988, a dita Constituição Cidadã, que o ordenamento jurídico brasileiro de fato adquire um norte mais inclusivo, e com este traça os princípios constitucionais que passariam a guiar as relações familiares no país. Sobral (2010) aponta que tais princípios seriam: o princípio da Dignidade da Pessoa Humana; o princípio da Igualdade Absoluta de Direitos entre os Filhos; o princípio da Afetividade; o princípio da Solidariedade Familiar; o princípio da Proteção Integral à Criança e ao Adolescente; o princípio do Melhor Interesse da Criança e o princípio da Paternidade Responsável. Mais uma vez, o que se identifica é o reordenamento jurídico na intenção de abarcar o conjunto das vivências sociais já em órbita: por exemplo, os filhos havidos fora das relações matrimoniais e a necessidade de não discriminação destes.

Especificamente sobre o princípio da Afetividade, que está intimamente vinculado ao cerne deste estudo, Sobral (2010) refere que, estampado nos arts. 226, parágrafo 4º, e 227, *caput*, parágrafo 5º e 6º da Constituição, tal princípio, inicialmente voltado para o estabelecimento da igualdade jurídica entre filhos biológicos e filhos adotivos, que seriam os filhos fruto da escolha afetiva dos pais, no contexto atual, diante dos novos arranjos familiares, adquire ainda mais amplitude e absorve também a filiação socioafetiva. Entende-se que o estabelecimento do princípio da Afetividade no ordenamento jurídico brasileiro, diante da obsolescência do patriarcalismo e da insuficiência do conceito de família nuclear para englobar os arranjos familiares atuais, afirmou os laços de afetividade como primordiais para o estabelecimento das famílias enquanto grupo social protegido pelo ordenamento jurídico atual.

Ainda sobre o ordenamento jurídico calcado no princípio da Afetividade como base para a formação da família enquanto grupo social protegido juridicamente, tem-se o Código Civil Brasileiro de 2002 e suas classificações sobre "filiação". Na leitura feita por Diniz (2010, como citado em Peripolli, 2014):

> Filiação é o vínculo entre pais e filhos; vem a ser a relação de parentesco consanguíneo em linha reta de primeiro grau entre uma pessoa e aqueles que lhe deram a vida, podendo ainda (CC, arts.1593 a 1.597 e 1.618 e s.), ser uma relação

> socioafetiva entre pai adotivo e institucional e filho adotado ou advindo de inseminação artificial heteróloga. (p. 1)

Peripolli (2014) refere que o Código Civil de 2002 prevê quatro formas classificatórias de filiação. Seriam elas: 1) a filiação por consanguinidade, ou seja, aquela que se comprova através dos elementos genéticos; 2) a filiação por adoção, aquela que se comprova através da sentença judicial de adoção; 3) a filiação por inseminação artificial heterológica, que se diferencia da filiação por consanguinidade visto que prevê a utilização do material genético para fecundação artificial de um óvulo e a inerente gestação da criança, e não a fecundação por via de relação sexual; 4) a filiação por outra origem, e é nesta dita "outra origem" que se encaixa a filiação socioafetiva, que se diferencia da filiação por adoção, visto que não há um processo judicial prévio autorizando o estabelecimento do vínculo. Nesse caso, é o sentimento de afeto mútuo, construído ao longo do tempo, que caracterizará a filiação, ou a posse do estado de filho.

FILIAÇÃO SOCIOAFETIVA E EXERCÍCIO DA PARENTALIDADE: A POSSE DO ESTADO DE FILHO

O referencial teórico aponta que a filiação socioafetiva se dará quando o vínculo filial não for decorrente nem da consanguinidade, nem de imposição judicial, mas sim do vínculo afetivo e do reconhecimento mútuo de "pai/mãe" e "filho", na forma como tais figuras se apresentam no exercício da parentalidade. Nota-se, portanto, que o tempo é elemento essencial para a configuração da relação de filiação, visto que é na esfera da vida cotidiana que as figuras de "pai/mãe" e "filho" se expressam, relacionam-se e, por fim, reconhecem-se como tais. Além de, de modo similar, serem nos mesmos parâmetros reconhecidas pelo meio em que se inserem.

Barbosa (2013) refere que o reconhecimento jurídico da "posse do estado de filho" caminha no lastro do reconhecimento jurídico acerca da união estável, ou seja, da "posse do estado de 'marido e mulher'". Segundo a autora, no intuito de prover a proteção da mulher, a admissão jurídica e legal de formas de união alheias ao casamento "exigia o atendimento de três requisitos: *reputatio, nominatio e tractatus*, ou seja, a companheira devia ter o trato, o nome e a fama de esposa, sendo o casal tido como tal pelos amigos e pela sociedade" (Barbosa, 2013, p.112).

Para a autora:

> O afeto é um sentimento que se traduz em fatos para o direito, fatos esses que se verificam na convivência social, originando a socioafetividade. Do mesmo modo que as mencionadas entidades familiares, o parentesco pode ser gerado apenas pela socioafetividade, que é um fato. (p. 115)

Na mesma linha argumentativa, Boeiras (1999, p. 54) pondera que

> a posse do estado de filho revela a constância social da relação paterno filial, caracterizando uma paternidade que existe, não pelo simples fato biológico ou por força de presunção legal, mas em decorrência de elementos, frutos de uma convivência afetiva.

O autor pontua, assim como outros autores de referência sobre o tema, que a posse do estado de filho pode ser caracterizada pelo vislumbre daqueles mesmos três elementos citados por Barbosa (2013): o nome, o trato e a fama. Sendo que, para Boeiras, os dois últimos elementos são primordiais e prevalecem sobre o primeiro.

Sobre tais elementos, tem-se que o "nome" alude à nomenclatura familiar, ou ao sobrenome da família. Seria, portanto, um marco da continuidade do elo familiar ao longo das gerações. No entanto, são recorrentes as situações em que não há registro de nome, ou sobrenome, nas documentações dos infantes, por isso é que se entende o elemento "nome" como, em certa medida, dispensável para a caracterização da posse do estado de filho. Por "trato" faz-se referência ao tratamento, à forma de interação, ao papel representativo de cada um no contexto de determinado núcleo familiar – trata-se da forma como a parentalidade é exercida no cotidiano das partes. Identifica-se tal elemento quando um homem, ou uma mulher, assume o papel de pai ou de mãe e se reconhece naquele papel, assim como é reconhecido pelo infante que, na mesma medida, deve sentir-se filho destes. A "fama", por sua vez, será como a extensão do elemento "trato". Envolve o meio social em que o núcleo familiar se insere, e a forma como este meio com ele interage. A "fama" traduz-se no reconhecimento externo do papel de "pai", "mãe" e "filho" assumido pelas partes no contexto intrafamiliar – é uma espécie de aceitação pública e reconhecimento externo dessa relação de filiação.

Permeando esses três elementos, tem-se a figura do tempo, imprescindível quando se pensa na vinculação através do afeto. Afinal, é o tempo que moldará o desenvolvimento das relações cotidianas e, com essas, afirmará, ou não, a presença dos elementos "trato" e "fama", ou o auto e mútuo reconhecimento, assim como o reconhecimento externo, da filiação socioafetiva.

Nas palavras de Barbosa (2013):

> As relações que surgem entre pessoas que convivem como se fossem pais e filhos se incluem nas situações de fato, fundadas no afeto, que são aptas a serem juridicamente reconhecidas. O estudo da questão deve levar em conta: a) o importante papel que o afeto tem nas relações familiares, especialmente na construção de vínculos como o do casamento, da união estável e do parentesco; b) a expansão do afeto, surgido no espaço eminentemente privado, para o espaço público, e em razão do qual as pessoas exercem funções sociais que autorizam o reconhecimento jurídico das relações assim criadas; c) a consequente permanência dos efeitos jurídicos dos vínculos gerados pelo exercício dessas funções, atendidos determinados requisitos, ainda que findo o afeto que os originou. (p. 114-115)

A robustez do sentimento de afeto mútuo será construída com o passar do tempo, na formação de uma história familiar e parental conjunta. Como sentimento que é, o afeto jamais será solidificado, porém, as repercussões sociais do sentimento poderão ter características concretas, reconhecíveis objetivamente, e não apenas no subjetivo das relações interpessoais – fala-se tanto na subjetiva sensação de pertencimento a determinado grupo familiar, quanto na solidificada relação parental experienciada pelos adultos e crianças envolvidos. A família, enquanto grupo social unido pelo afeto mútuo, terá uma dinâmica de vida social concreta e externalizará os sentimentos que os envolvem na prática de cuidados, amparo, reconhecimento e exposição, por exemplo.

No arcabouço da teoria sistêmica, a qual possibilita o entendimento acerca das relações familiares, tem-se a definição de família como um sistema relacional ativo, que ultrapassa o indivíduo e que está em constante transformação (Andolfi, Angelo, Menghi, & Nicolo-Corigliano, 1989). Para garantir a continuidade e o crescimento psicossocial de cada um de seus membros, a família se modifica no decorrer do tempo: ela atua como unidade de crescimento, e proporciona as primeiras experiências de troca para o indivíduo (Ackerman, 1986), através do exercício parental. Na família circulam diversos sentimentos e práticas cotidianas, positivas e negativas, de diversos graus de intensidade e comprometimento. Existem diferentes vínculos que formam a família: (a) biológicos, cuja função é perpetuar a espécie; (b) psicológicos, caracterizados por uma interdependência entre os membros da família para a satisfação de necessidades afetivas; (c) econômicos, caracterizados por uma interdependência mútua para a satisfação de necessidades materiais; e, (d) sociais, cujos objetivos são o fornecimento de necessidades materiais, de união social, o desenvolvimento de uma identidade pessoal, a padronização de papéis sexuais e o desenvolvimento da aprendizagem. Para Ackerman (1986), a tarefa da família é socializar a criança e favorecer o desenvolvimento de sua identidade, o que é feito através do exercício da parentalidade.

Já com base na Teoria Bioecológica do Desenvolvimento Humano de Urie Bronfenbrenner, tem-se a compreensão da família como um dos contextos de desenvolvimento do sujeito, integrado a outros mais amplos que a influenciam e são influenciados por ela. Segundo tal referencial teórico, o ambiente no qual a pessoa se desenvolve é considerado não apenas como um ambiente único imediato, mas inclui as interconexões entre esse ambiente e as influências externas de meios mais amplos (Bronfenbrenner, 1996; Petrucci, Borsa, & Koller, 2016). Como um sistema de encaixes, tal qual bonecas russas, diversos contextos interagem entre si, possibilitando o desenvolvimento humano. Bronfenbrenner os denominou microssistema, mesossistema, exossistema e macrossistema: são os contextos que constituem as estruturas ambientais que influenciam o desenvolvimento da pessoa e que são influenciadas por ela. O microssistema é aquele no qual as pessoas podem interagir face a face, como em casa, na creche, no *playground*. Esse inclui a família nuclear, aquela cujos membros convivem numa base diária e possuem uma relação de proximidade. Dois ou mais ambientes em que a pessoa participa ativamente e as inter-relações entre eles constituem o mesossistema, ou seja, um conjunto de microssistemas. Já o exossistema inclui um ou mais ambientes em que a pessoa não participa, mas que a influenciam como o trabalho dos pais ou a escola de um irmão, ou, ainda, o sistema de justiça. Por sua vez, o macrossistema refere-se a ideologias, valores, crenças, religiões, formas de governo, culturas e subculturas (Bronfenbrenner, 1996; Narvaz, & Koller, 2004) e os princípios legais que regem a organização do Estado e da vida em sociedade.

Nesse sentido é que se referiu anteriormente que as transformações sociais, culturais e políticas influenciam a família, como num sistema de encaixes. A família faz parte de um contexto maior de relacionamentos, num processo dinâmico e interativo. É na família que a pessoa estabelece relações de confiança e de cuidado a partir de um processo progressivo de interações. São nessas relações parentais que os membros familiares se apropriam de seus papéis, reconhecem-se e são reconhecidos em tais, ou seja, é nesse ínterim que se estabelece o "estado de filho" antes mencionado. As relações de parentalidade se dão, nesse modelo teórico, a partir de processos proximais, ou seja, de interações progressivamente mais complexas, recíprocas, com pessoas, que ocorrem em base bastante regular em períodos estendidos de tempo (Martins & Szymanski, 2004). O tempo é outro elemento essencial para a compreensão do desenvolvimento humano, pois eventos da história familiar podem exercer influência significativa sobre ele. Eventos como a separação conjugal e uma sentença judicial são exemplos do quanto o fator tempo exerce influência sobre o desenvolvimento. No caso de uma sentença que determine a existência de uma relação de paternidade entre um adulto e uma criança, é possível afirmar que uma decisão dada no contexto judicial implica ou deverá implicar diretamente na vida da criança, podendo transformar a trajetória de vida da família.

No contexto de desenvolvimento compreendido como microssistema, as pessoas efetuam trocas afetivas e compartilham atividades. É no microssistema que as relações de parentalidade se estabelecem e os papeis de pai/mãe/filho são definidos e vividos cotidianamente. É nesse ambiente que se desenvolvem os hábitos de cuidado e as tarefas cotidianas exercidas por cada um, em determinado contexto familiar – sendo estes elementos cruciais para o reconhecimento de uma filiação socioafetiva. Os demais ambientes descritos por Bronfenbrenner (1996) também auxiliam na identificação da posse do estado de filho. O mesossistema, por exemplo, pode ser identificado na forma como as famílias extensas de cada membro da família nuclear se relacionam com a criança, ou seja, se a posse do estado de filho é aceita e corroborada por essas. O mesossistema também pode ser caracterizado pela forma como a criança fruto de filiação afetiva interage com os grupos de amigos de seus pais, por exemplo. Já no exossistema, tem-se como exemplo, os casos em que as crianças são vinculadas aos planos de saúde das empresas dos pais afetivos ou ainda, uma determinação judicial de guarda para um adulto que possui uma relação de parentalidade socioafetiva com uma criança. Por fim, o macrossistema atua quando a sociedade, em seus princípios e valores, normas e leis, reconhece o direito de pais e filhos em relação de socioafetividade e legitima essa relação.

Os princípios constitucionais brasileiros, aos quais os arranjos familiares e a formas de filiação estão subjugados, nos levam à premissa de que, uma vez definida judicialmente a filiação socioafetiva, não haverá diferenciação entre os filhos biológicos, adotivos e afetivos. Ou seja, os direitos desses serão iguais, perante à justiça, perante à família e perante à sociedade. Nesse ponto, novamente, deve-se remeter à importância do tempo quando se busca comprovar a filiação socioafetiva – há de se ter em mente que uma vez atestada a filiação, ainda que o afeto que a gerou acabe, o que é passível de acontecer em face da transitoriedade dos sentimentos, a filiação atestada perdurará. Nas palavras de Barbosa (2013, p. 122), deve ser observado que, "mesmo que cessado o afeto que a originou, suas repercussões sociais se mantêm, podendo sua eventual reversão causar danos morais, se não patrimoniais, aos envolvidos".

A PRODUÇÃO DE PROVA NO RECONHECIMENTO JURÍDICO DA FILIAÇÃO SOCIOAFETIVA: AS PERÍCIAS PSICOSSOCIAIS

Nem todos os requerimentos de reconhecimento de filiação socioafetiva vão demandar uma perícia psicológica e/ou social. Em agosto de 2019, o Conselho Nacional de Justiça, através do provimento 83, estabeleceu que o reconhecimento da paternidade ou maternidade socioafetiva de maiores de 12 anos, se voluntário e não envolvendo a inclusão de mais de um ascendente socioafetivo, pode ser realizado perante os oficiais de registros civis de pessoas naturais. Dessa forma, não serão necessárias outras comprovações. O provimento, no entanto, esclarece que após o oficial entender comprovada a filiação socioafetiva, submeterá as provas que lhe foram fornecidas à apreciação do Ministério Público, de modo que, em casos de indicação contrária por parte do órgão ministerial, de reconhecimento não voluntário ou que envolvam menores de 12 anos, o ingresso de ações judiciais seguirá necessário para fins de se alcançar o reconhecimento jurídico da filiação socioafetiva. Nesse contexto, permanece a relevância das perícias técnicas.

A prova pericial é aquela que se diferencia por ser produzida por um agente de confiança do juiz, sem qualquer vínculo com as partes ou interesse na causa. O perito é imparcial no contexto do reconhecimento de uma paternidade socioafetiva ou em negatórias de paternidade, assim como deve ser em qualquer atuação (Brasil, 1973). O Código de Processo Civil (Brasil, 1973) e atualmente o Novo Código de Processo Civil (Brasil, 2015) garantem a possibilidade da prova pericial nos casos em que "a matéria envolvida exigir conhecimentos técnicos ou científicos próprios de determinadas áreas do saber". Esse meio de prova inclui no processo judicial informações que geralmente o juiz desconhece, porque ultrapassam seu conhecimento técnico-jurídico (Rovinski, 2013). A perícia é considerada o "exame de situações ou fatos relacionados a coisas e pessoas, praticado por especialista na matéria que lhe é submetida, com o objetivo de elucidar determinados aspectos técnicos" (Brandimiller, 1996, p. 25). O objetivo da perícia é, conforme Rovinski (2013), a elucidação de situações e fatos controversos decorrentes de conflitos de interesses em relação a um direito pleiteado.

A imparcialidade, entretanto, não limita ou restringe a necessidade de proteção da criança. O perito, assim como o Magistrado e outros operadores do Direito, como o Promotor de Justiça, devem atuar sob o princípio do melhor interesse da criança, uma vez que a legislação nacional, assim como tratados internacionais, prioriza as crianças e os adolescentes, percebendo-os como sujeitos de direitos (Brasil, 1980; 1990). Assim, o perito, nas situações de negatórias de paternidade ou de reconhecimento de paternidade/maternidade, deverá considerar a condição de prioridade da criança, da mesma forma como deverá considerar seu desenvolvimento, seu senso de pertencimento a um determinado núcleo familiar e o impacto de possíveis mudanças em seu entendimento sobre família.

Duas situações comumente chegam aos setores técnicos judiciários tipificadas como "negatórias de paternidade" e demandam a avaliação da existência de uma possível relação de parentalidade entre um homem e uma criança: 1) alguns homens registraram filhos de suas companheiras, cientes de não serem pais biológicos dessas crianças, e com o término da relação conjugal e consequente afastamento da então esposa, sentem-se também afastados e desobrigados em relação a essa ou essas crianças, requerendo a retirada de seus nomes do registro de nascimento da criança; 2) alguns homens que, desconhecendo não serem pais biológicos, registraram a criança como sua, e viveram um determinado período acreditando sê-los, até que traços físicos ou conflitos trazem à tona a verdade, que um exame de DNA acaba por comprovar. Tais situações podem ocorrer em diferentes momentos de vida da criança, sendo desde bebês até adolescentes, e suas idades, além das relações estabelecidas, serão fatores cruciais na avaliação dos peritos.

Outra espécie de processo judicial é o do reconhecimento da parentalidade socioafetiva propriamente dita, em que um pai ou mãe factual (não registral nem biológico) solicita a inclusão de seu nome nos registros e documentos da criança, requerendo seus direitos e deveres como responsável por ela. As histórias envolvem mulheres e homens que viveram um período, maior ou menor, como mães e pais propriamente, e que construíram com a criança uma relação familiar e parental, mesmo diante da inexistência de laços consanguíneos.

Em alguns desses casos, o nome do requerente pode ser incluído junto aos nomes dos genitores, o que se convencionou chamar de multiparentalidade. O Tribunal de Justiça de Rondônia reconheceu uma mãe adotiva, incluindo seu nome junto ao nome dos genitores nos registros da criança. A sentença reconheceu a família multiparental, ou seja, além do nome dos pais biológicos no registro, foi inserido o nome da mãe adotiva. Em audiência, a mãe biológica concordou com o desejo do filho, já esboçado em depoimento, de ter "um registro de nascimento com o nome dos dois pais e das duas mães" (Ibdfam, 2014). Um outro caso é do Rio Grande do Sul: duas mulheres que viviam juntas e tinham um relacionamento homoafetivo desejavam um filho, e com o apoio de um amigo do sexo masculino, o tiveram. Inicialmente, uma das mães e o amigo registraram a criança, porém, os três desejaram ter reconhecida a multiparentalidade. A outra mulher entrou com o pedido, tendo sido negado em primeira instância, com a justificativa de que seria "juridicamente impossível" conceder esse direito à requerente. A decisão, entretanto, foi reformada pelo Tribunal de Justiça do Estado do Rio Grande do Sul, concedendo então o direito de a criança ter o nome de duas mães e um pai em seus documentos (Justificando, 2015).

Estes são apenas dois casos de muitas situações que podem chegar aos Tribunais, considerando a dinâmica das relações e a flexibilidade das configurações familiares na contemporaneidade. Alguns casos poderão restar claros ao magistrado, a partir, somente, de provas documentais e testemunhais, conseguindo o Juiz de Direito formar seu convencimento e proferir sua decisão de maneira segura diante das informações ali coletadas. Entretanto, algumas situações exigirão um olhar mais atento, em especial quando existem contradições nos discursos ou casos que demandem um conhecimento mais aprofundado das relações estabelecidas. A alternativa, nessas situações, é a determinação de avaliação psicossocial.

Em se tratando da avaliação psicológica, o Conselho Federal de Psicologia publicou uma cartilha oferecendo referenciais técnicos para o psicólogo que atua em Varas de Família (CFP, 2010). A obra aborda com mais propriedade a questão da disputa de guarda e aponta para a importância de o psicólogo considerar a convivência igualitária da criança com o pai e a mãe como a ideal, salvo em circunstâncias que trariam alguma espécie de risco. Entretanto, especificamente quanto a situações envolvendo a avaliação das relações de parentalidade, não há nenhuma diretriz específica. Observa-se que, neste tema, não existem referenciais, protocolos ou recomendações técnicas para a realização de avaliações para fins judiciais. A questão da disputa de guarda encontra instrumental melhor estabelecido, uma vez que o Sistema de Avaliação do Relacionamento Parental – SARP foi desenvolvido com esse objetivo (Lago & Bandeira, 2016). O SARP tem sido estudado em outras situações, até mesmo fora das Varas de Família, como na destituição do poder familiar. É possível inferir sua utilização também nas situações de negatórias e reconhecimento de relações parentais.

Em artigo intitulado "Instrumentos que avaliam a relação entre pais e filhos", Lago, Amaral, Bosa e Bandeira (2010) realizaram uma revisão sistemática identificando sete instrumentos internacionais e três nacionais utilizados com o objetivo destacado no título do trabalho. Dentre os nacionais, estão Escala de Responsividade e Exigência Parental, Inventário de Percepção do Suporte Familiar – IPSF e Teste Aperceptivo Familiar – FAT. A Escala de Responsividade e Exigência Parental é uma escala de autorrelato respondida pelo adolescente, considerando individualmente as atitudes e práticas educativas do pai e da mãe. Já o IPSF avalia a forma como o indivíduo percebe sua família a partir de 42 questões fechadas e respondidas em uma Escala Likert de três pontos. O instrumento envolve a percepção de afetividade entre os membros da família, interesse, proximidade, acolhimento, comunicação, interação, respeito, empatia, clareza nas regras intrafamiliares, consistência de comportamentos e verbalizações, habilidades na resolução de problemas e também sentimentos e comportamentos negativos em relação à família, tais como raiva, isolamento, incompreensão, exclusão, senso de não pertencimento, vergonha, irritação e relações agressivas (brigas e gritos). O IPSF também possibilita avaliar a percepção de competição entre os familiares e conflitos. Por fim, o FAT é respondido por crianças e adolescentes (entre 6 e 15 anos) e possibilita avaliar o funcionamento e a estrutura familiar. A partir de 21 lâminas, o sujeito produz narrativas que revelam dados sobre a natureza dos vínculos afetivos, a qualidade das relações familiares e a identificação de conflitos, sendo dessa forma explorados aspectos da dinâmica intrapsíquica do sujeito. Relevante mencionar que, apesar de os objetivos do FAT serem coerentes com as necessidades de avaliação das demandas oriundas das Varas de Família, o instrumento não apresenta parecer favorável na lista do Sistema de Avaliação de Testes Psicológicos do Conselho Federal de Psicologia (SATEPSI).

Já o Sistema de Avaliação do Relacionamento Parental – SARP é um método de avaliação composto por três técnicas: Entrevista SARP (para os responsáveis); Meu Amigo de Papel (para as crianças) e Escala SARP (pontuada pelo examinador). O SARP possibilita a avaliação de áreas do relacionamento parental como cuidados básicos, proteção frente a riscos reais, sistema de normas e valores, segurança emocional, educação e lazer, além de características afetivoemocionais e relacionamento interparental (Lago & Bandeira, 2013). Não se trata de um teste psicológico, mas de um recurso que tanto profissionais do Serviço Social quanto da Psicologia podem fazer uso. É recomendado para o uso com famílias com crianças entre 5 e 12 anos de idade e possibilita a avaliação da competência parental, definida como a "capacidade dos genitores de atender às necessidades de afeto, cuidados, proteção, educação, lazer e segurança dos filhos".

A competência parental relaciona-se à capacidade dos pais de garantirem o bem-estar dos filhos. Ela é avaliada a partir das potencialidades dos pais para atenderem as necessidades das crianças, incluindo aquelas das áreas físico-biológica (integridade física, alimentação, higiene, sono, atividade física e proteção frente a riscos reais), cognitiva (estimulação sensorial, exploração e compreensão da realidade física e social, aquisição de um sistema de normas e valores), emocional e social (segurança emocional, identidade pessoal e autoestima, rede de relações sociais, estabelecimento de limites de comportamento e educação) (Cattani & Eidt, 2016).

Outro instrumento que pode ser útil é o Inventário de Estilos Parentais – IEP. O IEP possibilita a identificação das práticas parentais de um indivíduo, considerando aquelas relacionadas ao desenvolvimento de comportamentos antissociais e outras relacionadas ao desenvolvimento de comportamentos pró-sociais (Sampaio & Gomide, 2006; Sampaio, 2007). O instrumento foi elaborado com vistas a permitir a avaliação das práticas administradas pelos pais, tanto para os fins de avaliação propriamente dita quanto para orientação, intervenção e para trabalhos preventivos. Segundo a literatura, o IEP pode ser utilizado em famílias inseridas no sistema jurídico e possibilita visualizar o que é preciso ser mantido, otimizado ou modificado em termos de atitudes parentais. O modelo teórico envolve a identificação de práticas como monitoria positiva (atenção e conhecimento dos pais acerca de onde seu filho se encontra e de suas atividades), comportamento moral (transmissão de valores, como honestidade, generosidade e senso de justiça aos filhos, auxiliando-os na discriminação do certo e do errado), negligência (desatenção em relação às necessidades de seus filhos, omissão e ausência de responsabilidades, interação sem afeto), punição inconsistente (pais que punem ou reforçam os comportamentos de seus filhos de acordo com seu humor e não somente de acordo com o comportamento da criança), monitoria negativa (excesso de fiscalização e de instruções), disciplina relaxada (pais que não cumprem as próprias regras) e abuso físico (machucar ou causar dor aos filhos) (Sampaio, 2007).

Ainda que a literatura não ofereça um entendimento ou diretriz sobre a atuação de peritos em casos que envolvem filiação socioafetiva, a experiência tem demonstrado a necessidade de levantar informações específicas, tornando possível conclusões sobre a relação existente entre uma determinada criança e o adulto (requerente ou requerido no processo judicial). Como uma tentativa de sistematização, o quadro abaixo foi elaborada com base na experiência das autoras na atuação como peritas (Assistente Social e Psicóloga) em processos judiciais envolvendo negatórias e reconhecimento de filiação socioafetiva e tendo como referência a tabela apresentada por Lago e Bandeira (2016) para avaliação do relacionamento parental, ou seja, trata-se de uma adaptação do trabalho de Lago e Bandeira, considerando a experiência prática nesses casos. O que se propõe é a apresentação de tópicos gerais que devem ser abordados numa avaliação psicossocial em casos de negatória de paternidade ou reconhecimento de filiação socioafetiva. Para se obter tais informações, poderão ser utilizados diferentes instrumentos, como entrevistas, testes psicológicos, visitas domiciliares, observação, contatos institucionais, abordagem com colaterais etc., a critério do perito.

Quadro 1 – Aspectos a serem observados na avaliação psicossocial de negatórias de paternidade e reconhecimento de filiação socioafetiva

Tópicos gerais	Alguns questionamentos e aspectos específicos a serem abordados
Identificação dos sujeitos e histórico do relacionamento entre os adultos envolvidos	Traços gerais sobre vivências sociais e familiares das partes Situação socioeconômica dos envolvidos Como os adultos envolvidos no processo se conheceram, e qual era a natureza do relacionamento entre eles? (Observar se as partes identificam ter havido relacionamento estável ou eventual, e se houve uma relação linear ou se havia algum tipo de dominação/desigualdade) Há conflitos de interesses? Quais e como podem repercutir no bem-estar da criança? (Exemplos: questões financeiras e/ou patrimoniais; ressentimentos por novos relacionamentos)
Histórico da relação de cuidado de cada adulto com a criança e a dinâmica de vida cotidiana estabelecida por estes	Cuidados básicos – papel de cada um no suprimento das necessidades básicas de alimentação, higiene, saúde Rotinas – atividades laborais, educativas e de lazer. Qual era a dinâmica da vida cotidiana da criança e o envolvimento de cada adulto nessas atividades, incluindo escola, tarefas extraclasse e práticas esportivas, por exemplo?
Responsabilidade sobre necessidades materiais	Papel de cada adulto na oferta de bens que exigem recursos financeiros, como material escolar, roupas, calçados, brinquedos – verificar possíveis alterações na assunção de responsabilidades ao longo do tempo
Práticas educativas	Como cada adulto envolvido no processo judicial desempenha estratégias na tentativa de educar a criança? Como oferece limites e disciplina?
Lazer, afeto e interação familiar, incluindo a família extensa	Como cada adulto oferece atividades de lazer e participa com a criança dessas atividades Como cada adulto se relaciona com a criança, de modo a demonstrar a importância dela na sua vida Como se dá a interação entre a criança e a família extensa de cada adulto Expressão emocional de cada adulto em relação à criança
Pertencimento e reconhecimento social	Quem são as pessoas que compõem a família, na percepção da criança? A que núcleo familiar ela se sente pertencente? Como é reconhecido o núcleo familiar da criança? Quem a família extensa e a comunidade veem como pai/mãe? Há reconhecimento social do vínculo afetivo?
Desenvolvimento infantil e necessidades específicas	A criança adquiriu habilidades conforme esperado em termos desenvolvimentais? Os adultos envolvidos no processo acompanharam/conhecem o desenvolvimento dessa criança? A criança possui necessidades específicas? Quais e como são supridas? Como cada adulto envolvido no processo judicial se compromete com essas necessidades?

Um exemplo prático de como pode ser desenhada uma avaliação psicossocial é apresentado a seguir, em breve relato de um caso fictício.

Ana Paula (34) separou-se de um companheiro quando estava gestante de 6 meses. Quando sua filha estava com aproximadamente 8 meses de vida, Ana Paula conheceu Roberto (38), e logo passaram a compartilhar uma vida em comum. Roberto não tinha filhos e, considerando a ausência de um pai registral e no cotidiano da criança, assumiu para si as responsabilidades sobre ela. A menina Daniela cresceu conhecendo Roberto como seu pai até seus 6 anos de idade, quando houve a separação conjugal. Roberto entrou com um pedido de reconhecimento da paternidade socioafetivas, alegando que conviveu com Daniela por todos estes anos como filha. Entretanto, Ana Paula, ressentida, tem impedido qualquer contato entre os dois alegando que Roberto não é o "pai verdadeiro" de sua filha.

Nesse caso hipotético, um plano de coleta de dados poderia envolver os seguintes procedimentos:

1. Uma entrevista com Roberto, que é o requerente nesse caso, avaliando os aspectos abordados no Quadro 1.
2. Aplicação do Inventário de Estilos Parentais – IEP em Roberto, que avaliará de forma mais objetiva suas práticas educativas em relação à Daniela.
3. Uma entrevista com Ana Paula, avaliando os aspectos abordados no Quadro 1.
4. Aplicação do Inventário de Estilos Parentais – IEP em Ana Paula.
5. Entrevista e hora lúdica com Daniela, que também poderá contemplar aspectos abordados no Quadro 1, como a responsabilidade sobre os cuidados básicos, as práticas educativas de cada adulto envolvido, as atividades de lazer, saúde, educação e quem as acompanha, seus relacionamentos e sentimentos por Ana Paula e por Roberto etc.
6. Abordagem com colaterais, a saber, entes das famílias extensas de Ana Paula e Roberto, em que aspectos do Quadro 1 também poderiam ser trabalhados, como, por exemplo, o relacionamento de Daniela com os genitores de Roberto – esses se reconhecem como avós da menina?
7. Contatos institucionais, envolvendo contato com Conselho Tutelar para verificar possíveis atendimentos e contato com a escola para identificar os adultos responsáveis por Daniela e a participação de Ana Paula e Roberto na instituição e no acompanhamento das atividades.

É importante reforçar que cada profissional poderá redesenhar a avaliação de acordo com os instrumentos com que possui familiaridade e disponibilidade, desde que os aspectos a serem avaliados sejam os apontados, uma vez que eles é que fornecerão o retrato de um possível relacionamento de parentalidade. Também cabe reforçar a regulamentação do uso exclusivo de testes psicológicos por profissionais da Psicologia (a exemplo do IEP no caso relatado), considerando que o Serviço Social e a Psicologia, apesar de terem suas proximidades, também possuem suas especificidades. Nesse sentido, as entrevistas podem ser realizadas em conjunto entre os profissionais, que podem convidar os participantes da avaliação para momentos específicos de utilização de determinados instrumentos. A discussão de caso entre as duas áreas tem se mostrado muito profícua, implicando em laudos (social e psicológico) mais ricos e complementares, que propiciam uma visão abrangente sobre o caso.

Cabe ainda lembrar que, durante as abordagens realizadas, os profissionais peritos deverão considerar dois diferentes momentos históricos da vida familiar: o momento inicial em que a criança foi gestada ou em que alegadamente convivia com a parte que na atualidade nega a filiação socioafetiva; e o momento atual, considerando também o que ensejou o ajuizamento da ação judicial. Em geral, o ajuizamento de um processo judicial dessa natureza é precedido de mudanças relacionais e contextuais, que devem ser percebidas e compreendidas pelos peritos à luz de seu impacto sobre a criança. Por fim, tais profissionais devem estar capacitados ao entendimento de que a realidade de cada núcleo familiar é peculiar, sendo verdadeira a máxima "cada caso é um caso". Por cada história ser única é que não há "receita de bolo" ou "procedimento padrão" quando se trata de atuação junto a famílias no contexto forense. As abordagens técnicas podem e devem ser "customizadas" diante das necessidades apresentadas pelo caso, possivelmente envolvendo um maior número de procedimentos e maior dispêndio de tempo, quanto mais complexas forem as situações.

Como refere Oliveira (2009):

> É necessário, ao analisarmos a maneira pela qual as pessoas concebem a família, considerarmos o sentido e a ideologia que as levaram escolher uma ou outra forma de organização e constituição familiar, assim como a forma de relacionamento intrafamiliar. Precisamos considerar a questão histórica, que não se encontra dissociada das circunstâncias do cotidiano, é preciso também que compreendamos as escolhas que definem um ou outro rumo no pensar ou no vivenciar a maneira de ser família na sociedade contemporânea. A estrutura organizacional familiar, porém, não significa necessariamente um determinante da forma como se dá a relação. Podemos encontrar duas famílias com a mesma composição que apresentam modos de relacionamento completamente diferentes. Nesse contexto, o que se pode levar em conta são suas histórias e as questões socioculturais. (p. 71)

Vê-se, desta maneira, que a composição familiar não é o único elemento a ser considerado durante avaliações psicológicas e sociais que buscam elementos sobre a existência ou não de uma filiação socioafetiva. Em verdade, ainda mais importante que os membros que compõem um núcleo familiar, é a vivência deste núcleo e de cada um de seus membros. O comportamento coletivo da família será diretamente influenciado pela história de vida de seus membros, pelas questões sociais, culturais e psicológicas que os perpassam e perpassaram. Quesitos como situação econômica, inclusão social, presença ou não de violência nas famílias de origem e/ou na história de vida de cada um, dentre outros pontos anteriormente mencionados, influenciarão a forma de relacionamento intrafamiliar, as práticas parentais de cuidado, transmissão de valores etc. São justamente as características desse relacionamento intrafamiliar e do exercício da parentalidade que, durante as perícias, nortearão o olhar dos técnicos na busca pela identificação dos elementos "trato", e a externalização deste, o elemento "fama", ambos de suma importância para a identificação dos traços de existência, ou não, de uma filiação socioafetiva durante perícias psicossociais para fins judiciais.

CONSIDERAÇÕES FINAIS

Este capítulo abordou a importância da família para a sobrevivência e formação do indivíduo e considerou as transformações sociais que a caracterizam na contemporaneidade. A compreensão de família na atualidade abarca diferentes possibilidades, mas mais importante do que suas diversas configurações é a natureza do relacionamento entre seus membros. O reconhecimento de que as ligações afetivas se tornam mais significativas do que meros laços consanguíneos surge como possibilidade jurídica, legitimando a vida fática de diversas pessoas e grupos.

As avaliações psicológicas e sociais são cruciais, em diversos casos, para a melhor compreensão das relações entre esses sujeitos de direito, que são as "partes" num processo judicial. Segundo Szymanski (2002):

> o ponto de partida é o olhar para esse agrupamento humano como um núcleo em torno do qual as pessoas se unem, primordialmente, por razões afetivas dentro de um projeto de vida em comum, em que compartilham um quotidiano, e, no decorrer das trocas intersubjetivas, transmitem tradições, planejam seu futuro, acolhem-se, atendem aos idosos, formam crianças e adolescentes. (p. 10)

A construção das relações de parentalidade passa por todas essas tarefas e experiências: as da convivência, da relação de cuidado, da constituição de referências pessoais, das diferentes formas de aprendizagem e das diversas emoções que circundam pais e filhos. A revisão da literatura realizada neste capítulo demonstra não haver diretrizes específicas para a avaliação desses casos. Porém, foram abordadas, neste trabalho, questões que buscam compreender a dinâmica da vida e da família da criança envolvida, de forma a possibilitar o entendimento necessário para a questão.

A importância das avaliações psicológicas e sociais, entretanto, supera a mera tarefa de transmissão de uma informação ao magistrado: as práticas avaliativas são oportunidades de reflexão para as próprias famílias, que podem, em conjunto com os profissionais técnicos, olhar para seus conflitos e dificuldades, e priorizar aqueles que têm menos recursos para lidar com isso, que são as crianças e os adolescentes. As perícias psicológica e social possibilitam aos operadores do Direito, e à própria família, passear por sua história, compreender suas relações, embasando decisões que não cabem somente ao magistrado, mas também a cada um no seu contexto de ações diárias.

A importância da família é inquestionável, pois se trata do principal contexto de desenvolvimento do sujeito, da unidade básica de formação dos indivíduos. A identidade das pessoas é construída segundo o contexto em que se inserem e as vivências que tal contexto lhes proporciona. Assim, tem-se que o contexto familiar e as relações intrafamiliares nortearão o desenvolvimento das crianças, de modo que o parentesco socioafetivo que se forma nesse meio influenciará a sua formação e o seu desenvolvimento para sempre. Atuar num processo judicial em que o resultado jurídico final será a exclusão ou a inclusão de uma pessoa na vida de uma criança ou adolescente é uma tarefa que exige responsabilidade, cuidado e competência. Decisões judiciais nesses casos, que são fundamentadas em perícias psicossociais, podem transformar a vida desses sujeitos, trazendo impactos possivelmente irreversíveis. É fundamental que o perito esteja ciente do valor de seu trabalho, da importância de suas conclusões técnicas sobre o caso e, principalmente, do impacto que suas considerações poderão ter na vida dessas crianças e famílias.

A realização de perícias sociais e psicológicas podem ou não se dar no campo interdisciplinar. Os profissionais do Serviço Social e da Psicologia podem decidir atuar de forma solitária e independente, porém, a complementaridade entre essas áreas possibilita um olhar diferenciado e ampliado sobre o mesmo objeto – a família, suas interações, dinâmica de vida, contexto social. Atuar de forma interdisciplinar ainda é um desafio cotidiano, porém, o conhecimento flexível e alargado possibilitado pelo diálogo entre as áreas de saber certamente imprime novos olhares às famílias que discutem seus papéis em relação às crianças. A união entre competência técnica, diálogo interdisciplinar e comprometimento com o desenvolvimento infantil parece ser a base que sustenta uma atuação eficiente de um perito que atua nas Varas de Família.

REFERÊNCIAS

Araujo, M. F. (2000). Violência e abuso sexual na família. *Psicologia em Estudo, 7*(2), 3-11.

Barbosa, H. H. (2013). Efeitos jurídicos do parentesco socioafetivo. *Revista da Faculdade de Direito-RFD/UERJ, 02*(24), 111-126. Recuperado de http://www.e-publicacoes.uerj.br/index.php/rfduerj/article/viewFile/7284/6376

Boeira, J. B. R. (1999). *Investigação de paternidade. Posse de estado de filho: paternidade socioafetiva*. Porto Alegre: Livraria do Advogado.

Brandimiller, P. A. (1996). *Perícia judicial em acidentes e doenças do trabalho*. São Paulo: Senac.

Brasil. (1973). *Código de Processo Civil. Lei 5869 de 11 de janeiro de 1973*. Recuperado de http://www.planalto.gov.br/ccivil_03/leis/L5869.htm

Brasil. (1988). *Constituição da República Federativa do Brasil*. Recuperado de http://www.planalto.gov.br/ccivil_03/constituicao/constituicaocompilado.htm

Brasil. (1990). *Estatuto da Criança e do Adolescente – ECA. Lei 8069 de 13 de julho de 1990*. Recuperado de http://www.planalto.gov.br/ccivil_03/leis/L8069.htm

Brasil. (2015). *Novo Código de Processo Civil. Lei 13105 de 16 de março de 2015*. Recuperado de http://www.planalto.gov.br/ccivil_03/_ato2015-2018/2015/lei/l13105.htm

Cattani, B. C., & Eidt, H. B. (2016). Sistema de Avaliação do Relacionamento Parental (SARP). *Psico-USF, 21*(1), 197-200.

Conselho Federal de Psicologia – CFP. (2010). *Referências técnicas para a atuação do psicólogo em varas de família*. Brasília: CFP.

De Antoni, C., & Koller, S. H. (2000). A visão de família entre as adolescentes que sofreram violência intrafamiliar. *Estudos de Psicologia*, 5(2), 347-381

Dias, M. B. *Manual de direito das famílias*. (2007). São Paulo: Revistas dos Tribunais.

Dias, M. B., & Souza, I. C. C. de. (2008). *Famílias modernas: (inter)secções do afeto e da lei*. Recuperado de http://www.mariaberenice.com.br/artigos.php?subcat=&codigo=#anc

Instituto Brasileiro de Direito de Família – Ibdfam. (2014). *Tribunal de Justiça de Rondônia reconhece multiparentalidade em ação de adoção*. Recuperado de http://www.ibdfam.org.br/noticias/5234/+Tribunal+de+Justi%C3%A7a+de+Rond%C3%B4nia+reconhece+multiparentalidade+em+a%C3%A7%C3%A3o+de+ado%C3%A7%C3%A3o

Justificando: mentes inquietas pensam Direito. (2015). *RS inova e reconhece duas mães e um pai para uma criança.* Recuperado de http://justificando.cartacapital.com.br/2015/02/12/rs-inova-e-reconhece-duas-maes-e-um-pai-para-uma-crianca/

Lago, V. M., Amaral, C. E. S., Bosa, C. A., & Bandeira, D. R. (2010). Instrumentos que avaliam a relação entre pais e filhos. *Journal of Human Growth and Development, 20*(2), 330-341.

Lago, V. M. & Bandeira, D. R. (2013). *Sistema de avaliação do relacionamento parental - SARP.* São Paulo: Casapsi Livraria e Editora.

Lago, V. M., & Bandeira, D. R. (2016). Relacionamento parental em situações de disputa de guarda: O que avaliar? In S. J. L. Vasconcellos & V. M. Lago (Eds.), *A Psicologia jurídica e as suas interfaces: Um panorama atual.* Santa Maria: Editora UFSM.

Leite, A. P. (2015) Atuação do serviço social no reconhecimento da paternidade socioafetiva. In M. Hoffmeister, & M. R. Junqueira (Eds.), *Serviço Social no Poder Judiciário do Rio Grande do Sul.* Rio de Janeiro: Lumen Juris.

Martins, E., & Szymanski, H. (2004). A abordagem ecológica de Urie Bronfenbrenner em estudos com famílias. *Estudos e Pesquisas em Psicologia, 4*(1), 63-77.

Oliveira, N. H. D. (2009). *Recomeçar: família, filhos e desafios.* São Paulo: Cultura Acadêmica.

Osório, L. C. (1997). A família como grupo primordial. In D. E. Zimerman & L. C. Osório (Eds.), *Como trabalhamos com grupos* (pp.49-58). Porto Alegre: Artmed.

Peripolli, S. C. (2014) O princípio do melhor interesse da criança como fundamento para o reconhecimento da paternidade socioafetiva. Âmbito Jurídico, Rio Grande, *XVII*(130). Recuperado de http://www.ambitojuridico.com.br/

Petrucci, G. W., Borsa, J. C., & Koller, S. H. (2016). A Família e a escola no desenvolvimento socioemocional na infância. *Temas em Psicologia, 24*(2), 391-402.

Rodrigues, R. L. (2013). *Multiparentalidade e a nova decisão do STF: sobre a prevalência da verdade socioafetiva sobre a verdade biológica na filiação.* Recuperado de http://www.ibijus.com/blog/12-multiparentalidade-e-a-nova-decisao-do-stf-sobre-a-prevalencia--da-verdade-socioafetiva-sobre-a-verdade-biologica-na-filiacao

Rovinski, S. L. R. (2013). *Fundamentos da perícia psicológica forense.* 3a edição. São Paulo: Vetor.

Sampaio, I. T. A. (2007). Inventário de Estilos Parentais (IEP): um novo instrumento para avaliar as relações entre pais e filhos. *Psico-USF, 12*(1), 125-126.

Sampaio, I. T. A., & Gomide, P. I. C. (2006). Inventário de Estilos Parentais - IEP (Gomide, 2006): percurso de padronização e normatização. *Psicologia Argumento, 25*(48), 15-26.

Sobral, M. A. (2010) Princípios constitucionais e as relações jurídicas familiares. Âmbito Jurídico, Rio Grande, *XIII*(81). Recuperado de http://www.ambito-juridico.com.br/site/index.php?n_link=revista_artigos_leitura&artigo_id=8400

Szymanski, H. (2002) Viver em Família como experiência de cuidado mútuo: desafios de um mundo em mudança. *Serviço Social e Sociedade, XXIII*(71).

Vieira, E. D., & Stengel, M. (2012) Individualismo, liberdade e insegurança na Pós-modernidade. *ECOS, 2*, 345-357.

SOBRE AS ORGANIZADORAS/ AUTORAS

ORGANIZADORAS

BEATRIZ CANCELA CATTANI Psicóloga (PUCRS). Especialista em Psicologia Clínica - Ênfase em Avaliação Psicológica (UFRGS). Mestra e doutora em Psicologia (UFRGS). Docente dos cursos de Psicologia e de Especialização em Avaliação Psicológica das Faculdades Integradas de Taquara (FACCAT), também atuando como supervisora de estágios de graduação no serviço-escola da instituição (CESEP). Perita *ad hoc* em Varas de Família e Juizados da Infância e da Juventude do Rio Grande do Sul e Santa Catarina. Atua em consultório particular com psicodiagnóstico, avaliações para fins jurídicos, assistência técnica, psicoterapia de orientação psicanalítica e supervisão.

DENISE RUSCHEL BANDEIRA Psicóloga. Doutora em Psicologia pela Universidade Federal do Rio Grande do Sul (UFRGS). Orientadora de mestrado e doutorado no Programa de Pós-Graduação em Psicologia da UFRGS e coordenadora do Grupo de Estudos, Aplicação e Pesquisa em Avaliação Psicológica. Atual diretora do Centro Interdisciplinar de Pesquisa e Atenção à Saúde (CIPAS) do Instituto de Psicologia da UFRGS. Bolsista produtividade do CNPq.

HELENA BERTON EIDT Psicóloga do Tribunal de Justiça de Santa Catarina, atualmente lotada na Coordenadoria Estadual da Infância e da Juventude (CEIJ). Professora convidada em cursos de especialização e pós graduação. Mestre em Psicologia pela Universidade Federal do Rio Grande do Sul, Especialista em Psicologia Jurídica pelo Conselho Federal de Psicologia.

VIVIAN DE MEDEIROS LAGO Psicóloga especialista em Psicologia Jurídica pela Universidade Luterana do Brasil (Ulbra), Mestre e Doutora com Pós-doutorado em Psicologia pela Universidade Federal do Rio Grande do Sul (UFRGS). Professora Assistente da Universidade do Vale do Rio dos Sinos (Unisinos). Sócia proprietária da Expertise - Avaliação e Formação em Psicologia.

AUTORAS

ALINE MAGNUS Bacharel em Psicologia pela Faculdades Integradas de Taquara (2017). Especialista em Psicologia Jurídica pela Universidade do Vale do Rio dos Sinos (2019). Perita *ad hoc* em Varas de Família e do Juizado da Infância e Juventude e Sócia Proprietária do Ser - Centro Clínico e de Avaliação Psicológica.

ANA PATRÍCIA HEIDRICH DOS SANTOS Bacharel em Psicologia pelas Faculdades Integradas de Taquara (2017). Atualmente, cursa Especialização em Avaliação Psicológica (FACCAT). Realiza Avaliações Psicológicas e Orientação Profissional em consultório particular. Perita *ad hoc* em Varas de Família e do Juizado da Infância e Juventude.

CARMEN LÚCIA DA SILVA Assistente Social – Vara da Família Comarca da Capital – Tribunal de Justiça de Santa Catarina. Graduada em Serviço Social pela Universidade Federal de Santa Catarina. Mestre e Doutoranda em Serviço Social pela Universidade Federal de Santa Catarina. Pós-graduada em Direito de Família pela Universidade Estácio de Sá. Pós-graduada em Gestão Interdisciplinar de Conflitos no Judiciário Contemporâneo pelo Centro de Estudos Jurídicos Academia Judicial – Tribunal de Justiça de Santa Catarina.

CÁTULA PELISOLI Graduada em Psicologia pela Universidade do Vale do Rio dos Sinos; Especialista em Psicoterapia Cognitivo Comportamental pela WP - Centro de Psicoterapia Cognitivo Comportamental e em Psicologia Clínica pelo Conselho Federal de Psicologia – CFP; Mestre e Doutora em Psicologia pela Universidade Federal do Rio Grande do Sul - UFRGS, com período de doutorado sanduíche na University of Hawaii at Hilo. Realizou Pós Doutorado em Psicologia na UFRGS. Atualmente, é Psicóloga Judiciária do Tribunal de Justiça do Estado do Rio Grande do Sul na Comarca de Passo Fundo; Professora convidada em cursos de extensão, formação e especialização; Membro do Núcleo de Estudos e Pesquisas em Adolescência - NEPA UFRGS; Produtora de conteúdo do Canal Proteja.

CONRADO PAULINO DA ROSA Advogado especializado em família e sucessões. Pós-Doutor em Direito – Universidade Federal de Santa Catarina. Doutor em Serviço Social – PUCRS. Mestre em Direito pela UNISC, com a defesa realizada perante a *Università Degli Studi di Napoli Federico II*, na Itália. Presidente da Comissão Especial de Direito de Família e Sucessões da OAB/RS. Membro da Diretoria Executiva do IBDFAM-RS. Professor do Curso de Direito da Faculdade do Ministério Público – FMP, em Porto Alegre, onde coordena a Pós Graduação presencial e EAD em Direito de Família e Sucessões. Professor do "Meu Curso", em São Paulo. Autor de obras sobre direito de família e sucessões. www.conradopaulinoadv.com.br / contato@conradopaulinoadv.com.br

FABIANA DA MOTTA DAMIANI Psicóloga, especialista em Psicoterapia de Orientação Psicanalítica pela Fundação Universitária Mario Martins (FUMM). Mestre em Psicologia Clínica (Unisinos). Psicóloga Judiciária do Tribunal de Justiça do RS, com atuação na Central de Atendimento Psicossocial Multidisciplinar do Fórum Central de Porto Alegre (CAPM).

GABRIELA SOARES PEIXOTO Graduada em Relações Internacionais pela Universidade Estácio de Sá (2010) e em Serviço Social pela Universidade Federal do Rio de Janeiro – UFRJ (2010), Mestre em Serviço Social e Desenvolvimento Regional pela Universidade Federal Fluminense – UFF (2014). Atualmente é Assistente Social Judiciária do Tribunal de Justiça do Estado do Rio Grande do Sul – TJRS na Comarca de Porto Alegre/RS.

LEDA PIBERNAT PEREIRA DA SILVA Graduada em Psicologia pela Universidade Federal do Rio Grande do Sul (UFRGS); Mestre em Psicologia pela Universidade Federal do Rio Grande do Sul (UFRGS); Especialista em Psicologia Jurídica pelo Conselho Federal de Psicologia (CFP). Atualmente é psicóloga do Tribunal de Justiça de Santa Catarina lotada na Comarca de Tubarão.

LILIAN MILNITSKY STEIN Psicóloga (UFRGS), Especialista em Psicologia Escolar (PUC-RS). Mestra em Applied Cognitive Science (Ontario Institute for Studies in Education). Doutora em Cognitive Psychology (University of Arizona) e Pós-doutora (Universidad de Barcelona). Atualmente é professora titular do Programa de Pós-Graduação em Psicologia (PUC-RS).

MARTHA FERNANDES Psicanalista de adultos e casais em consultório particular. Perita e Assistente Técnica em processos de Vara de Família e Cível no Tribunal de Justiça de São Paulo. Psicóloga para orientação de alunos em curso preparatório para carreiras jurídicas. Professora em Cursos de Especialização e Capacitação Profissional.

ROBERTA STEFANINI MACHEMER Psicóloga pela Pontifícia Universidade Católica do Rio Grande do Sul (PUCRS). Formada no curso de psicoterapia da infância e da adolescência pelo Centro de Estudos, Atendimento e Pesquisa da Infância e da Adolescência (CEAPIA). Especialista em Avaliação Psicológica pela Universidade Federal do Rio Grande do Sul (UFRGS). Mestre e doutoranda em Psicologia na Universidade Federal do Rio Grande do Sul (UFRGS). Membro do Núcleo de Pesquisa e Intervenção em Famílias com Bebês e Crianças (NUFABE/UFRGS).

SIDNEY SHINE Ex-psicólogo judiciário do Tribunal de Justiça de São Paulo. Mestre, Doutor e Pós Doutor (IPUSP). Especialista em Psicologia Clínica e Jurídica. Perito *ad hoc*. Consultor e Supervisor em casos psicolegais. Professor em Cursos de Especialização e Capacitação Profissional.

TIZIANE ALESSANDRA TITTON DOBROVOLSKI Graduada em Psicologia pela Universidade do Vale do Rio dos Sinos (UNISINOS), Mestre em Psicologia pela Universidade Federal do Rio Grande do Sul (UFRGS). Especialização em andamento em Terapia Cognitivo Comportamental pela Pontifícia Universidade Católica do Rio Grande do Sul (PUC-RS). Atualmente é psicóloga clínica.

VICTORIA MUCCILLO BAISCH Mestre em Psicologia pela Pontifícia Universidade Católica do Rio Grande do Sul (PUCRS). Especialista em Direito de Família Contemporâneo e Mediação pela ESADE (Escola Superior de Administração, Direito e Economia). Graduada em Direito pela Pontifícia Universidade Católica do Rio Grande do Sul (PUCRS). Atualmente atua como advogada familista em escritório próprio e leciona em cursos de especialização e pós graduação.

Construindo ideias
e conectando mentes

Este livro foi composto com tipografia Minion Pro e impresso em papel Polén Soft 80g. na Gráfica Formato em julho de 2021.